50の問いに答えるだけで
「理想の組織」が実現できる

図解

人的資本経営

ルヴィアコンサルティング株式会社
共同経営者
岡田幸士

経営

Discover

プロローグ

「人的資本経営」とは、結局何をすればいいのか？

　本書を手にとっていただき、ありがとうございます。

　この本は、次のような疑問を解消するために書かれたものです。

・「人的資本経営」とは何なのか？　何をすればいいのか？
・自分の会社は、どこまで「人的資本経営」ができているのか？
・「人的資本の開示」とは、具体的に何をすればいいのか？

　人的資本経営や人的資本の開示に直接かかわらない方でも、人や組織に関して、次のような悩みを持つ方は多いのではないでしょうか。

・組織としてより成果をあげるためには、どうすればいいのか？
・人の不足や離職に、どのように対処すればいいのか？
・人の能力や意欲を高めるためには、どうすればいいのか？

　本書をお読みいただければ、こうした悩みや課題に対しても解決のヒントが見つかるものと思います。

　私はルヴィアコンサルティング株式会社の岡田幸士と申します。

　これまでのキャリアを簡単に申し上げますと、日本マクドナルド株式会社で人事を経験したのち、デロイト トーマツ コンサルティング合同会社で組織・人事コンサルタントとしてのキャリアを積みました。その後独立して、現在の会社で共同経営者を務めています。これまでに支援させていただいてきたクライアントの売上規模を累計すると60兆円以上になります。

決して大手の企業だけでなく、地場の企業、IPO前後のベンチャー、企業再生・民事再生中など、さまざまな企業様に対して、人的資本経営実践のお手伝いをさせていただいてきました。

　最近、多くの企業様から、次のようなご相談を受けることが増えています。

・人的資本経営や人的資本の開示に関していろいろ調べたが、結局何をすればいいのか分からない
・他社の事例を見て「なるほど」とは思うが、いざ取り入れようとしても自社には合わず、挫折してしまう

　こうした行き詰まりは、ある意味仕方ないものといえます。

　人的資本経営でやるべきことを一言で表すならば、「**人と組織を健全（健康）な状態にして、企業の目的実現に最大限貢献してもらうこと**」です。このように考えてみると、決して目新しいことを求められているわけではないのです。

　さらに人的資本経営において「やるべきこと」を突き詰めると、次の2点に集約されます。

○**自社としての、人と組織としてありたい姿（健全な状態）を決める**
　（ダイエットでいえば、「体重を×kgにすると決める」）
○**ありたい姿を実現するために、自社に適した取り組みを決めて行う**
　（ダイエットでいえば、「糖質を×g以内にする」「毎日×km歩く」）

　至ってシンプルですね（もちろん、ダイエットと同様、押さえるべきポイントはいくつかあります）。

これまで人的資本経営について書かれてきた書籍の多くは、こうしたことが複雑に書かれています。そして、その大半は、「人的資本経営では○○をすべき」という"べき論"や、「A社ではこんな最先端の取り組みを行っている」のような、一部を取り出した事例の解説に終始しています。

　確かに、べき論はそのとおりですし、事例は分かりやすい。しかしそれだけでは、「健康になるには納豆を食べるべき」「有名人のAさんはこのサプリを使っている」という情報と大差ありません。つまり、こういうことです。

・皆さんの健康にとって、納豆が良いとは限らない
・皆さんの身体にとって、有名人が使っているサプリが良いとは限らない

　健康になるためのお役立ち情報も、自分のありたい健康状態が明確で、健康に向けて「取り組むべきこと」の全体像が分かっていれば有効に使えるでしょう。しかし、それらがなければ、逆に混乱の原因になってしまいます。

　では、どうすればいいか？　結局は、先ほども挙げた次の2点を、地道に明らかにしていくしかないのです。

○人と組織のありたい姿は何か？
○ありたい姿を実現するために、自社に必要な取り組みは何か？

「何だか抽象的でよく分からない」「大変そう」などと思われた方も、心配ありません。本書では、最速で思考整理ができる方法を用意しています。

　それは「問い」の活用です。
　本書では、「人・組織としてありたい姿」「それを実現するための取り組み」を明らかにするために「考えるべき問い」を、包括的に、順序立てて示していきま

す。

　また、それぞれの問いに対する「答えの出し方（考え方・フレーム）」を示したうえで、「具体的な事例」も参考情報として紹介しています。

　これらの「問い」「答えの出し方」「事例」のセットを活用いただくことで、「皆さんなりの答え」がスムーズに得られるようにしています。

　そうして出てきた答えを整理することで、**皆さんの会社の「人・組織のビジョン」と「人事戦略」**が出来上がる構成になっています。

なぜ「問い」が重要なのか？

　では、なぜ「問い」なのでしょうか。これには３つの理由があります。

①それぞれの会社に合った「答え」を見つけ出すことができる
②一般論や他社の「答え」や「取り組み」を知るよりも、環境変化に合わせた考え直しができる
③思考を深め、固定概念から抜け出しやすくなる[1]

　特に重要なのは、①です。

　例えば、目標体重（ありたい身体の姿）を決めようと考えたら、自分の年齢や体格、フルマラソンを走りたいのか、それとも相撲をとりたいのか、などによって、ゴール地点は全く異なってきます。

　「とにかく皆、60kgを目指しましょう」とは言えないのです。

　人・組織のありたい姿を決める場合も同様です。ここに絶対的な正解はありません。企業の特性や使命・戦略を踏まえて、「当社としてのありたい人と組織の姿は何か？」という大きな問いに答えを出す必要があります。「当社に適した取り組みは何か？」という問いを考える際も同様です。

　これらの「答え」を整理して、「人・組織のビジョン」と「人材戦略」をつくり

実行していく。ここまでが、人的資本経営で行うべきことです。

「人的資本の開示」は、夏のビーチに行くのと同じ?!

　健康への取り組みは、やりっぱなしでは意味がありません。「糖質制限が本当に効いているのか？」「実際に目標体重に近づいているか？」などをきちんと確認し、必要に応じてやり方を変えていく必要があります。人と組織についても同じです。

　人と組織がありたい姿に近づいているか、取り組みがうまくいっているか確認する。そしてその結果を他者に説明して、フィードバックを受けて改善する。これを行うことが、人的資本の開示です。

　人的資本の開示は、言うなれば、「夏のビーチに行く」のと同じです。まず夏のビーチに行くことを決めると、「人様に晒せる身体になっているか」が気になりますよね。そうなると「お菓子の量を減らそう」「ジムに行こう」などと、真剣に目指す姿に向けた取り組みを考えはじめるのではないでしょうか。そしていざビーチに行って人目に晒されると、「あぁ、もっと頑張ろう……」「もう少し上半身の筋肉をつければよかった……」などと反省し、それが次のアクションにつながっていくわけです。

　こうして考えると、人的資本経営や開示というのは非常にシンプルなものです。ただ、**企業によって目指す姿や取り組むべき事項が異なることが、これらを難しくしているだけ**なのです。
　本書では、皆さんの会社において、何をどう考え、何から実行すればいいかを、「問い」を通じて明らかにしていきます。

　本書を活用いただき、人的資本経営や開示に向けた「問い」の答えを出してい

くことで、人に関する困りごとの解決や、人と組織のパフォーマンス向上への道
筋が明らかになります。

本書の構成

　ここで、本書の構成をご紹介します。

　第1章は人的資本経営や開示の「なぜ」と「なに」に触れます。人的資本（人）
がなぜ重要視されてきたのか、人的資本経営や開示でどんなメリットがあるのか、
人的資本経営とは何か、ポイントは何かを解説しています。既に理解されている
方や興味がない方は、読み飛ばしていただいて、第2章や第3章から読みはじめ
ていただいても構いません。

　第2章以降は実践編です。

　まず第2章では人・組織のビジョンと人事戦略を描くための問いに答えていき
ます。企業の目的実現へ最大限貢献してもらうために、人と組織の姿がどうある
べきか、それをどう実現するか。ここで答えるべき大きな「問い」は、以下の7
つの領域に整理できます。

■1 ありたい人と組織の姿はどのようなものか？
■2 どのように人を調達するか？
■3 どのように人を育成するか？
■4 どのように人の活躍を促すか？
■5 どのように人の維持を行うか？
■6 どのように人が抱えるリスクを低減するか？
■7 これら■1〜■6を実行する人事体制を、どのように整備するか？

　■1〜■7の各領域で論点をより具体化して、26の問いに分解しています。それぞ
れの問いの考え方・フレーム、事例を解説していますので、ご活用ください。26

の問いに答えながらこの章を読み終えると、皆さんの会社における人・組織のビジョンと人事戦略のたたき台が具体化されます。これらを実践していくことで、人の調達（採用）、育成、活躍、維持やリスク低減の実現度や成果が高まるでしょう。

　なお、人や組織に関して特定の悩みを持つ方は、目次から「興味のある問い」を見つけて、そのページをご覧いただくのもいいでしょう。また、それぞれの問いでは、「他のどの問いに関係するのか」を示しています。自分として興味のある問いから始めて、関連する問いをたどっていく。こうした"問いの迷宮"を楽しんでいただく読み方も面白いかもしれません。

　次の第3章では、人的資本の開示の準備をしていきます。第2章で描いた人・組織のビジョンや人事戦略がどの程度できているか、人的資本が企業の使命や戦略達成にどう貢献しているか。こうした問いに答えていきます。ここで答えるべき問いは、以下の8つの領域に整理できます。

0 人的資本は、何に、どう貢献しているか？
1 ありたい人と組織の姿が実現されているか？
2 適切に人を調達できているか？
3 適切に人を育成できているか？
4 適切に人の活躍を促進できているか？
5 適切に人の維持ができているか？
6 適切に人が抱えるリスクを低減できているか？
7 適切に人事体制を整備できているか？

図 0-1　人的資本開示のために答えるべき 8 つの領域

　第 3 章でも、各分野で把握すべき事項をより細かく整理し、24 の問いに分解しています。これらの問いに答えることで、人事戦略の進捗状況やその貢献度が分かります。また、単なる結果の把握方法だけでなく、どうすればよりレベルが上がり、目指す姿に近づくか、効果的な打ち手や改善ポイントも解説してあります。これらの問いに答える用意ができれば、人的資本開示の優良企業となるばかりでなく、人事戦略の PDCA サイクルが回りはじめます。

　なお、本書の肝となる第 2 章では、それぞれの問いを「文章による説明＋図解」のセットで解説しています。時間がない方は図解のページだけ読み進めていただいても理解できるようになっています。

　その他にも、本書の特徴として、次の 2 点があります。

① 第2〜3章の「問い」に対する答えを整理できるテンプレートをダウンロードできる（「人事戦略フォーマット」「人的資本可視化・開示フォーマット」）
② 「人的資本経営 実践度診断」を各領域の最後に掲載しており、皆さんの会社のレベルが診断できる

こうしたツールも有効に活用いただければ幸いです。

世界的に人的資本に関する注目度が高まり、各社においても踏み込んだ取り組みがこの先次々と始まってくることが予想されます。人的資本経営や人的資本の開示に対して今、真剣に考え実行することが、そうした動きに一歩先んじることにつながるのです。

皆さんの会社の人と組織の力を最大限引き出すために、「50の問い」をくぐりながら、「自社なりの答え」を探す旅へと出かけましょう。

目次

図解 人的資本経営

50の問いに答えるだけで
「理想の組織」が実現できる

第3章 人的資本経営を進化させる
「人的資本の開示」をしよう 215

図解 人的資本経営
50の問いに答えるだけで「理想の組織」が実現できる
購入特典

本書を購入してくださった皆様に、人的資本経営の
実践に役立つ以下のツールをご用意しました。

・人事戦略フォーマット
・人的資本可視化・開示フォーマット

下記よりダウンロードください。
ぜひご活用ください。

アクセスは
こちらから！

ログインID ▶ discover3007
パスワード ▶ hcm
https://d21.co.jp/special/hcm/

・本特典は事前の通告なしにサービスを終了することがあります。

第 **1** 章

人的資本経営の
「なぜ？」と「なに？」

なぜ、今になって人的資本（人）が重要視されているのか？

人とは、企業の「勝ち（競争力）」を決め、企業が「価値」を提供すべき存在

　皆さんはどんな宝物を持っているでしょうか。徳川家康は、豊臣秀吉からこの質問をされたときにこう答えました。

　「私は田舎の生まれで珍しい宝は持っていませんが、私のためには命を惜しまない者が五百騎ほどおります。これこそが私の第一の宝であると思っています」

　日本では昔から「人は宝」という考え方が存在していたようです。しかし、なぜ改めて今、人の重要性に注目が集まり、人的資本経営なるものが求められているのでしょうか？

　実は日本だけでなく、世界的にも人の重要性に注目が集まっています。その理由は、以下の2点です。

①企業の競争力（勝ち）を生み出す源泉が、人を含む無形資産に移っている
②企業が生み出す社会的価値（社会の一員としての義務）も重視されている

　本項では、この2つの「カチ」について説明していきます。

①企業の競争力（勝ち）を生み出す源泉が、
　人を含む無形資産に移っている

　アメリカの株式市場の時価総額のうち90%が「無形資産」で構成されているというデータ[1]があります。つまり、企業価値のほとんどが機械や商品といった有形資産（見える資産）ではなく、無形資産（見えない資産）によってもたらされているのです。

　もちろん、見えない資産には、ソフトウェア・データベースや知的財産・ブランドなども含まれています。しかし、人がそれらを生み出す根源であり、企業にとっての最大の資産であることは既に世界的な共通見解となっています[2]。

　「企業にとって人が重要なのは、何となく理解はできるけれども、数値的な根拠はあるの？」
　そう思われる方もいらっしゃるかもしれません。そういう理系の方向けに、統計学を用いて立証した有名な調査をご紹介します。1991年以降の66の先行研究を統合的に分析した結果、「人的資本のレベルの高さと業績は正の相関がある」という統計的な結果が示されました[3]（図1-1）。

図 1-1　人的資本のレベルの高さと業績は正の相関がある

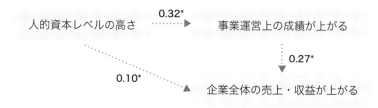

数値は相関係数で、1.0に近いほど強い相関があり、0であれば相関がないと見なされます。0.2～0.4は一般的に「やや相関がある」と解釈されます。

　この分析でいう「人的資本のレベル」とは人材のスキルの高さや経験値の多さなどを定量化したものです。「人的資本のレベル」が高いと、新規製品の開発スピードが早くなったり、顧客満足度の向上につながったりと、事業運営上の数値が良くなります。それが最終的に企業全体の売上・収益の伸びをもたらしているということが分かったのです。同時にそれは競争力を高め、「勝ち」を得るための重要な武器となっています。

　この研究ではもうひとつ興味深い発見がありました。それは、「独自の人的資本を形成することが重要」ということです。つまり、労働市場で簡単に手に入れられない、真似をすることが難しいスキルや知識を蓄積していくほど、業績がプラスに働くということが分かったのです。

　例えば、営業利益率50％以上という驚異的な数字を叩き出しているキーエンス社で考えてみましょう。キーエンスは特殊な電子機器を販売しており、しばしば「日本一給料の高い会社」として紹介されている日本を代表する優良企業です。（平均年収2,279万円）[4]

　その強みのひとつが、神出鬼没といわれる営業パーソンです。
　「どうしてそこまで知っているの？」と思うほどお客様の事情に精通しており、要望に先回りした提案や営業を仕掛けてくる。そして、かゆいところに手が届く柔軟な対応と他社を圧倒する早さ。これが実現できるのは、人材育成に相当な投資をしているからです。高い給与を支払っているということもそうなのですが、「他社での10年選手を3年でつくりあげる」と言われるような成長への投資も見逃せません。例えば、次のようなものです。[5]

・上司と商談シミュレーションを毎日少なくとも10-15分行う
・「外出報告書」を商談の前と後に必ず記入し、どんな準備をしたのかなど、細かく上司に報告し、上司からフィードバックを受ける
・製品や技術に精通しており、営業担当でも簡単なプログラミングができる程度には教育されている（お客様先で課題解決をするために）

　優秀な営業パーソンが多いと聞くと、ガチガチの成果主義だと思われるかもしれませんが、実は徹底的な「プロセス主義」なのです。例えば1日にかけた電話件数など、「やれば確実にできるもの」を指標にして、報酬につなげています。
　キーエンスのような戦略的で徹底した営業を実践できる人材は、労働市場のあちこちに転がっているわけではありません。そのため、キーエンス独自の「資産」となり、勝ち組として優位な競争力を保ち続けているのです。

　競争力の源泉として人が重要であるにもかかわらず、「人に関する情報」はこれまで企業からほとんど開示されていませんでした。せいぜい分かるのは人件費や平均年齢くらいであり、具体的に人がどう扱われているかがまったく不明だったのです。これは、企業に投資しようとしている株主・投資家からすると非常に不親切な状況です。

　ある意味、中古マンションを買いたい人に毎月の維持管理費だけ見せて、「買いませんか？」と言っているようなもの。とても購入する決断には至れないでしょう。どんな間取りと設備を備えており、どのようなメンテナンスをされてきたのかなど、本当に知りたい情報は他に山のようにあるはずです。
　株主・投資家は、会社の価値や競争力を知るための重要な情報を分析し、投資するかどうかを決定します。ゆえに、その判断に重要な「人に関する情報」もきっちり開示して説明してほしいという要請が世界的に高まり、日本でも2023年に人的資本の開示が義務化されたのです。

②企業が生み出す社会的価値（社会の一員としての義務）も
　重視されている

　皆さんは、「企業は誰のものか？」という問いを聞いたことがあるのではないでしょうか。昔からよくある議論ですが、この問いに対して、どのように答えますか？

　かつてのアメリカでは「株主のものである」という絶対的な答えがありました。しかし、2019年に転機が訪れます。米国の経営者団体であるビジネス・ラウンドテーブル（日本でいえば、経団連のような組織）から、以下の方針が発表されたのです。

> これまでの株主第一主義から脱却し、顧客や従業員、サプライヤー、地域社会を含むすべてのステークホルダーを重視する

　これまでの株主第一主義では、短期的な企業の利益を優先するあまり、長期的な持続可能性が犠牲にされてきた面がありました。その反省による方針転換でした。

　なお、従業員に対しても適切な投資（公正な報酬や教育等の提供）を行うことが表明されています。過度な株主重視に傾きすぎると、利益を増やすために、人への投資を少なくする可能性があります。そうした事態を避け、株主も従業員も、また他のステークホルダー（取引先を含むその他の利害関係者）も同様に大切にしていくことが表明されたのです。

　こうした象徴的な動きに加えて、2006年に国連が提唱した「投資に対する原則」も重要な役割を果たしています。ここでは機関投資家に対して、環境（Environment）・社会（Social）・企業統治（Governance）といった長期目線で

持続可能性の観点も考えて、投資を行うことを求めました。この3つの言葉の頭文字をとったものがいわゆるESGです。なおS（社会）の中には従業員の人権、労働管理等も含まれています。

　また、2015年の国連サミットでは、持続可能で多様性と包摂性のある社会を実現するために、「2030年までに世界が達成すべきゴール」が17項目提示されました[6]。これがSDGs（Sustainable Development Goals）です。その目標のひとつに、「持続可能な経済成長を実現しながらも、すべての人のために働きがいのある人間らしい仕事を推進する」ことが示されています。
　こうした流れを図1-2にまとめてみました。

図 1-2　人的資本開示の潮流と背景

アメリカの動き	世界の動き
2019年 ビジネス・ラウンドテーブル	2006年　国連 **投資に対する原則（責任投資原則）**
株主第一主義からの脱却 すべてのステークホルダーを重視	持続可能性を考慮した投資を求めた E（環境）S（社会）G（企業統治）
従業員　株主　ステークホルダー	2015年　国連サミット **SDGs**
従業員に対する適切な投資（公正な報酬や教育等の提供）を行うことを表明	17項目のうちの1項目「持続可能な経済成長を実現しながらも、すべての人のために働きがいのある人間らしい仕事を推進する」

　近年は、企業として「持続可能な社会への貢献を示す」ことが企業価値を高めることにつながります。一時的に多大な利益をあげている会社だとしても、そのお金が他人をだまして得たようなものであったり、社会に迷惑をかけた形で得たりしたものであればすぐに破たんするでしょう。

例えば、リーマン・ブラザーズ社は、1999年から資金が焦げつくリスクの高い金融商品を売出しはじめます。これによって、2005年には、最大手の投資銀行に躍進しました。しかし、2008年の住宅バブル崩壊をきっかけに、リスクが爆発して、同社を破たんさせることになります。これがいわゆるリーマン・ショックです。皆さんの中にも、被害に遭われた方がいらっしゃると思います。

　こうした過去のトラウマ的な出来事からも、企業は「社会の一員」として、社会に貢献する姿勢を示すことが強く求められています。その中には従業員の満足や成長のための投資が含まれており、避けて通れない道なのです。「ウチの会社は関係ない」と思って人への投資を怠っていると、いつか「社会の敵」と見なされてしまうかもしれません。

　ここまでの説明で、**人は、企業の「勝ち（競争力）」を決める存在であり、企業が「価値」を提供すべき（投資すべき）存在である**ということが理解できたのではないでしょうか。これらを踏まえて、人的資本経営と開示の必要性について分かりやすく解説します。

なぜ、今、人的資本経営と人的資本の開示が必要なのか？

人的資本経営・開示は「4方良しサイクル」を回す

　では、具体的に企業の立場において、人的資本経営と開示を行うとどんなメリットがあるのでしょうか。

　本項では、人的資本経営・開示が「あるとき」と「ないとき」を比較してみましょう。登場人物は、経営者、株主（投資家）、人材、顧客の4者です。

　先に人的資本経営・開示のメリットを整理すると、このようになります。

・経営者……人材確保・業績の向上
・株主（投資家）……安心して投資ができる、株価・企業価値の向上
・人材……働く環境が良くなる
・顧客……価値・満足度が向上する

　では具体的に、人的資本経営・開示が「あるとき」と「ないとき」に何が起こるかを説明していきましょう。

　まず、人的資本経営・開示が「あるとき」のグッド・シナリオから（図1-3）。

①経営者が人材への適切な投資を行うことで、人材の維持・確保、意欲の向上や活性化につながる
②結果として、顧客への提供価値が上がり、顧客満足の向上、売上・利益の増加

図 1-3　人的資本経営・開示が行われたときに考えられるグッド・シナリオ

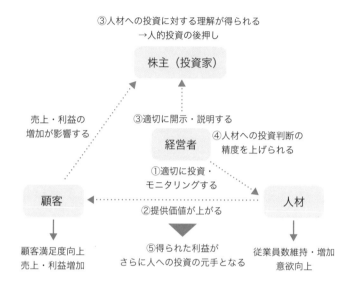

につながる

③また経営者が人材への投資に関して、適切な開示を株主（投資家）などへ行うことで、投資に対する理解を得ることができる（これは、企業に対する投資の後押しや株価上昇にもつながる）

④加えて、人的資本の適切な開示の前提には、人的資本の可視化・モニタリングがある。これが適切になされていると、経営者としても、人材に対する投資判断の精度を上げることができる

⑤そして前述した売上・利益の増加と企業への投資が、さらなる人材への投資の元手として活用される

逆に、「ないとき」に起こりうるバッド・シナリオについて（図1-4）。

図 1-4　人的資本経営・開示が行われないときに考えられるバッド・シナリオ

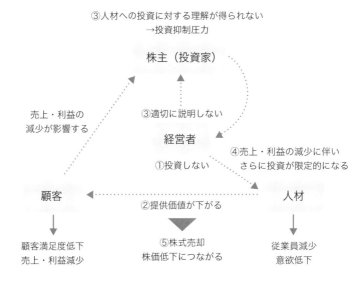

①経営者が人材への適切な投資を行わないと、人材の維持・確保が困難となり、意欲の低下が発生する

②結果として、顧客への提供価値が下がり、顧客満足の低下が発生、売上・利益の減少につながる

③また経営者が人材への投資に関して、適切な説明を株主（投資家）などに行わないと、投資に対する理解を得ることが難しくなる

④その結果、売上・利益の減少と相まって、人材に対する投資がさらに限定的になる可能性がある

⑤そして、最終的には投資の引き上げ（株式の売却）、株価の低下に至る可能性がある

もちろん、現実世界はそう単純ではないと思います。ただ、人的資本経営とその開示がもたらすメリットを感覚的に理解していただけたのではないでしょうか。あらためて整理すると、人的資本経営や開示は、人材・顧客・経営者・株主にとっての「4方良しサイクル」を回すものなのです。

　実は「従業員」ではなく「人材」としたことにも意味があります。もちろん、その会社で働く従業員にとっても良い影響がありますが、地域の雇用や活力の創出など、企業の外にいる人材や社会に対するインパクトにもつながっていくのです。

　人手確保について少し深掘りしてご説明します。ある調査によると、就職・転職活動で、求職者の63.9%が企業の風評を参考にするという結果が出ています[7]。最近、就職や転職を経験された方は、口コミサイトなどを見て、気になる会社がどのような企業風土なのか、働きやすい会社なのか、などを確認されたのではないでしょうか。

　企業側としては、就職希望者の目に触れるこうした情報を、会社の好感度アップや実際の応募につながるものにしていく必要があります。

　しかし、対外的にスローガンや理念をホームページに掲げるだけでは無意味です。口コミサイトへの投稿は、内部の人間やかつての従業員が関わっていることが多く、どんなにケアをしてもこれらの投稿を排除できません。どんなに外向きには良い宣伝をしていても、内情が伴っていなければ、いずれボロが出てしまうのが現在のネット社会です。結局は人への投資に関する取り組みを徹底して行い、外部へもその情報を積極的に開示していくことでしか結果は得られません。こうした誠実な人的資本経営への取り組みが就職希望者の目に届き、最終的に人の確保につながるのです。

　このように、人への投資は経営者にも多大なメリットを与えてくれます。その

良い影響は顧客、株主、その他の関係者、ひいては社会全体へと波紋のように広がっていくことでしょう。

　人的資本経営やその開示は、あなたの会社の競争力を高めるだけでなく、経営者・株主・人材・顧客の４者にとってもより善き会社となるための取り組みと仕組みなのです。

人的資本経営とは何か？
「人を大切にする経営」との違いは何か？

人的資本経営は「理性」と「人情」の両輪で組織を回す

経済産業省によると、人的資本経営の定義は次のとおりです。

> 人材を「資本」として捉え、その価値を最大限に引き出すことで、中長期的な企業価値向上につなげる経営のあり方

この文章を見たときに、「これまでの日本的な経営と何が違うのか」「いわゆる"人を大切にする経営"と何が違うのか」と疑問に思った方もいるのではないでしょうか。

実際に、ある調査[8]によると、経営者の74%が、「人的資本経営とは人を大切にすることと同義であり、何か新しいことを行う取り組みではない」と捉えているようです。

また、日本企業の52.6%は「職能資格制度」と呼ばれる、人の能力の高まりに応じてキャリアアップできる人事制度を導入しています[9]。こうしたことからも、「人やその成長を大切にする」という考え方が現在も残っているため、「新規の取り組みは必要ない」と感じている会社も多いようです。

しかし、人的資本経営とこれまでの「人を大切にする経営」には異なる点があります。その違いは、人的資本経営の定義にある「人材を『資本』として捉え」の一文に表れています。

図 1-5　人的資本経営はこれまでの日本的経営と同じ？

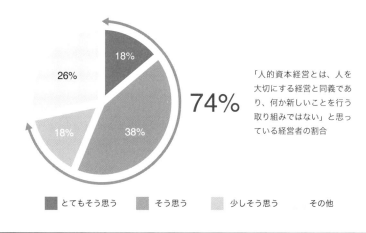

18%

26%

18%　38%

74%

「人的資本経営とは、人を大切にする経営と同義であり、何か新しいことを行う取り組みではない」と思っている経営者の割合

■ とてもそう思う　■ そう思う　■ 少しそう思う　　その他

　一般的な解説では、「資本」は、「資源」のように消費されたり、コストとして扱われるものではなく、収益を生み出す源泉であると説明されます。つまり、人材は鉛筆やノートのような消費されるものではなく、知的財産やブランドなどと同じように利益を生む存在。ゆえに「人的資源」ではなく、「人的資本（または人的資産[10]）」なのである──。こうした解説が多くなされています。

　しかし、ほとんどの企業ではこれまで、人を「消費されるもの」として扱っていたわけではありません。むしろ前述したように「会社の宝として大切に扱ってきた」と思います。従来の経営との本質的な違いはそこではなく、**人は投資する量によって価値が変わる資産（可変資本）[11]と捉えるべき**であるという点です。

　投資の経験がある方はお分かりになるかと思いますが、投資を行う際には、「何に、いくら投資すべきか」「リターンやリスクがどの程度か」を、チャートや数字を見ながら、とても慎重に判断します。

人的資本経営では、投資と同じように**冷静かつ合理的な目で、人に対する投資判断を行うことが求められている**のです。これが人的資本経営で必要な「理性」の部分です。人の投資で得たいリターン（目標）を掲げ、どのような取り組みにお金や労力を投じて、最大の効果を生むか。こうしたことを定量的・論理的に判断する必要があります。

　ただし、片方の車輪で車が動かないのと同じように、「理性」だけでは良い結果は得られません。これまでの日本的経営にある、"人を大切にする"という「人情」の側面も不可欠です。

　人間性を尊重せず、合理性を突き詰めると何が起こるか。これは、20世紀初頭のアメリカを振り返ってみると分かります。
　当時、工場の作業は、労働者の経験や勘、暗黙知によって運営されていました。アメリカの経営学者フレデリック・テイラーは「科学的管理法[12]」をそこに持ち込みます。具体的には、作業工程を細かく分けてマニュアル化し、労働者を機械のように扱うことで、飛躍的な生産効率の改善を果たします。しかし一方で、モチベーションの低下や人権問題、労働者と経営者の溝の深まりなどを生じさせることになります。
　現代ではこうした人間性を無視した経営を続けていると、「社畜」「ブラック企業」などの否定的な言葉で表現され、企業イメージを低下させかねません。

　ゆえに、**理性的でありながらも、人情を備えた「両利きの人材マネジメント」を行うことが重要であり、この両輪を大切にするのが人的資本経営**なのです。

人的資本経営を実践するには どうすればいいか？

「人への投資目論見書」を作成しよう

　皆さんは、株式投資や投資信託をされたことはありますか？

　最近はNISAやiDeCoなどが浸透して、利用された方も増えているようです。株式や投資信託などを購入する場合には、「目論見書」という書類が必ず交付されます。これは、投資判断に必要な重要事項を説明した書類です。

　人への投資が重要だということを、ここまでで説明してきましたが、これを単に「今までよりもお金や労力を投じる」くらいの解釈に留めておいてはいけません。人は、企業の勝ち負け、ひいては存続を左右する大切な投資対象なのです。

　例えば皆さんが、持っているお金の大半を投資する場合、どんなことを考えるでしょうか？　おそらく先ほど少し触れたように、以下のようなことを、熱心かつ慎重に見極めるのではないでしょうか。

・投資対象の特徴や性質はどのようなものか？
・投資することで、どのようなリターンがあるか？
・どのようなリスクがあるか？

　人への投資も同様で、投資判断に必要な情報を明確化して、シビアに注意深く判断していくことが重要です。投資信託では「目論見書」に、

A）ファンドの目的：どのような成果を目指すか？

B）投資方針と仕組み：成果を得るために、どのような投資・運用を行うか？

C）リスク要素：どのような投資リスクがあるか？

D）運用実績・推移：どのような結果になったか（過去と比べどうなったか）？

　などの内容が掲載されています。これらA〜Dの項目を人への投資に当てはめると、次のように整理できます。

A）人的資本投資の目的：どのような人と組織をつくって企業価値を高めるか？

B）投資方針と仕組み：目指す姿を実現するために何を行うか？

C）リスク要素：人的リスクにどう対応するか？

D）運用実績・推移：どのような結果になったか（過去と比べどうなったか）？

　A〜Cが第2章で考える人的資本経営に向けた「人・組織のビジョン」と「人事戦略」に、Dが第3章で考える「人的資本の開示」に該当します。

　人への投資といっても、これまでは研修や賃金、人員補充など分かりやすいものに偏っていた会社もあるかもしれません。また、その投資対効果も、「従業員満足度や退職率などの分かりやすい指標だけ確認して終わり」ということもあったのではないでしょうか。

　しかしそれは、企業の大切なお金や労力を有効に使えていないばかりか、本当に得たいリターンを得るチャンスを逃している状態です。ダイヤの原石をたくさん持っているのに、勘に頼ってカットし続けているのと同じです。「どのようにカットして磨くと、より輝き価値が高まるのか」を真剣に考えることが必要です。

　人的資本経営のしっかりとした指針を持ち、実行することはあなたの会社の競争力を高めるだけでなく、経営者・株主（投資家）・人材・顧客の4者にとっても大きなメリットをもたらします。人的資本経営や開示の取り組みをうまく活用し、「勝ち組」で、「社会的に価値ある会社」となることを目指しましょう。

プロのスポーツチームを
つくるように考える

　この後の第2章では人的資本経営を実現する人事戦略などについて考えていきますが、それぞれの問いに対する答えは各社各様です。絶対的な正解はありません。

　ただし、答えの精度（生み出す成果）を下げてしまう問いの考え方も存在します。それは、**それぞれの問いを、「企業と人材の関係性はこれまでと同じ」という前提で考えてしまう**ことです。

　これまでの日本の企業と人材の関係性は、ある意味「昭和的」でした。企業（親や家族）に対する一方的な忠誠心が求められ、新卒（未成熟な段階）から育成して、一生涯付き合うことが前提でした。

　しかし、それが今崩れようとしています。誤った前提をもとに人や組織に関する取り組みを考えたとしても、ずれたコンパスで道を歩くように、とんでもない場所にたどり着いてしまう可能性があります。

　では、これからの企業と人材の関係性はどのようなものなのでしょうか？　一言でいうと「**プロのスポーツチーム**」の関係性となっていきます。プロ野球チームやプロ・サッカーチームの雇用関係をイメージしていただくといいでしょう。チームと個人の関係は一方的なものではありません。**フラットな関係性（業務委託の関係）**で、チームの使命の達成、つまり勝利を目的とした集団です。個々人が自律的（プロフェッショナル）で、自分のスタイルに合わなければ、他チーム（組織）に移籍することもいとわないような関係なのです（図1-6）。

図 1-6　企業と人材の関係性、これまでとこれから

これからの時代は、企業と人材もまた、こうしたプロフェッショナルな関係性に近づいていきます。なぜかというと、これまでの雇用形態と就業者の志向性に大きな変化が生じているからです。その変化とは、次の5つです。

①「直接雇用される」ことにこだわっていない
②企業の使命（パーパス）を重視している
③キャリアや働き方に関して自律的に決めたいと思っている
④自分（一人ひとり）に合った体験を求めている
⑤転職に対する心理的なハードルが下がっている

これらの変化を押さえていただくと、問いに対する答えの精度が高まります。

詳しく見ていきましょう。

①「直接雇用される」ことにこだわっていない

　「直接雇用される」以外の選択肢とは、業務委託や請負の契約形態のことです。特に近年増えているのがギグワーカーと呼ばれる形です。分かりやすい例がフード・デリバリー（UberEats）などの配達員でしょう。街なかでも自転車やバイクで荷を運ぶ人の姿をよく見かけるようになりました。収入の不安定さもありますが、働き方の柔軟性や自律性が高いため、選択肢に入れる人も増えています[13]。この点は、プロローグの図0-1で示した［2人の調達］や［5人の維持］を考えるうえで重要となります。

②企業の使命（パーパス）を重視している

　ある日本の調査[14]では、転職時に「経営理念を重視する人」の割合が70.2%という結果が出ています。また別のグローバル調査では、61%の人が「会社の信念・姿勢と、自分の信念・価値観が合致していなければその会社や仕事を選ばない」[15]と回答した結果もあります。つまり、会社の「目的意識や姿勢」が見極められる時代になっているのです。この点は、図0-1で示した［0企業の使命・経営戦略］や［1ありたい人・組織の姿］、［2人の調達］を考えるうえで重要となります。

③キャリアや働き方に関して自律的に決めたいと思っている

　近年の調査に基づくと、若手・中堅社員（25-44歳）の約8割が「自律的・主体的にキャリア・働き方を決めたい」と考えているようです[16]。つまり、キャリアの責任は自分にあり、価値観に基づいて仕事や働き方の選択を行いたいと考えているのです。

　この調査結果で面白いのが、若手・中堅社員のキャリア自律意識が高い一方で、「それを会社から押しつけられたくない」と考えている点です。「会社から『自律的・主体的なキャリア形成』を求められることに、ストレスや息苦しさを感じる」と回答した方は、64.8%にのぼります。そうかと思えば、「『自律的・主体的

図1-7　若手・中堅社員はキャリアを自律的に決めたいが、それを会社に押しつけられたくはない

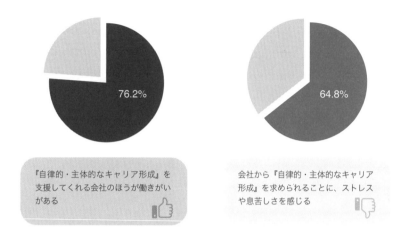

なキャリア形成』を支援してくれる会社のほうが働きがいがある」と回答した方は76.2%います（図1-7）。

　つまり、キャリア形成を促す「押し引き」のバランスに留意する必要があるということです。この点は、図0-1で示した［**3** 人の育成］を考えるうえで重要となります。

④自分（一人ひとり）に合った体験を求めている

　これは、まず消費者の立場に立ってみると分かります。皆さんが何か受けたいサービス、例えば飲食店や旅行プランを選ぶときのことを思い出してください。どのような基準で選びますか？　そこで得られる体験が自分のニーズ（欲求や課題）に合っているか、そこでどんな価値（満足感・幸福感）を得られるか、を重視されるのではないでしょうか。同じように、働く人たちも「その企業で働くことを通じて得られる体験が自分のニーズに合っているのか」「どんな満足感・幸福感を得られるか」を慎重に見定めはじめています。この点は、図0-1で示した［**4**

人の活躍］や［**5** 人の維持］を考えるうえで重要となります。

⑤転職に対する心理的なハードルが下がっている

　これは、日本における正社員転職率（直近１年で転職した人の割合）を見ると明らかです。正社員転職率は、2016年の3.68%から、2021年には7.03%にほぼ倍増しているという結果があります。特に20代が顕著であり、20代男性・女性それぞれの転職率は、2016年の4.7%・5.8%が、2021年には14.2%・12.5%に上昇しています（図1-8）。別の調査でも、Z世代と呼ばれる1990年代後半から2012年頃に生まれた世代の40%が、「勤務先企業を２年以内に離職する」と回答しています。このことからも特に若手の転職ハードルが下がっていることが分かります。この点は、図0-1で示した［**5** 人の維持］を考えるうえで重要となります。

　ここまで、①多様な雇用形態の受け入れ、②パーパス重視の傾向、③キャリア自律意識の高まり、④自分に合った体験・価値の重視、⑤転職に関する心理的ハードルの低下、という５つの意識変化について解説してきました。

図 1-8　若手の転職ハードルが下がっている

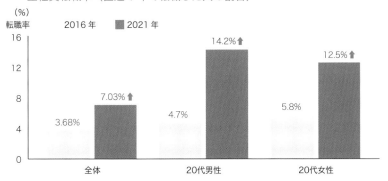

正社員転職率（直近１年で転職した人の割合）

これらを整理すると、**雇われることにこだわらず、「企業の目的」や「自分にとってこの会社で働くことの意味」を慎重に見極め、自律的な選択をする人が増えている**ということです。こうした人の意識の変化に伴って、企業と人の関係性も「プロのスポーツチーム」的なものに近くなっていくのです。この点は、図0-1で示した［**1**ありたい人と組織の姿］を考えるうえで重要となります。

　ここまで解説してきた変化を押さえていただくと、次章で解説する「問いの答え方（考え方）」の理解が進むとともに、これからの時代に合った人事戦略を生み出すことにつながっていきます。

第 **2** 章

あらゆる人を惹きつける
「人・組織のビジョン」と
「人事戦略」を作成しよう

ビジョン・戦略作成の流れと
アウトプットイメージ

　この章では、「人・組織のビジョン」と「人事戦略」を具体的につくりあげていくために、7つの領域の26の問いに答えていきます。

　「26個も答えないといけないのか……」と思った方もいるかもしれません。ご安心ください。皆さんの会社の課題となっている問いを中心に考えていくことも可能です。

　課題の特定にあたっては、**本書で用意している「人的資本経営 実践度診断」（各領域の最後に掲載）シートを活用できます。**このシートでは、それぞれの問い（項目）を、どの程度のレベルで実践できているかを点数化し、診断します。その中で特にスコアが低い項目（目安としては3点未満）を中心に検討するのも良いでしょう。もちろん、既に皆さんの会社で課題が明らかであれば、その項目を優先的に検討していただければと思います。

　人への投資を重視しており、時間とコストを投じる余力がある企業では、できればすべての問いに答えていただきたいところです。しかし、それが難しい会社ではこうした絞り込みも有効です。大切なのは、実践可能な事項から前へ進めることです。

　ではこれからどのような流れで進めるのか、まず全体感を確認してみましょう（図2-1）。

　まず、[領域**1**]で「人・組織のビジョン」をつくっていきます。これは、経営戦略を起点に考えていくことになります。もし「経営戦略があまり明確じゃな

図 2-1　ビジョン・戦略作成の流れ（答えるべき問いの領域）

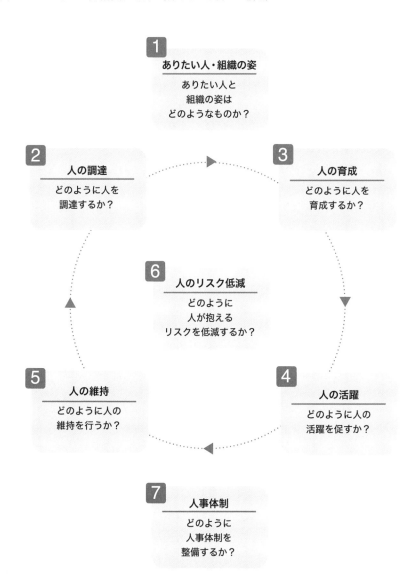

いな」と思われる場合は、第3章の［問い28（価値を提供するための戦略があるか？）］で、経営戦略を整理する方法を紹介しています。そちらを先にご覧いただくと良いでしょう。

　［領域2］以降では、人・組織のビジョンをどう実現していくか、取り組み（人と組織の取り扱い方）を考えていくことになります。具体的には、**どのように人の調達（採用）を行い、どのように育成し、どのように活躍してもらい、維持するかを決めていきます。**

　これは、［領域1］で考えたことが土台となります。

　［領域2〜5］が「攻め」の施策だとすると、［領域6］の人のリスク低減は「守り」の施策です。

　ヒト、モノ、カネ、情報など、経営に必要な要素の中で、不確実性が最も高いのがヒトです。その不確実性がプラスに振れる場合もあります。例えば予想以上にパフォーマンスを出してくれる、新たなイノベーションを起こしてくれる、といったケースです。

　しかし、予想外の状態に陥る（健康を害する）、予想外の動きをする（不安全な行動をする、コンプライアンス違反や労務トラブルなどを起こす）というマイナスに振れることもあります。一人の行動が会社の評判を揺るがすような事件がたびたび報道されるのを、皆さんもご覧になっていることと思います。

　［領域1〜6］で「人・組織のビジョン」とその実現に向けた取り組みが明確になりますが、そこで留まってはいけません。［領域7］でその実現をリードする人事の体制を整備するのも不可欠な要素です。

　もちろん、経営陣や事業リーダーも、人的資本に関する取り組みを実現していく責任を持っています。しかし、人事として必要な仕組みや制度を整備し、マネジメント側の活動・判断を支援できる力を持ってもらうことが必要です。

　自身の実体験としても、人事体制を整備する必要性を痛感することが多くあり

ます。素晴らしい人事戦略を描いておられる企業で、「それぞれの取り組みはどなたが主導されるのですか？」と伺うと、「いやぁ、それが……」という反応が返ってくるケースも少なくありません。ゆえに、人事戦略実現のために欠かせない要素として検討していくべきでしょう。

　なお、本書をご購入くださった皆さんには、特典として「人事戦略フォーマット」をご用意しました。16ページのURLからダウンロードいただくことができますので、ぜひご活用ください。

　この「人事戦略フォーマット」に、［領域**1**］から［領域**7**］の問いに対する答えを落とし込んでいただくと、より思考が整理できるでしょう。

　ではまず、［領域**1**（ありたい人と組織の姿はどのようなものか？）］から考えていきましょう。

領域 1

ありたい人と組織の姿は
どのようなものか？

問い 01 戦略実現には、どのような人材が必要か？

プロのスポーツチームのような「人材ポートフォリオ」をつくる

皆さんの会社では「ありたい人材像」や「求める人材像」は定めていますか？

「自律的な人材」「挑戦ができる人材」など表現はさまざまですが、おそらくほとんどの会社で何かしら存在するのではないでしょうか。経営戦略と人材像がきちんと連動している会社は素晴らしく、この人材像を起点に人事戦略を検討していくことも可能です。

しかし「勝てる組織」にしていくためには、できればもう一歩踏み込みたいところです。

例えばプロのサッカーチームで考えてみましょう。チームとして必要な選手像を定義する際に、「点が取れる」などといった抽象的な表現で留まることはありません。サッカーには、ゴールキーパーやフォワードといったポジションがあり、戦略・戦術によってポジションに求められる役割も変化します。通常はそのポジション・役割ごとに、スピード、スタミナ、テクニックなどさまざまな観点で必要な素養（質）や人数（量）を具体的に定義します。

なぜここまでやるかというと、「勝つ確率を１％でも上げるため」です。

皆さんの会社においても、「競争に勝つ」ためには同じことが求められます。つまり、**プロのスポーツチームと同じくらい具体的に、必要な人の量と質を「人材ポートフォリオ」で定める**ことが必要なのです。[1]

3タイプの人材ポートフォリオ

①概念型

創造

個人　XX人　XX人　組織

XX人　XX人

運用

概念的な軸で人材を区分したもの

②個人の状態分類型

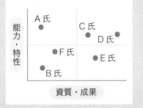

能力・特性

A氏
C氏
D氏
F氏
E氏
B氏

資質・成果

具体的な人の性質・状態に基づき
人材を区分したもの

③戦略起点型

部門A	企画	営業	
6	XX名	XX名	…
…	…	…	…
2	XX名	XX名	…
1	XX名	XX名	…

レベル

おすすめ

「どのような種類・レベルの人材」が
どの程度必要かを明らかにしたもの

必要な人の量と質を定められる

人材ポートフォリオの作成手順

Step 1　人材ポートフォリオの軸の設定

Step 2　部門ごとの将来の人材総量の検討

Step 3　部門ごとの将来ポートフォリオの検討

Step 4　現状の当てはめとギャップの明確化

☑ 何人採用で補うか？

☑ 何人内部で育成するか？

計画が立てやすくなる

↑

現在とのギャップを
可視化する

とはいえ、実はこの「人材ポートフォリオ」には明確な定義がありません。さまざまなところで「これが正しい」と語られており、やや混乱が生じているように見えます。

このようにあふれかえる情報をきちんと整理すると、人材ポートフォリオはおおよそ3つのタイプに分類できます。

①**概念型**……「個人・組織」「運用・創造」等の概念的な軸で人材を区分したもの
②**個人の状態分類型**……「能力」「特性」「ポテンシャル」「成果」等、具体的な人の性質・状態に基づき人材を区分したもの
③**戦略起点型**……部門の戦略に基づいて、「どのような種類（タイプ）・レベルの人材」がどの程度必要かを明らかにしたもの

ビジネスでもプロスポーツと同じ「戦略起点型」が有効

私のこれまでの経験上、最も有効で、運用がきちんとできるのは、③**戦略起点型**です。

これはまさに、先ほど説明したサッカーチームをつくるイメージです。「部門の戦略・戦術は何か？」→「それを実現する役割（人材の種類やレベル）はどのようなものか？」→「それぞれ役割にはどのような素養が必要か？」「何人程度必要か？」とかみ砕いていく作業です。

具体的には、以下の4つのステップでつくります。

　［ステップ1］人材ポートフォリオの軸と運用方法の設定（人の分類軸の決定）
　［ステップ2］部門ごとの将来の人材総量の検討（戦略KPIから決定）
　［ステップ3］部門ごとの将来ポートフォリオの検討（戦略から人の質を決定）
　［ステップ4］現状人員のポートフォリオへの当てはめとギャップの明確化

特にステップ3の「将来」と、ステップ4の「現状」とのギャップを可視化す

ることが重要です。例えば、「研究開発部門のリーダー層は将来30人必要だが、現状は10人しかいない」と分かれば、何人採用で補い、何人内部で育成をするかの計画が立てやすくなります。

　このように人材ポートフォリオは将来必要な人の量・質と採用や育成の必要性を明らかにできます。特に企業としての方向性を転換する際には効果的なツールとなります。

　オランダの金融機関であるINGグループは、2015年に事業の大規模な転換を行いました。このとき、人材ポートフォリオの策定と見直しも行っています。今後の戦略に必要な知識や経験、考え方などを再定義するとともに、将来ポートフォリオを策定し、2,500人の従業員の40%以上を以前と異なる仕事に再配置したのです[2]。
　「こんな劇的な変化に、従業員は順応できたのだろうか？」と思われるかもしれません。同社の分析に基づくと、再配置後に従業員エンゲージメントが高まり、生産性も向上したようです。実は、将来ポートフォリオはより顧客に貢献しやすい組織・チーム体制のあり方に基づき策定されたものでした。一人ひとりの貢献実感の向上がこうした成果をもたらした一因となっていると考えられます。

　「③戦略起点型」の人材ポートフォリオのつくり方についてはこの後の応用編（→67ページ）で詳しく解説しますが、作成に時間と労力がかかるのも事実です。解説を読んでいただく中で「やりきるのは難しそうだ」と感じるかもしれません。その場合にはまず、主要な部門だけでトライアル的に行ってみるか、「概念的な人材像」を起点に、この後の問いを考えていただいても問題ありません。まずはやれることから進めていきましょう。

　このワークを通じて、将来必要な人の量や質が見えてきます。しかし、仮に必要な人の量と質が揃ったとしても、それだけでは戦略は実現されません。一人ひ

とりが「望ましい行動」をとるからこそ物事が前に進むのです。

次は［問い02］について考えていきましょう。

【関連する問い】
［問い04］何をあなたの会社の魅力に据えるか？
［問い05］どんなメッセージを候補者に向けて発信するか？
［問い06］どのようにメッセージを候補者に伝えるか？
［問い08］必要な人材スペックをどう定義するか？
［問い09］どのような人の情報をどう「見える化」するか？

どのような行動を体現してもらいたいか？
（どのような組織文化をつくるか？）

「判断」「自由」「知恵」の3つの視点で言語化する

「社長の案は、正直なところダサいと思います」

2023年7月、当社では、新社名を考えるために全社員が集まって議論していました。ほぼ社長の案に傾きかけていた空気の中で、新卒3ヶ月目の女性社員が言い放ったのがこの発言です。

各社には戦略があり、その戦略の実現に向けて、人材に「体現してもらいたい行動」があります。例えば、新しい市場を開拓していく戦略であれば、チャレンジやスピードを重視した行動を促していく必要があります。一方で、現在の市場を掘り下げ、顧客を増やしていく戦略であれば、課題の分析や顧客満足改善に向けた行動が重要になります。

当社のようなコンサルティング会社では、一人ひとりの「思考力」や「相手に伝える力」が成果に直結します。そうした力を高めるためには、「自分としての考え」をまとめ、それを他者に伝える機会をできるだけ増やしていくことが肝心です。このような意図から、特に社内ミーティングでは、職位や経験に関係なく自分の考えを発言することを促していました。

これはある意味、「『誰が言ったか』ではなく、『何を言ったか』を重視する」文化を醸成するためでした。また「論理だけを重視するのではなく、感覚的・感情的なものも大切にする」文化もつくろうとしていました。ですから、冒頭のような「空気を読まない発言」は大歓迎でした。

組織文化の効果

①判断の後押し	②自由の付与	③知恵としての活用

こうすべき	これはして OK	こうしたらうまくいく

3つの視点から、強い会社にするための組織文化（バリュー）を定義

 例

| 何よりもスピードを
重視する | 上司の命令でも
前提が怪しければ疑う | お客様の声をまず聞く |

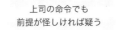

組織文化を変えるためには、4つの領域すべてに働きかける

個人

個々人の価値観 性格・経験など	他者(特にリーダー)の言動 フィードバックなど

内面　　　　　　　　　　　　　　　　　　　　　　　　外面

集団の価値観・空気感 暗黙のルールなど	経営理念・戦略 組織体制・制度 明示されたルールなど

集団

組織文化というのは、組織の「らしさ」や「空気感」ともいわれるとおり、目に見えないものです。しかし、一人ひとりの行動原理や思考様式に大きな影響を与えます。組織文化の効果は、以下の３つ[3]といわれています。

①判断の後押し（こうすべき）
②自由の付与（これはしてOK）
③知恵としての活用（こうしたらうまくいく）

　例えば、冒頭の発言をこの３つに当てはめてみましょう。
　①については、「感覚的・感情的なものを大切にする」という文化によって「社長の案は感覚的・感情的に受け入れられるだろうか」と考え、「ダサい」という判断に至ったと見ることができます。どうすべきか迷う場面であっても組織文化が根づいていれば、組織として望ましい判断を促すことができるようになります。

　次の②は、「何を言ったか」を重視する文化によって、「空気を読まず発言できる権利」が暗黙的に付与されたと見ることができます。組織として「ここまでのことはしても大丈夫」「ここから先は上司の判断が必要」という境界が見えてくるので、その範疇では自由に行動しやすくなるのです。

　そして③とは、「こうしたらうまくいく」という有益な知恵を無意識的に活用してもらえることです。例えば、「感覚的・感情的なものを大切にする」こと自体が、有益な知恵といえます。なにごとも論理だけで人の心を動かすことは難しく、情の側面も考えることで、物事がうまく運びやすくなります。
　このように自社の組織文化をうまく活用していくことは、戦略実現に向けた強力な促進剤になります。

　実際、PwC社が行った2021年のグローバル調査[4]によると、コロナ禍でも変化にうまく対応できた企業の88%が「組織文化は社内変革の実現を可能としている」、

81%が「組織文化は競争優位の源泉になっている」と回答しています。

バリュー（行動規範）を定める際の3つの視点

　では、ありたい「組織文化」はどのように定義すべきなのでしょうか。ありたい組織文化を言語化したものは**バリュー（行動規範）**とも呼ばれます。バリューには、先ほどまで説明した戦略実現に向けたもの、つまり「強い会社」になるためのものと、「良い会社」になるためのものがあります。

　後者は、例えば「誠実さ」「公平性」などです。こうした要素がバリューに含まれていてももちろん問題ありませんが、本書では前者、すなわち「強い会社」になるためのバリューの定め方を解説します。

　これは、先に説明した組織文化の3つの効果で紹介した視点が活用できます。**企業の使命や戦略を実現するために、「こうすべき」「これはしてOK」「こうしたらうまくいく」の3つの視点からバリューを定義してみましょう。**

　例えば、次のように書き出して整理していきます。

①こうすべき……何よりスピードを重視する、迷ったら自分が不安になる道を選ぶ、など
②これはしてOK……上司の命令でも前提が怪しければ疑う、過剰品質は捨てる、など
③こうしたらうまくいく……お客様の声をまず聞く、チームメンバーが成果を出せるように動く、など

　相反するものも出てくると思いますが、その場合はどちらを大切にするかを決めましょう。また、現在いる人材の特性とほど遠いバリューを定めても、「額縁に飾られるだけ」で終わってしまいます。

　そういう場合は、今いる人材が行動につなげやすい表現や内容に調整すること

もよいかと思います。例えば、「どんな状況でもあきらめず喰らいつく」文化の形成が必要だったとします。しかし、現状のほとんどがいわゆる草食系で、覇気が少ない人材が多い場合には、「あきらめる前にもう1回だけやってみる」などの表現に変更することも一案です。

　ここでひとつ注意点があります。バリューの定め方次第では、不正が発生しやすくなる可能性があるのです。アクション、迅速、スピード。バリューにこうした「せっかち」な文言が多く出てくる会社は、倫理違反の件数が多いという調査結果[5]があります。**急かされ続けると「良くない判断」をしてしまう。**こういう経験は皆さんにもあるのではないでしょうか。

　ですから、性急さに偏りすぎた文言は避けるか、［領域6（人のリスク低減）］のパートで対応を考える必要があります。

　また、バリューが今の戦略に合っているかを定期的に見直すことも重要です。

　例えば、2010年頃にビジネス向けの携帯電話といえばブラックベリーでした。当時、ブラックベリー社では「セキュリティ」を最重要なバリューとして掲げていました。スマートフォンが普及する中でもそのバリューに固執し、使い勝手の改善やアプリケーションなどの開発が積極的に行われることがありませんでした。その結果、市場のシェアを大きく失ったといわれています[6]。

組織文化は4つの領域に働きかけて実現する

　次にバリューに定めた組織文化をどのように実現していくかを考えます。

　組織文化というのは、複数の要素が複雑に絡み合っています。例えば冒頭の発言も、個人の性格や、リーダーの言動、職場のルールなどさまざまな要素が絡んで生じています。こうした複雑で多面的なものを捉えるには、「インテグラル理論」が向いています。

　「インテグラル理論」とは、アメリカの現代思想家ケン・ウイルバーが考案し

た、物事を統合的・包括的に捉えるための枠組みです。有名な「ティール組織」も、この概念をベースとしてつくられました。

　簡単にいうと、物事を［個人‐集団］［内面‐外面］の視点から4つに整理するのです。組織文化は以下のような整理となります（［問い02］のサマリ図解参照）。

［個人・内面］個々人の価値観・性格・経験など
［個人・外面］他者（特にリーダー）の言動・フィードバックなど
［集団・内面］集団の価値観・空気感・暗黙のルールなど
［集団・外面］経営理念・戦略・組織体制・制度・（明示された）ルールなど

　ある意味、［集団・内面］が組織文化そのものといえますが、他の領域が強く影響しています。また、組織文化そのものも、個人の価値観や言動などに影響します。つまり、どこかの領域だけに働きかけるだけでは不十分で、**組織文化を変えるためには、4つの領域すべてに働きかける必要がある**のです。

　例えば、［個人・内面］では、採用基準の変更や経験の付与、［個人・外面］ではリーダー教育やコミュニケーション研修が考えられます。［集団・内面］では職場ごとのワークショップ、［集団・外面］では、組織体制や人事制度の変更などが考えられます。このように、ありたい組織文化を実現するために行うべきことは［領域**2**（人の調達）］～［領域**6**（人のリスク低減）］の取り組みまで多岐にわたります。

　こうした包括的な取り組みを行って成功を収めた企業の例が、建設機械のシェアで世界2位を誇る小松製作所です。2012年から同社では、組織文化の浸透やエンゲージメント向上の取り組みを本格始動させます。まず、過去から掲げられていた「コマツウェイ」という価値観・行動様式を再編し、13カ国語に翻訳した小冊子にまとめるとともに、以下のような活動を行いました。⁷

・コマツウェイに基づく研修体系の構築や研修プログラムの設計
・社長が全国各地に自ら足を運び、マネジメント層のウェイ理解を促進
・職場で定期的に世代間のコミュニケーションを促す会を設けて伝承・定着を促進

　こうした取り組みを行う前のエンゲージメント・サーベイのスコアは33点でしたが、取り組み後は70点となり、離職率も33%減少したという結果につながっています。このように組織文化の実現に必要な事項を包括的に整理して取り組むことで、組織文化の変革を実現することができるのです。

　組織文化の浸透や変革に向けては、取り組む事項が多岐にわたります。ゆえに、［領域❷（人の調達）］以降で個別の取り組みを考える前に、一度整理しておくと良いでしょう。
　また、個別の領域に入っていく前に、もうひとつ考えておくべきことがあります。それは、取り組みの「全体の方針」です。これは、次の［問い03］で考えていきましょう。

　ちなみに、冒頭の発言をした新入社員に話を戻すと、彼女が対案として出したLuvir（ルヴィア）という名称が、最終的に新社名として採用され現在に至ります。ラテン語の「Lumen（光）」と「Vir（人）」を合わせた社名のとおり、あらゆる「人」に光をともすことができるよう組織文化を育んでいます。

関連する問い ....
［領域❷（人の調達）］のすべての問い
［領域❸（人の育成）］の問い 08 ～ 09
［領域❹（人の活躍）］のすべての問い
［領域❺（人の維持）］の問い 16 ～ 19
［領域❻（人のリスク低減）］のすべての問い

問い 03 ありたい人・組織（文化）を生み出すために 何を重視するか？

一貫性を持ち、人材マネジメント方針を言語化する

「あれっ？ この話って、前はこういう方向性だったはずなのに……」

これは過去の失敗談ですが、お客様と人事戦略や制度を議論する中で、何度か
こうした混乱に出くわすことがありました。原因をたどっていくと、多くは「全
体の方針を合意しないまま、個別の話を議論していた」ことにありました。

例えばある会社で、働く場所と、働く時間の柔軟性について検討していたとき
のことです。まず働く場所について、「リモート勤務ができる職場のみ積極的に認
めていく」か「不公平感が生じるので全員一律の対応とする」かという議論があ
りました。そのときは「不公平感を生じさせたくない」という社長・役員の方針
で、「全員一律」の対応となりました。

その後に、働く時間についても、「フレックス勤務ができる職場のみ積極的に
認めていく」か「全員一律の対応とする」かの議論がありました。働く場所の議
論では「不公平感を生じさせない」ことが重視されていたため、当然、働く時間
も「全員一律」の方向性と考えていました。しかし、社長・役員の方針は「でき
るところは自由にやればよいだろう」という結論でした。

もちろん、いくつもの事情がからんだ判断ではあるのですが、取り組みの方向
性に一貫性がないと、さまざまな混乱が生じる可能性もあります。

こうした事態を避けるためには、人事戦略の検討に向けた「全体の方針」をきちんと合意しておくことです。このような「全体の方針」を**「人材マネジメント方針」**と呼びます。これは、［領域2（人の調達）］［領域3（人の育成）］［領域4（人の活躍）］［領域5（人の維持）］の取り組みを考えるうえで、何を重視するかを言語化したものです。

ジレンマを意識しながら議論し、固めていく

全体方針といっても、何をどう言語化するのか、イメージしづらいかと思います。また、方針といっても、「公平性を重視する」「人を大事にする」といった当たり障りのない言葉ばかりを並べてもあまり役に立ちません。

では、どうすればよいのでしょうか。**絶対的な正解がなく、ジレンマが生じるような12のポイントについて、「何を重視するか」「何をあきらめるか」を議論し整理**していきましょう。具体的には、12の対立軸の表（［問い03］のサマリ図解参照）を使い、自社の方針を整理するのです。

こうした「きわどいポイント」を事前に経営陣で合意しておくことで、ちゃぶ台返しを防ぐことができます。また「絶対的な正解」がないテーマだからこそ、深い議論ができ、経営陣それぞれの想いを明らかにできます。

特に、どちらを重視するかと併せて、「なぜそちらを重視するのか（しないのか）」の理由を明らかにしていくことが大切です。これらをすり合わせることで「当社では何を大切にすべきなのか」が明らかになっていきます。

人の調達や育成をどのような方針で行うか

まず人の調達では、そもそも人を直接雇用するのか、外部委託（業務委託など）を行うのかを考えます。

[問い03] のサマリ図解

人材マネジメント方針 12 の対立軸

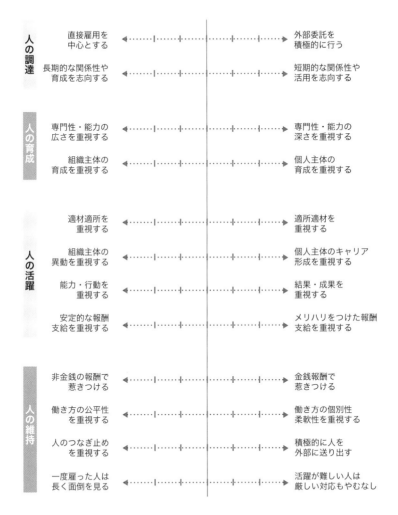

人の調達
- 直接雇用を中心とする ◄·······┼···┼·····┼···┼·····► 外部委託を積極的に行う
- 長期的な関係性や育成を志向する ◄·······┼···┼·····┼···┼·····► 短期的な関係性や活用を志向する

人の育成
- 専門性・能力の広さを重視する ◄·······┼···┼·····┼···┼·····► 専門性・能力の深さを重視する
- 組織主体の育成を重視する ◄·······┼···┼·····┼···┼·····► 個人主体の育成を重視する

人の活躍
- 適材適所を重視する ◄·······┼···┼·····┼···┼·····► 適所適材を重視する
- 組織主体の異動を重視する ◄·······┼···┼·····┼···┼·····► 個人主体のキャリア形成を重視する
- 能力・行動を重視する ◄·······┼···┼·····┼···┼·····► 結果・成果を重視する
- 安定的な報酬支給を重視する ◄·······┼···┼·····┼···┼·····► メリハリをつけた報酬支給を重視する

人の維持
- 非金銭の報酬で惹きつける ◄·······┼···┼·····┼···┼·····► 金銭報酬で惹きつける
- 働き方の公平性を重視する ◄·······┼···┼·····┼···┼·····► 働き方の個別性柔軟性を重視する
- 人のつなぎ止めを重視する ◄·······┼···┼·····┼···┼·····► 積極的に人を外部に送り出す
- 一度雇った人は長く面倒を見る ◄·······┼···┼·····┼···┼·····► 活躍が難しい人は厳しい対応もやむなし

現状、大半の企業における業務委託割合は1～2割という調査結果となっています。しかし、「今後の理想」としての業務委託割合は、2～3割となっており、業務委託も有効な選択肢となってきていることが分かります。

　業務委託を主に考えている職種としては、エンジニアや事業企画、マーケティング、専門職など多岐にわたっています（図2-2）。

　次に、人の育成ではよくある議論ですが、「専門性の広さをとるか、深さをとるか」を決めておきましょう。具体的には、「事業」「地域」「職能・職種（営業、研究など）」の軸に対して、さまざまな経験をさせるのか、特定領域で育てるのかを考えます。

図 2-2　企業の業務委託利用に関する実態調査（2022）

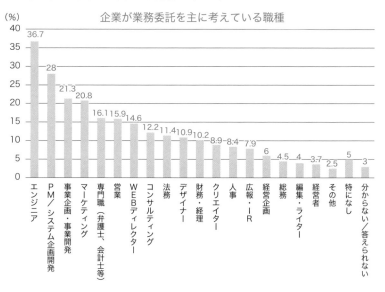

例えばヤマト運輸では、入社して最初の３年間で、営業所、物流拠点、主管支店などさまざまな職種・地域の視点で現場を経験するローテーションを実施しています。これは、「お客様と一番近い環境で、どのような悩みを抱えているかを理解し、サービスの改善や地域貢献につながるようなヒントを得てもらいたい」からです。[10]

　地域を横断した経験は育成において有効である一方で、「転勤したくない」と考える人材も世の中には５割近く存在しています。[11]ゆえに個人の事情（想い）と会社の方針のバランスを採る方法を模索していくことが重要となります。近年だと三菱UFJ銀行が、転居を伴う異動をした社員に月３万円支給することがニュース[12]になりましたが、金銭的に補うこともひとつの選択肢となるでしょう。

人の活躍や維持をどのような方針で行うか

　人の活躍では、「適材適所」か「適所適材」か、どちらの考え方をとるかが重要です。つまり、「その人の能力に合った職務をつくる」のか、「組織・職務をつくって、そこに人をはめる」のかを決めるのです。前者は「職能主義（人主体）」の考え方で、後者は「職務主義（ジョブ主体）」の考え方です。

　特に管理職の処遇で両者の違いがよく分かります。
　考えてみてください。あなたの会社で課長としての能力が十分にある人物がいるのに、今の組織では課長のポストが埋まっている場合どうしますか？
　職能主義では、課長に昇進させて、何らかの仕事を与えます。職務主義では、ポストがないので課長にはなれません。
　職能主義は、人の成長促進やモチベーション維持には適していますが、人件費が増加しやすくなります。逆に職務主義は、人件費管理はしやすいものの、ポストが埋まっていると長期的なモチベーション維持は困難になります。

2022年現在、管理職で職務主義の等級制度を導入している企業は15.8%であり、2017年から3倍程度となっています。[13] いわゆる「ジョブ型人事」の導入ブームがその原因ですが、職能主義・職務主義の選択は、人材マネジメントの仕組み全体に大きな影響を及ぼします。それぞれの特性を踏まえた慎重な選択が必要です。

　人の維持について、「人をつなぎ止めるための取り組み」は多くの会社で熱心に行っているでしょう。一方で、「人を組織や会社の外に出す」ことについては、臭いものにフタをするように、あまり直視してこなかったのではないでしょうか。しかし、「人を外に出す」ことは決してネガティブな側面しかないわけではありません。

　例えばマッキンゼー社では、積極的に外部に人を送り出しています。同社を退職した卒業生は「マッキンゼー・マフィア」[14] とも呼ばれ、事業会社のトップ層や起業家を多く輩出しています。ディー・エヌ・エーの南場智子会長や、オイシックスドット大地の髙島宏平社長が有名です。こうした実績によって「この会社に入れば、圧倒的に能力がつく」というイメージにつながり、優秀な人材の確保に一役買っているのです。また各所で活躍している卒業生が、同社に案件を運んでくれるという効果もあります。

　採用や雇用形態が大きく変化している現代では、このように「人材輩出サイクルをつくる」ことも、ひとつの方向性として検討すべき要素です。

　一方で、ネガティブな側面にも恐れずに踏み込みましょう。パフォーマンスがどうしても上がらない人や、組織にマッチしない人にどのように対応していくか。これまでは曖昧な対応で済ませていたかもしれませんが、こうした状態を放置し続けるのは、本人にとっても会社にとっても不幸なことです。

　例えば米国のNetflix社では、マネージャーが「キーパーテスト」というものを使って、部下を一人ひとり評価しています。これは、「部下が他社の似たような役職へ転職を考えているとしたら、引き留める努力をするか?」を問うテストです。

「引き留める必要がない」と判断された社員には、十分な退職金が提示されます。そして、より適した人材を探し出し、チームをさらに強いものとしていくのです。[15]

　ただし、こうした決定や通知は急に行われるわけではありません。普段のコミュニケーションの中でも、当然、率直なフィードバックや相互の認識共有が行われています。

　もちろん日本の法律上、退職を迫るような対応はリスクが高く、すべて取り入れることは難しいでしょう。しかし、きちんと本人に率直なフィードバックを行ったり、適切に低い評価をつけて改善を促したりなど、「（感情的には）やりたくないが、やれること」がたくさんあるはずです。どのように、どこまで対応していくかを、会社として決めておきたいところです。

定めてきた方針を俯瞰的に眺めてみる

　ここまで「全体方針」の中でポイントとなる内容をご説明してきました。

　お気づきの方もいるかもしれませんが、［問い03］のサマリ図解（60ページ参照）で紹介した対立軸の左側がこれまでの日本企業に近いイメージです。ある意味、優しさにあふれたマネジメントといえるかもしれません。

　一方、右側が欧米の企業に近いイメージです。厳格さと自律性を重んじたマネジメントといえます（もちろん日本企業・欧米企業をひとまとめにはできないので、あくまでイメージです）。

　こうした人材マネジメント方針を明らかにして、関係者間で合意しておきましょう。それによって、冒頭に触れたような混乱を回避できるとともに、取り組み間の整合性がとれて効果が高まります。料理で食材やスパイスの量を適切に調整できると、抜群においしくなるのと同じです。人の調達→育成→活躍→維持のサイクルがうまく回り出し、ビジョン・戦略の実現が近づきます。

　ここまでの［問い01〜03］を整理することで、「人・組織のビジョン」が出来

上がります。次の領域以降では、この「人・組織のビジョン」を実現するための人事戦略をつくっていきます。まずは［領域２（人の調達）］について考えていきましょう。

関連する問い ⋯⋯⋯⋯⋯⋯⋯⋯⋯⋯⋯⋯⋯⋯⋯⋯⋯⋯⋯⋯⋯⋯⋯⋯⋯⋯⋯⋯⋯

［問い 09］どのような人の情報をどう「見える化」するか？
［問い 20］新陳代謝をどのように促していくか？
［領域２（人の調達）］～［領域５（人の維持）］のすべての問い

「戦略起点型」人材ポートフォリオの作成方法

［ステップ1］人材ポートフォリオの軸の設定（枠組みの作成）

　最初のステップでは、人材を分類する軸を設定します。さまざまなやり方がありますが、推奨するのは、表の縦の項目に「人材のレベル（の高さ）」、横の項目に「人材タイプ（種類）」の軸を設定する形です。

　ここでのポイントは、**継続的に運用が可能な軸にすること**です。なぜなら、人材ポートフォリオは一度つくって終わりではなく、将来の姿も、現状も定期的に見直し、動的なものにすることが望ましいからです。

　縦の軸「人材レベル」は、皆さんの会社で現在使用している「部長」「課長補佐」などの等級の段階をそのまま使うといいでしょう。もし等級段階が多すぎる場合は、大きく括る（例えば、部長レベル、課長レベル、主任レベル、スタッフレベルなど）ことで運用しやすくなります。

　横の軸「人材タイプ（種類）」は、「職種」や「部署（部門直下の組織名）」を設定するといいでしょう。

　これで人材ポートフォリオの「枠組み」が完成します。

［ステップ2］部門ごとの将来の人材総量の検討

　次に行うのは、「描いている戦略がそのとおりに実現した場合、各部門の人材の総量がどの程度必要となるか」を考えることです。その際の鍵となるのは、その部門の**「人員影響指標」**と**「人的生産性指標」**です。

営業部門の例で説明しましょう。まず、営業部門の人員数に最も影響を与えている指標は何でしょうか？　言いかえれば、「何が増えると、営業パーソンを増やす必要が出てくるか？」ということです。

　そうです、売上額です。これが一般的な「人員影響指標」です。

　もちろん、業種によっては、販売件数などがより適している場合もあるでしょう。

　この指標を人員数で割ると、一人あたりの「人的生産性指標」（営業一人あたり売上）が算出されます。この2つを使って将来の総人員数を予測します。

・人員影響指標……部門戦略実現時（3年後など）にどの程度になっているか？
　　　　　　（例：売上10億円が目標）
・人的生産性指標……過去の推移や、部門戦略、その他の要因（デジタル化、外部委託化など）を踏まえたときにどの程度になっているか（なっていたいか）？
　　　　　　（例：営業一人あたり売上は現状3千万円だが、5千万円には到達したい）

　この場合には、3〜5年後の総人員数は、10億円÷5千万円＝20人ということになります。「人員影響指標」を販売件数に変えてみたり、目標値を変えてみたりして、いくつかのシナリオで検証するとより精度が高まります。

［ステップ3］部門ごとの将来ポートフォリオの検討

　部門の総人員数が分かれば、次にそれを「人材のタイプ（種類）」「人材のレベル」に砕いていきます。

　まずは「人材のタイプ（種類）」の検討です。例えば今後の戦略を踏まえると、全社で企画職、事務職、営業職、研究職の人材が必要だとします。その中で、営業部門には企画職、営業職が必要だとします。

まずは営業部門内での2つの職種の人員割合が現状どの程度か計算してみましょう。そのうえで、過去の推移や、部門戦略、その他の要因（デジタル化、外部委託など）を踏まえて、3年後の割合を想定します。現状は企画：営業が2：8だとしても、今後、DXや外部委託によって営業職の人数減を想定している場合には、3：7や4：6にしていくことも考えられます。

　次に「人材のレベル」ごとの割合を考えます。
　例えば、縦軸を「支社長レベル」「支店長レベル」「リーダーレベル」「スタッフレベル」に設定していたとします。こちらでも、まずは現状の人員割合を押さえたうえで、部門戦略やその他の要因も考慮して、将来の割合を設定します。
　それに加えて、「管理スパン」も考慮に入れる必要があります。管理スパンとは、1人の管理職がマネジメントする部下の人数です。業務の複雑性や性質にもよりますが、おおよそ6～10人程度[16]が標準的です。この管理スパンの観点からも適正かどうかを確認して人材レベルごとの割合を設定します。例えば現状で支社長1人が3人のリーダーを管理しているのであれば、支社長レベルの人数を少し減らしてもいいかもしれません。

　総人数から、人材の種類の割合と、人材レベルの割合を使えばそれぞれのセグメントごとの人数が算出できます。ただし、数字の計算（理論）だけではなく、感覚的な検証も行うことをおすすめします。数字に違和感を覚えないか、部門運営が回りそうかをイメージしてみて、数値を多角的に検証することも重要です。案外こうしたヒューマンワークから数字だけでは見えてこない発見があるものです。これで「将来の人員数」を明らかにしていきます。

［ステップ4］現状の当てはめとギャップの明確化

　最後に、「現状の人員数」も人材ポートフォリオに当てはめて整理します。これは人事データを活用すればすぐにできるでしょう。この「現状の人員数」

と、ステップ3までに策定した「将来の人員数」を比較し、そのギャップを見ることで、「量的」な過不足が分かります。

それに加えて、「質的」なギャップも確認してみましょう。

ステップ3で人材タイプ・レベルごとの必要人数を検討しましたが、併せて、将来その人材タイプ・レベルに必要な素養がどのようなものかを考えてみます。例えば、営業職のリーダーレベルは、「将来の部門戦略を実現するために、どんな知識・スキル・経験が必要か（どんなレベルの素養が必要か）？」を考えてみるのです。

おそらく現状の求めている素養では不足しているもの、または不要になるものがあるでしょう。

現状は、地道に得意先を回るガッツやフットワークが求められているとします。しかし今後の営業戦略では、デジタルツールやデータを活用したオンライン営業が戦略の柱になると想定されるとしましょう。そうなると、根性や体力よりもシステムやデータリテラシーが強く求められるようになるわけです。

こうして「質的」な変化を明らかにすることで、採用基準や育成の方法を改善していくことができます。

作成した人材ポートフォリオの「現状」はできれば毎年更新して、進捗やギャップの状態を確認しましょう。また「将来の姿」も部門戦略が変更となったタイミングでは、更新したいところです。こうした更新作業を通じて、常に新鮮で効果的な打ち手を考えることができるのです。

	問い01 戦略実現には、 どのような人材が 必要か？	問い02 どのような行動を 体現してもらいたいか？ （どのような組織文化をつくるか？）	問い03 ありたい人・組織(文化)を 生み出すために 何を重視するか？
レベル5	企業の使命や経営戦略を実現するために必要な人材ポートフォリオ等が外部リソースの活用も含めて策定されており、加えて、市場や環境の変化を見据えた見直し（修正）を適宜行っている	企業の使命や経営戦略を実現するための、組織文化のあり方が明文化されており、その文化を実現するための取り組みを行っている	人材マネジメント方針が策定・認知されており、すべての仕組みが方針と整合している（ストーリーが通っている）
レベル4	企業の使命や経営戦略を実現するために必要な人材ポートフォリオが策定されている	企業の使命や経営戦略を実現するための、魅力的な組織文化のあり方が明文化されており、包括的で体系的な文化醸成の仕組みが整っている	人材マネジメント方針が策定されているだけでなく、マネジメント層が共通認識を持って、判断の拠り所としている
レベル3	企業の使命や経営戦略と連動した、あるべき人材像が策定されている	企業の使命や経営戦略を実現するための、組織文化のあり方が明文化されている	人材像・人材ポートフォリオや組織文化を実現するための人材マネジメント方針が具体的に策定されている
レベル2	あるべき人材像は策定されているが、企業の使命や経営戦略と連動したものではない	組織文化のあり方は明文化されているが、企業の使命や経営戦略を実現するためであるとは言い切れない（ストーリーが接続されていない）	人・組織の取り組みの方向性（人材マネジメント方針）は部分部分で明確になっている
レベル1	あるべき人材像も人材ポートフォリオ等も策定していない	組織文化のあり方が明文化されていない	人・組織の取り組みの方向性（人材マネジメント方針）が策定されていない

領域 2

どのように人を調達するか？

問い 04　何をあなたの会社の魅力に据えるか？

入社時に人材と約束できることを整理する

皆さんは、これからの人生で、「空から落ちてきた隕石にぶつかる可能性」はありそうでしょうか？

ほとんどの人は「いや、そんな可能性はない！」とおっしゃるかと思います。それもそのはず、隕石が人に衝突する確率は160万分の1といわれています[17]。では、皆さんの会社が求人希望者から選ばれる確率はどのくらいでしょう？

「可能性は大いにある（低くない）！」と思うかもしれません。しかし、日本には多くの会社があり、その数は約178万社にのぼります[18]。つまり、1人の人材にあなたの会社を知って入社してもらうには、その人材の「178万分の1」に選ばれる必要があるのです。

こうした天文学的な確率を少しでも上げ、優秀人材を獲得するためには、会社を広くアピールしていく必要があります。その第一歩として、まずはあなたの会社の魅力を整理しましょう。

例えば、採用候補者から、「あなたの会社に入ったら、どんな良いことがありますか？」と問われたら、あなたは自信を持って答えられるでしょうか。

できれば胸を張って、「我が社に入社すれば○○できる」「○○と約束できます」と言いたいところです。

こうした人材への約束を「EVP（Employee Value Proposition）」と呼びます。

［問い04］のサマリ図解

6つの「人材への約束」（カテゴリ）

①仕事

②キャリア

③報酬

④人

⑤環境

⑥会社

参考にしながら
必要な人材に
刺さる価値を整理

3つの整理方法

①トップダウンで考える

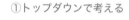

×××× かな

×××× もあるのでは？

×××× もいいね

経営陣　　　　　　　　　　人事

②インタビューで拾う

☑ 何を魅力に感じて
入社しましたか？

☑ 入ってみて実際に
どう感じましたか？

従業員

③ペルソナをつくる

架空のAさん
プロファイル

・男性　・35歳
・エンジニア

Aさんが魅力を
感じそうなポイント

・××××
・××××
・××××

日本語に直すと「**社員に提供することを約束する"価値"**」というわけです。あなたの会社の魅力を、EVPとして整理していきましょう。

6つの「人材への約束」

　EVPを整理するためのフレームは、さまざまな会社から提示されていますが、おおよそ以下の6要素にまとめることができます。

①**仕事**……仕事の内容や目的、裁量や権限、やりがいや達成感など
②**キャリア**……キャリア形成の機会や成長、教育・研修、サポートの仕組みなど
③**報酬**……給与、賞与、福利厚生、インセンティブなど
④**人**……上司のサポート、適切な評価、同僚との協力関係など
⑤**環境**……働き方の柔軟性、ワークライフバランス、人員・リソースの拡充、多
　　　　　様性の尊重、組織文化など
⑥**会社**……会社のビジョン、社会への貢献や影響度、会社の安定性、リーダーの
　　　　　魅力など

　ポイントは、「皆さんの会社に必要な人材」に刺さりそうなEVPを整理していくことです。
　例をひとつご紹介します。100年以上前にロンドン・タイムズに掲載された「南極探検隊」の募集広告[19]です。「世界で最も偉大な求人広告」[20]とも評された広告文章はたった3行。

> 求む男子。
> 至難の旅。僅かな報酬。極寒。暗黒の続く日々。絶えざる危険。生還の
> 保証なし。
> ただし、成功の暁には名誉と賞賛を得る。

この広告を見て募集した人数は5,000人以上、中には15歳の少年もいたといわれています。もちろんコピーライティングの巧さもあります。しかし、「お金や快適な環境ではなく、名誉のために過酷な環境でも奮い立つような人」に刺さるEVPを提示したことがこの求人広告の成功要因でしょう。

EVP作成時には2つの方法で整理する

EVPを洗い出す方法には、「①トップダウンで考える」「②インタビューで拾う」「③ペルソナをつくる」の3つがあります。ここでは①と②について詳しく説明します。

①トップダウンで考える

これは、「何が魅力として約束できるか」を経営や人事側で議論しながら整理していく方法です。この方法の良いところは、手間がかからないことと、「経営としての意志」を引き出せる点です。EVPの整理は、今の状態を考えることも大切ですが、それ以上に「今後こうしていきたい」という意志を持つことも重要です。

例えば、「よく考えると、これまで会社のビジョンが明確ではなかった。今後はそれをきちんと示して、信頼される会社にしていきたい」と経営陣が感じるだけでも、ひとつの成果といえます。ただし、この方法だけだと社員の想いとの乖離が出る可能性がありますから、他の方法と組み合わせることをお勧めします。

②インタビューで拾う

社員に「何を魅力に感じてこの会社に入ったのか」「入ってみて実際どうだったか」を実際に聞いてみるのも良いでしょう。経営陣や人事が思う「魅力」と、実際の社員が感じているポイントがズレていることがあります。

社長が「ウチの魅力は、仕事にやりがいがあることだ」と思っていても、現場では「ただ大変でツラいだけ」と思われていたりします。

また、このような「経営陣と現場のギャップ」だけでなく、「外向きの魅力と実

態とのギャップ」も明らかにしましょう。「頑張れば20代で部長になれる会社」と対外的に打ち出していても、実際には、「入社して現実を見ると、ほとんどそんなチャンスはなく失望した」という声があるかもしれません。

このような「リアリティ・ショック」は76.6%の新社会人が経験しており、主に、報酬面や昇進スピード、仕事の裁量や達成感がギャップの上位として挙がっています。こうしてネガティブな感情を抱いた人材は、「成長実感」「仕事の楽しさ」が低下し、離職率も2倍程度高いという調査もあります。

具体的には、リアリティ・ショックが低かった人と高かった人を比べると、入社3年目の会社満足度がそれぞれ、73.1%と12.2%という大きな差が生まれています。[21]そのような事態に陥らないためにも、こうしたインタビューで真の会社像を明らかにして、ギャップを埋める作業が必要です。

ここまでEVPを整理する2つの方法を説明してきました。

「今後こうしていきたい（こうしていく確実な予定がある）」というEVPは、「人材への約束」として使用いただくことは問題ないでしょう。しかし、その予定がなかったり、まったく現実と離れていたりするのにそれを打ち出すことは、リアリティ・ショックを防ぐためにも避けたほうがいいでしょう。

なお、人事戦略パートの最初にこの問いに答えることにも意味があります。

ここで整理したEVPは、それを［領域3］以降でどのように実現するか考えていくことになるからです。

例えば、「今の実態は、どんどん昇格できるわけではないけど、今後はそういう会社にして魅力づけをしたい」と決めたとします。その場合には、［問い17（個々人のパフォーマンスをどのように評価するか？）］でその実現方法を考えることになります。評価制度や昇格の仕組みを変えるなど、やるべきことがいろいろと出てくるはずです。

このようにして整理したEVPを見返した際に、「あまり良いものがないな」「そこまで惹きつけられるかな？」などと感じる場合もあるかもしれませんが、ご安

心ください。より魅力を高める方法を、次の［問い05］でご説明します。

> **関連する問い**
> ［領域❸（人の育成）］のすべての問い
> ［領域❹（人の活躍）］の問い 12 〜 13 および 15
> ［領域❺（人の維持）］のすべての問い
> ［領域❻（人のリスク低減）］のすべての問い

どんなメッセージを
候補者に向けて発信するか？

「4つのブランド価値」を磨き上げてメッセージをつくる

　[問い04] で整理したEVPをより魅力的に伝えるために、**採用にマーケティングの考え方を取り入れてみましょう**。商品やサービスをお客様に知ってもらい、「欲しい」と感じてもらう。これはマーケティングの得意分野です。

　あなたの会社の魅力を高めるためには、マーケティングの世界的権威であるデービッド・アーカーの「4つのベネフィット分類」というフレームワークが役立ちます。4つのベネフィット（価値）とは、機能的価値、情緒的価値、社会的価値、自己実現価値のことです。ここでiPhoneを題材に、この4つの価値を説明しましょう。

iPhoneの持つ4つのベネフィット

・機能的価値……操作性の良さ、カメラ性能の高さなど
・情緒的価値……デザインの美しさ、iPhoneユーザーであるという満足感など
・社会的価値……先進企業であるApple製品を使っているというステータスなど
・自己実現価値……クリエイティブなアプリを活用して表現活動ができるなど

　価値訴求力が近年やや下がっているとはいえ、初代iPhoneが発売された2007年当時は、ユーザーの圧倒的な支持を得ていました。他社の携帯電話と異なり、この4つの価値を提供していたからです。当時、他の携帯電話は、画面の大きさや音質の良さといった機能面だけで差別化しようとした結果どれも似たり寄ったりとなり、オンリーワンの商品として選んでもらえなかったのです。

［問い05］のサマリ図解

４つのブランド価値

機能的価値	情緒的価値	社会的価値	自己実現価値
機能・性能そのもの	感情面への訴えかけ	社会的集団への所属	理想化された自己イメージの表現

磨き上げて候補者へのメッセージを紡ぎ出す

教育が充実している ＋ 丁寧で安心なフォロー

 機能的価値 ＋ 情緒的価値

人材から選ばれる会社になるために「人の5大欲求」を満たす

	欲求ピラミッド
自己実現価値	自己実現欲求
社会的価値	承認欲求
情緒的価値	所属と愛の欲求
	安全の欲求
機能的価値	生理的欲求

同じように、「あなたの会社の魅力づけ」も機能面だけで差別化しようとしてはいけません。会社の魅力の「機能面」とは、給与の高さや研修の充足度といった「所属することで得られる直接的なメリット」のことです。他社に埋もれないようにするには、**機能面に加えて、情緒的価値、社会的価値、自己実現価値まで踏み込んだ魅力を整理しましょう。**

選ばれるためには「人の5大欲求」を満たすこと

もちろん機能的価値も、「日本で一番給与が高い」「日本で一番教育・研修が整っている」など、飛び抜けた魅力があればそれで十分かもしれません。しかしそうでなければ、その価値だけで選んでもらうことは困難です。また、機能面を整えるためには費用もかかります。

一方、「情緒的価値」は企業規模や体力にかかわらず示せるものです。

例えば、「教育が充実している」という機能的価値に「丁寧で安心なフォローがある」という情緒的な価値を加えてみましょう。魅力をより感覚的に訴えかけることが可能となります。もちろん、言葉としてお化粧するだけでなく、実態もそのように変えていくことが前提です。

「社会的価値」で人を惹きつけようと思ったら、あなたの会社の使命や活動、あるいは経営者の魅力が試されることになります。「企業の社会貢献度の高さが就職志望度に影響した」と回答した就活生は65%に及ぶという調査結果もあります。[23]「社会に良い影響を与えている素敵な集団の一員になりたい」と思ってもらえるかどうかは、結局あなたの会社の使命が何で、その実現に向けて、実際どのような活動をしているかがすべてです。

最後の「自己実現価値」は、例えば「教育」でいうと「あなたの人生の"なりたい"を応援するキャリア形成の仕組み」などの価値を加えることです。キャリア

プランや成長したい姿に基づき、社内外の研修を自由に選ぶことができる。こうした自己実現の領域まで踏み込むことで、あなたの会社で楽しく活躍するイメージが湧きます。

　今の時代は、お金や生存のための欲求だけで会社を選ぶことはありません。自分というものが認められ、自分らしくいられるかが重視されます。

　例えばソニーでは、社員の自律的な選択を後押しする人事施策が導入されています。[24] 異動に関していえば、優秀な社員には「フリーエージェント（FA）権」を付与し、新たなフィールドで活躍できるようにしています。また、教育に関していえば、社員が自発的につくる勉強会やコミュニティを支援する「PORT」という仕組みが用意されています。こうした仕組みを整えることで、自己実現の領域まで踏み込んだメッセージを候補者に発信していくことができます。

　ここまで紹介してきた4つの価値を満たしていくことは、マズローの「5段階欲求」[25] の階段を上がっていることにもなります。機能的価値（給与など）で「安全の欲求」を満たし、情緒的、社会的、自己実現価値で、「所属と愛の欲求」「承認欲求」「自己実現欲求」を満たしていく。これらをストーリーとしてつなげ心に訴えることで、人材から選ばれる採用ブランディングが確立できるのです。

　これで、あなたの会社の魅力を発信する準備が整いました。次はこのメッセージをどのように発信するかです。ここでもマーケティングの手法を活用します。次の［問い06］で説明していきましょう。

関連する問い

［領域 3（人の育成）］のすべての問い
［領域 4（人の活躍）］の問い 12 〜 13 および 15
［領域 5（人の維持）］のすべての問い

問い 06 どのようにメッセージを候補者に伝えるか？

人は評価と体験価値を重視する

　日本で一番訪問者が多いウェブサイトはGoogleの検索ページです。では、訪問者数の2位以下はどんなサイトかご存じですか？

　2位はAmazon、3位が楽天市場と、ショッピングサイトが続きます。また、FacebookやYouTubeなどのソーシャルメディア、価格.comや食べログなどの比較サイトも上位に名を連ねています[26]。

　実は、Googleの検索サイトを除くこれらのサイトにはある共通点があります。それは、「評価がつく」ことです。Amazonなどではユーザーからのコメントや星の数が、Facebookなどでは「いいね」数が、評価として現れます。

　最近何か買い物をしたときのことを思い出してください。どれを買うかを検討する際、これらのサイトのどれかを訪問したのではないでしょうか？

　20年ほど前には、同じことをテレビCMや新聞の折り込みチラシ、雑誌などを見て行う人のほうが多かったことを思うと、大きな変化です。

　マーケティングの始祖とも呼ばれるフィリップ・コトラーによると、近年の顧客の行動には3つ変化があるとされています[27]。

・接続性……インターネットの進化で、多様な情報を収集するようになった
・評価の重視……口コミや評価など他者の意見を重視するようになった
・体験価値の重視……快適な体験やポジティブな感情を重視するようになった

人材の体験を「5つのA」で整理

認知	訴求	調査	行動	推奨
Awareness	Appeal	Ask	Act	Advocate

これらにおいて
友人や家族の意見が
最も有効的

社員に「広告塔」となってもらう

うちの会社楽しいよ！

紹介してほしい！

B君にも合うと思う

社員A　　　　　　　　　　　　　　　　　　友人B

社員からの人材紹介を引き起こす3つの要因とすべきこと

①情緒的コミットメント　②求職者への援助意志　③紹介インセンティブ

☑ 頑張りを正しく評価する
☑ 社員一人ひとりを大切にする

この会社のために
頑張ろう！

会社の魅力を高め愛着を深めてもらう

これらは、人材が企業を選ぶ際の意識や行動の変化にも表れています。例えば、「応募企業の求人情報以外の情報を得るため、どんなサイトやメディアを見るか」を調査した結果をご紹介します。企業ホームページや採用サイト以外にも、企業について書かれている口コミ情報を確認する人は46.7%、企業のSNSアカウントを確認する人は22.8%という結果が出ています。さまざまなサイトや情報を確認して、「自分に合うかどうか」慎重に見定めているのです。

人材の体験を5つのAで整理し、社員に広告塔となってもらう

コトラーによると**顧客の体験を「5A」で整理して打ち手を考える**ことが有効とされています。5Aとは、以下の5つです。

①認知（Awareness）……過去の経験、メディア、他者の推奨などから情報を受動的に知る段階
②訴求（Appeal）……自分にとって魅力を訴えてくる（良い体験価値につながりそうな）製品やサービスに絞り込む段階
③調査（Ask）……メディアや友人から追加情報や評価（レビュー）を積極的に得る段階
④行動（Act）……製品やサービスを購入するという実際の行動を起こす段階
⑤推奨（Advocate）……購入後、製品やサービスに満足した人が他者に推薦する段階

これらにおいて最も強い影響力を持つのが、友人や家族の意見です。83%の人が友人や家族を最も信頼できる「広告」源であると考えているようです。ちなみに、必ず認知からひとつずつ段階を経ていくわけではありません。YouTubeで紹介されていた商品を「これはいい！」と感じて、調査段階を飛ばして行動段階に移る場合もあります。また、友人からの意見を聞いた（調査した）結果、「やっぱり別がいいかな・・・」と訴求段階に戻る場合もあります。

この5Aを「採用」に置きかえて、どんな手段があるかを整理してみましょう。

①認知……採用サイトの最適化、SNS投稿、広告といったメディアの利用など
②訴求……「あなたの会社で働くメリット」を文字、音声、画像、動画などを用い、分かりやすい形で伝えるなど
③調査……採用サイトだけでなく、ホームページ全体の魅力向上、ネット上のレビューの確認、問い合わせ窓口の設置など
④行動……応募サイトの利便性向上、応募手続きや日程調整のしやすさ向上、採用・面接プロセス上での魅力伝達など
⑤推奨……あなたの会社の魅力を実際に感じてもらう、社員紹介プログラムや報奨金の設定など

　このようにさまざまな情報源において、あなたの会社のことをポジティブに知ってもらう準備をし、口コミ評価への配慮、体験価値の訴求といったポイントを押さえていくわけです。

　なかでも最も有効な手段が、**社員に「広告塔」となってもらうこと**です。商品を購入するときと同じで、求職者も一番信頼できる情報は友人（社員）や家族の意見と考えているからです。こうした社員の友人を紹介してもらい、採用につなげる手法をリファラル採用と呼びます。リファラル採用は、採用コストが低いだけでなく、他の採用手段より定着率が高いのです。[30] 米国の調査ですが、求人サイト経由の人材の離職率が22.1％であったのに対して、リファラルだと6.8％だった[31] という分析結果もあります。

　例えば、モスバーガーを運営しているモスストアカンパニー社では、リファラル採用の活用によって、2016年6月から2017年7月までの約1年間で、離職率を12.5％まで低下させています。[32] 外食産業での離職率は一般的に50％程度であるため、驚異的な数値です。

社員に広告塔となってもらうためにすべきこと

　実際にリファラル採用を導入している企業は56.1%[33]にのぼりますが、「あまり社員からの紹介がない」という声もよく聞きます。原因は明確です。厳しいようですが、「会社の魅力が十分でない」か、「会社への愛着が薄い」ためです。

　社員の紹介行動は、学術的に3つの要因によりもたらされるといわれます。[34]

①情緒的コミットメント（会社への愛着や「この会社のために頑張ろう」と思う気持ち）
②求職者への援助意志（友人を助けたいという気持ちや友人との関係性）
③紹介インセンティブ

　②は会社側でコントロールできません。③は既に適切な設定がされているとすると、①の「会社への愛着」が問題になります。

　結局は、会社の魅力を高めていくとともに、社員を大切にしていく、という当たり前のことを実践していくことが一番の近道です。現在の社員に投資し、愛着を抱いてもらうことがリファラル採用を増やすだけでなく、企業の口コミ評価改善にもつながるのです。

　「そんな悠長なことは言っていられない」「それでもやっぱり人が採用できない」という場合もあるかもしれません。第1章でご説明したとおり、今は「直接雇用に限らない人材との関係性の結び方」がいろいろと存在します。そうした多様な人材調達の手法も押さえておくと、人手不足を素早く解消できます。次の［問い07］で解説します。

　関連する問い
　［問い07］どのような手段で人材を調達するか？

どのような手段で
人材を調達するか？

採用＋「ソ・ウ・カ・ツ」で人材調達手段を考える

　採用以外の人材調達の方法には、どのようなものがあるでしょうか。ここで**「ソ・ウ・カ・ツ」**という手法をご紹介します。これは、「ソ（育てる）」「ウ（移す）」「カ（借りる）」「ツ（つながる）」の頭文字をとったものです。

　将来的な人手不足が判明したり、今まさに人が不足しているようなとき、皆さんの会社ではどうしますか？ 採用を行う前に、できることがいくつかあります。

　将来的に、ある能力（知識・スキル・経験など）を有する人材が必要な場合には、OJT（オン・ザ・ジョブ・トレーニング）や研修によって「育てる」ことが考えられます。なじみ深い手段ですが、実は最も難しく、不確実な手段でもあります。というのも、人をある程度狙いどおりに育成するためには本来、以下の3つが必要だからです。

①組織として将来必要となる人の量・質を定義する
②現状の能力を可視化する
③目指す能力に到達するための最適な手段を示す

　①は、[問い01] の人材ポートフォリオの作成、②は、後に紹介する [問い09（どのような人の情報をどう見える化するか？）]、③は [問い10（人材にどのように学んで成長してもらうか？）] に関係します。これらの仕組みを整えて、はじめて効果的な育成が可能となるのです。

[問い07] のサマリ図解

採用＋「ソ・ウ・カ・ツ」で人材調達手段を考える

ソ	ウ	カ	ツ

採用　＋　育てる　　移す　　借りる　　つながる

緊急度に応じて「育てる」か「移す」か選ぶ

◀‥‥‥‥ 緊急度 ‥‥‥‥▶

育てる

低

効果的な育成方法

- ☑ 将来的に必要な能力を可視化
- ☑ 現状の能力を可視化
- ☑ 目指す能力に達するための手段を示す

移す

高

小規模

社内＆グループ間異動

大規模

M&A で会社を買収

必要なときに外部から調達する

パートナーとして会社の神輿を担いでもらう

借りる

派遣・顧問・業務委託

スキルシェア

社内にない斬新さ

コスパ良し

つながる

ビジネス連携や コミュニティ形成

- ・会社を退職した卒業生ネットワーク
- ・将来的な経営人材候補
- ・学校や研究室

一時的に 力を借りる

将来的に 採用・育成

緊急度に応じて「ソ（育てる）」のか、「ウ（移す）」のかを選ぶ

「育てる」には時間もかかり、本当に狙いどおりに育つかどうか分かりません。途中で「コースから外れてしまう人」もいるでしょう。

人材調達のスピードを重視する場合には、「移す」ことも有効です。分かりやすい例は、社内異動やグループ会社間異動です。ある部署で人が足りずにキャリア採用したところ、別の部署に適任者がおり、かつ異動も可能だったと後から分かることがよくあります。

灯台下暗しではありませんが、外を見回す前に「社内やグループ会社に適任者がいないか」を確認するプロセスを設けることが大切です。

より大々的に人材を移す必要があるような場面では、M&Aで会社を買収し、そこにいる人材ごと獲得する方法もあります。これはアクイ・ハイヤーと呼ばれ、2010年代に、Googleがエンジニアの確保のために始めました。2014年に行われた人工知能（AI）研究開発企業のDeepMind社の買収が有名で、AI技術や人材の取り込みを目的としたものと言われています。ちなみに、DeepMind社の創業者であるデミス・ハサビス氏は、「史上最も優秀なチェスプレイヤー」と評されたチェスの神童と呼ばれた人物です。

アクイ・ハイヤーは日本においても徐々に浸透している手法です。調査によると「アクイ・ハイヤーに成功した」とM&A当事者が回答した割合は70%程度となっており、有効な選択肢となり得ます。

「カ（借りる）」「ツ（つながる）」も近年、注目を浴びている手法

「借りる」とは、外部人材や専門家などを、必要なときに必要なだけ借りることです。派遣や顧問、業務委託といった形は昔からありましたが、近年は労働力をより適時・適量調達できる手段が広がっています。その代表例が「スキルシェ

ア」です。

　スキルシェアとは、自身の持つ知識やスキルに値札をつけて売り出すことで、1回いくら、1時間いくらといった細かい単位での売り買いも可能です。これを仲介するサービスとしては、クラウドワークスやビザスクなどが有名で、登録者数は2018年からの5年間で3倍近くに伸びています[36]。

　例えば、「新しい商品の名前を考えたいが、社内にないような斬新なアイデアが欲しい」「新しい業界に営業を仕掛けるために、より生々しい課題感が知りたい」といった場面で有効です。継続してそうした知見やスキルが必要ではない場合は、採用するよりもコストパフォーマンスが優れています。

　2019年に経済産業省から「外部人材活用ガイダンス」という資料が公表されており、かなり詳しく実践の手法や事例が紹介されていますので、ご覧いただくとよいでしょう。

　最後の「つながる」は他の手段と少し毛色が違い、外部の人材とかかわり合いを持っておくことを指します。

　例えば会社を退職したメンバーと「アルムナイ」といわれるコミュニティを形成することが代表的です。アルムナイとは英語で卒業生の意味です。

　先進的な企業では、単に卒業生と定期的にコンタクトをとるだけではありません。米国のスターバックス社では退職者のキャリアアップのための無料講座やイベントへの参加機会を提供しています[37]。また、三井住友海上火災保険では、退職者とビジネス連携を行ったり、企業としての改善点の声を拾ったりという活用をしています[38]。

　アルムナイ以外にも、将来的な経営人財候補とネットワークを構築する取り組みや、学校（研究室）とつながる、コミュニティとつながることも有効です。こうしてつながった人材は、将来的に採用・育成したり、一時的に力を「借り」たりと、つながり方を変化させていくことも可能です。

「借りる」「つながる」というのは、特にこれからの時代は重要になります。多くの企業では、新しい事業を立ち上げたり、それを軌道に乗せたりすることができる「起業家」のような人材が求められています。

しかし、皮肉なことに「起業家的な気質」を持つ方は、そもそも企業に雇われ、人に使われることは望みません。ゆえに、「借りる」「つながる」といった関係性を通じて信頼関係を重ね、パートナーとしてあなたの会社の神輿を担いでもらうのです。

このように、採用だけでなく、育てる、移す、借りる、つながるといった手段も選択肢として取り入れることで、人材調達のスピードや効率が大きく向上します。

ここまで、[領域2（人の調達）]では、4つの問いを通じて、自社の魅力の見つけ方・メッセージのつむぎ方、発信の仕方と人材調達の手段を考えてきました。

人の調達は人材マネジメントの出発点です。そこから人材をどう育成し、活躍を促し、どう維持していくかがつながって、はじめて人事戦略が生き物のように動き出します。次のセクションでは［領域3（人の育成）］について考えていきましょう。

> **関連する問い**
> [問い 01] 戦略実現には、どのような人材が必要か？
> [領域3（人の育成）] のすべての問い
> [領域4（人の活躍）] の問い 12 〜 13

	問い04 何をあなたの会社の魅力に据えるか？	問い05 どんなメッセージを候補者に向けて発信するか？	問い06 どのようにメッセージを候補者に伝えるか？	問い07 どのような手段で人材を調達するか？
レベル5	EVPの精度や、その実現度が定期的に検証されており、EVP自体の磨き上げを行うことができている	候補者に向けたメッセージの妥当性が検証されており、より研ぎ澄まされたメッセージへの磨き上げが常に行われている	各採用チャネルをどのように活用していくかの方針が明確であり、PDCAサイクルを回しながら改善が行われている	動的な人材調達手段、拡張労働力も含めたワークフォースの確保が行えており、その実効性や効果検証を行い、常に改善を行っている
レベル4	EVPに基づく独自の雇用ブランドの構築ができているだけでなく、EVPが実際に制度・施策に組み込まれ、実現されている	候補者に向けたメッセージが候補者の根源的な欲求にまで働きかけるような内容となっている	採用チャネルミックスが最適化されており、社員による紹介（リファラル）が活発に発生している	外部人材やM&Aによる人材獲得等を含めた動的な手段に加えて、拡張労働力（AI、RPAなど）も含めたワークフォースの確保が検討できている
レベル3	EVPが具体化されており、EVPに基づく雇用ブランドの構築を進めている	候補者に向けたメッセージが具体化されており、ブランディング・EVPとの連動ができている	採用チャネル・手段を網羅的に整理・俯瞰したうえで、最適なチャネルミックスを選択している	不足人材を補う手法として、採用だけでなく、リスキルや部門横断異動の活用といった、育成・異動を含めた手段を有効活用している
レベル2	EVPは明確化されているが、雇用ブランドの構築や施策立案につなげられていない	候補者に向けたメッセージは具体化されているが、ブランディングやEVPとの連動が十分にできていない	ダイレクトリクルーティングやSNSといった新たなチャネルを活用した採用方法を取り入れ出している	直近の事業運営に必要な人材の新卒・キャリア採用しかできていないが、インターンやリファラルなどの手法を取り入れている
レベル1	EVPが明確化されていない	候補者に向けてどのようなメッセージを発信すべきかについて検討されていない	候補者にメッセージを伝える手段について十分検討されていない（旧来の方法を踏襲している）	短期的な観点での事業運営に必要な、最低限の人材獲得活動（新卒採用・キャリア採用）しかできていない

領域 3

どのように人を育成するか？

問い 08 必要な人材スペックをどう定義するか？

人材スペックの定義は価値創造の第一歩

「コピー機の紙が切れたから、A4用紙を10束注文しておいて」

　おそらく、こういう依頼を受けたときに、「何が欲しいか、もう少し明確にしてもらわないと分かりません」という人は少ないと思います。消耗品や工業製品は規格化されており、少ない情報で必要なものがはっきりと分かります。「A4は210mm×297mm」「1束は500枚」ということが共通の定義になっているからです。

　しかし、人間は違います。基本的な性格やスキルなどは規格化されていません。「優秀なセールスが5人必要だから、採用しておいて」と言われても、それだけでは、頭の中にクエスチョンマークが浮かんでくるのではないでしょうか。なぜなら、「優秀なセールス」の共通定義はないからです。

　人間は生き物ですから、完全に規格化することはもちろん困難です。しかし、**組織として必要な人材のスペック、すなわち「知識」「スキル」「経験」などをできるだけ具体的に定義する**ことは必要です。なぜなら、次のようなメリットがあるからです。

人材スペックを定義する3つのメリット

①組織の戦略実現に必要な人材が明確となり、採用や異動のマッチング率が高まる

②どういう能力を持った人を育てなければならないかが分かる

［問い08］のサマリ図解

スペックの定義方法

それを実現する役割・職務の要件はどのようなものか？

⬇

その役割にはどのような人材スペック（要件）が必要か？

必要な人材スペックを具体的に定義

知識

スキル

経験

行動

曖昧 ◀┄┄┄┄┄┄┄┄┄┄┄┄┄┄┄▶ 精緻

	オプションA	オプションB	オプションC
職務要件	部や課ごとの職務分掌活用	仕事を大くくりにして作成（職種ごと）	ポスト（仕事）ごとに作成
人材要件	等級ごとの能力定義作成	職種や部ごとに能力定義作成	ポスト（仕事）ごとに作成
メリット	上司が上記内容に基づき咀嚼して伝達できれば柔軟な対応が可能	◀┄┄┄┄▶	必要な要件が正確に伝わる（上司によるばらつきがない）
デメリット	上司の能力に依存する	◀┄┄┄┄▶	メンテナンスの労力が高い・状況に応じた柔軟性が低い

③会社からの「期待する人材像やスペック」を明確に社員へ伝えることができる

　①〜③の中でも特に重要なのは、③です。

　「期待するスペックを会社が決める」と聞くと、押しつけのように感じる方もいるかもしれません。第1章で触れたように、「押しつけ」の育成は確かに嫌がられます。

　一方で、個人任せにしていても、会社が期待するような力を獲得してくれるとは限らず、強い組織にはなれません。そこで会社と個人で「対話」を行い、育つ方向をすり合わせしていく必要があります。

　会社としての期待スペック（Must）を伝えつつ、個人としてのキャリア志向（Will）やできること（Can）とのすり合わせによって、両者が満足できる方向性を見つけていくのです。

　こうしたやり方は、多数の優秀人材を輩出してきたリクルート社で昔から行われてきたことです。「**Will-Can-Must シート**」というキャリア開発・目標管理のシートを使い、年2回本人と上司の間で対話して、すり合わせを行うのです。

　なお、同社では目標設定は年2回ですが、それに加えて中間面談が年2回、振り返り面談が年2回あります。さらにその面談の間には、1on1ミーティングも行っています。

　これを聞くと「上司は大変そうだな…」と感じるかもしれません。実際、組織長1人が育成に年300時間投じているそうです。[39] ここまで人に対して向き合う時間を持つからこそ、人の価値が高まり、企業としての価値創造につながっているのです。

　ちなみに同社は2020年に、日本で唯一「企業価値創造に優れた大型企業ランキング（世界）」でトップ10入りしています。[40]

人材スペックは「職務要件」から定義する

　では、人材のスペックをどのように定義すれば良いでしょうか。

　基本的に部門の戦略・戦術に基づき、「それを実現する役割はどのようなものか」→「その役割にはどのようなスペックが必要か」という順番で書き下ろしていきます。前者の「役割」に関する定義を「職務要件」、後者の「スペック」の定義を「人材要件」といいます。

　具体的な職務要件・人材要件の定義を始める前に決めておきたいことがあります。それは、「どこまで具体的につくるか」ということです。

　職務要件でいうと、以下のような検討事項があります。

①何を定義するか……ミッション、職務、成果責任、KGI/KPI、業務上の関係者
②どの単位で定義するか……部ごと、課ごと、職務グループごと、ポストごと
　　　　　　　　　　　　　　または　等級（や役職）ごと

　人材要件でいうと、以下のような検討事項があります。

①何を定義するか……知識、スキル（資格）、経験、行動（行動特性）
②どの単位で定義するか……部ごと、課ごと、職務グループごと、ポストごと
　　　　　　　　　　　　　　または　等級（や職種）ごと

　例えば、「何を定義するか」について、職務要件も人材要件も上記すべてを含め、ポストごとに作成すると、いわゆる「職務記述書」の最も精緻なものが出来上がります。一方で、職務要件はミッションや成果責任までを等級や役職ごとに定義し、人材要件はスキルや行動を等級・職種で定義していくと、「職務規程」と「等級定義書」が出来上がります。

　さまざまな選択肢がありますが、通常どのような選択肢があるのか、それぞれのメリット・デメリット、具体的なイメージについては［問い08］のサマリ図解（96ページ参照）をご覧ください。

参考までに、ジョブ型を導入している企業ではどれくらいの職務記述書を作成しているかご紹介します。下記をご覧いただければ分かるように、大きな違いがあり、具体性や粒度もさまざまな設定方法があることが分かります。

・アフラック生命保険[41]：1,400種類
・日立製作所[42]：450種類
・KDDI[43]：30種類

スペック定義の方向性はミドルマネジメント層次第

　このように、スペック定義を「ガッチリ固める」か、「曖昧さを残す」かの選択を行う際に、あなたの会社で問うてほしいポイントがあります。
　それは、**「ミドルマネジメントを信じられそうか」**ということです。

　一般的に、部門の戦略・戦術が変化すると、職務要件・人材要件もそれに応じて変える必要があります。
　例えばマーケティング部で職務要件をつくるときに、「四半期ごとのマーケティング活動計画と市場調査に基づき、ウェブサイトやSNSコンテンツの制作・更新を行う」というように具体的に書き下すと、「やるべきこと」は明確になります。しかし、方針が変わり、市場調査を一切行わない、使うメディアも変えるとなると、この職務要件は更新が必要です。
　変化が激しい会社や部門では、毎年、または半年ごとに更新を行っていく必要が出てくるかもしれません。個人的な実感値としては、１枚作成したり更新したりするのに、数時間は必要です。数百枚から数千枚の職務記述書をその頻度で更新することをイメージしてみてください。「とてもやりきれないな……」と感じられるのではないでしょうか。

　本来、文章として定義する文言は、「ブランド価値向上に向けた最適なコンテン

ツの開発・管理を行う」程度の抽象度に留めて、上司・部下のコミュニケーションの中で、「ここでいう『コンテンツの開発』とは……」などとかみ砕いてもらうことが理想です。人材要件も同様で、「求められる『企画力』とは……」という具合です。

そのかみ砕きには、組織が置かれた環境を加味することもそうですが、部下のレベルや志向性に合わせた調整を行っていくことが望ましいといえます。しかし、これを実現するには、ミドルマネジメントに**「要件を具体化して、適切な言葉にする力（要件定義力・言語化力）」**が求められます。

木暮太一氏の著書『すごい言語化』（ダイヤモンド社、2023）に、言語化をスムーズに進める方法として「PIDA（ピーダ）の４法則」が紹介されています。

・目的の整理（Purpose）……**そもそも自分は何のために言語化したいかを考える**
・項目を選定する（Item）……**何を伝えれば明確に言語化できるのかを考える**
・その項目を定義する（Define）……**その項目はどういう意味なのかを定義する**
・その定義が伝わる表現に当てはめる（Apply）……**意図した定義が伝わるフレーズを使う**

部・課長職などのミドルマネジメント層にこうした力がある程度備わっている会社であれば、「曖昧さを残す」という選択が有効です。一方、ミドルマネジメント層の力量に不安がある場合は、会社側で具体的に定義せざるを得ないでしょう。最初は「ガッチリ固める」世界から始めて、ミドルマネジメントの教育を行いながら、だんだん「曖昧さを残す」世界に近づけていくことが理想です。

ここまで説明してきた考え方に基づき、人の育成のスタート地点である「必要な人材スペック」を定義していきましょう。これは組織側のMustの明確化ですが、先ほどお伝えしたようにこれを人材側のWill（志向）やCan（能力）とすり合わせることが大切です。

人材の志向や能力といった情報をどう可視化するか、次の［問い09］で解説します。

関連する問い
....
［問い01］戦略実現には、どのような人材が必要か？
［問い03］ありたい人・組織（文化）を生み出すために何を重視するか？
［問い09］どのような人の情報をどう「見える化」するか？
［問い13］人材と仕事をどのようにマッチングするか？
［問い17］個々人のパフォーマンスをどのように評価するか？

どのような人の情報を
どう「見える化」するか？

Will（志向）・Can（能力）+ Style（特性）を可視化する

　海に浮かぶ氷山。海の上から見えているのは全体の何割程度かご存じでしょうか？

　おおよそ１割程度だそうです。氷山のほとんどは海面の下に沈んでおり、外からは見えません。目に見える部分より、目に見えない部分の存在がはるかに大きいのです。

　これは、人のパフォーマンスも同様です。目に見えて測定しやすい「スキルや知識」よりも、目に見えず測定しにくい「動機・性格・考え方などの特性」が人のパフォーマンスに大きな影響を及ぼしていることが、ハーバード大学の行動科学研究者であるデイビッド・マクレランドらの研究により、1970年代頃に明らかになりました。

　例えば、正確な経理処理を行う担当者が必要だとします。いくら経理処理の知識が豊富でも、そそっかしい人や、おおざっぱな人に任せるのはとても不安ですよね。できれば知識もあって、慎重で正確さを重んじる人に任せたいところです。

　このように、人や組織のパフォーマンスを高めていくためには「特性」という要素を見逃せません。ゆえに人に関する基本情報である**Will（志向）**や**Can（能力）**だけでなく、**Style（特性）**も可視化しましょう。

　特性とは、動機（どのようなモチベーションで動くか）、性格（誠実さや協調

[問い09] のサマリ図解

Will（志向）・Can（能力）だけでなく、Style（特性）を可視化する

Style（特性）の基礎要素

動機

性格

+

働き方の価値観

可視化方法

	収集項目	収集方法
志向 **Will**	中長期・短期のキャリア目標	自己申告（キャリアシート）
能力 **Can**	知識 スキル 経験 行動	テスト・保有資格・教育歴 テスト・保有資格・能力評価 異動履歴・入社前の職務経歴 行動評価・360度評価・研修での姿勢
特性 **Style**	動機・性格 働き方の価値観	テスト・アセスメント 自己申告（キャリアシート）

上記の情報は「自動化」と「自発化」で収集していく

集めた情報は各レベルでの成長や育成に活用

個人レベル	個人のキャリア形成意識、成長意欲の向上
職場レベル	上司・部下の相互理解、上司からの指導、個人育成計画の作成
組織レベル	異動、配置、抜擢、チーム組成
企業レベル	経営人材育成、後継者の選抜

性）などです。こうした要素に加えて、「働き方の価値観」も押さえておくと良いでしょう。

　第1章で触れたように、昨今の人材は働き方が「自分のスタイルに合うかどうか」を重視しています。「どんな働き方をしたいか」という情報を、異動・配置に活用することで、モチベーションの低下や離職を防ぐことができます。

　「働き方の価値観」とは以下のような情報です。[44]

働き方の価値観

・時間の希望……働きたい時間帯・時間数、スケジュール形態、時間外勤務の制限
・場所の希望……転勤の可否、働きたい場所
・休暇の希望……家族、傷病、育児、通学などで休みたい時期
・作業負荷の希望……肉体的労働の制約、制限される作業
・勤務形態の希望……リモート・出社・ハイブリッド

人の情報は自動・自発で集まる仕組みをつくる

　では、Will（志向）、Can（能力）に加えて、こうしたStyle（特性）をどのように可視化すると良いでしょうか。いくつか例示します。

● Will（志向）：
中長期・短期のキャリア目標：自己申告（キャリアシート）

● Can（能力）：
知識：テスト・保有資格・教育歴
スキル：テスト・保有資格・能力評価
経験：異動履歴・入社前の職務経歴
行動：行動評価・360度評価・研修での姿勢

●Style（特性）：
動機・性格：テスト、アセスメント
働き方の価値観：自己申告（キャリアシート）

　こうした情報は収集する手間が多いと、だんだんと更新されなくなります。そうすると、情報の鮮度が落ちたり、抜け漏れだらけになってしまい、使い物になりません。ゆえに、**人の情報の収集は、「自動化」と「自発化」を行うことが肝**です。

　前者の「自動化」とは、業務運営の中で自然にそういう情報が集まる仕組みをつくるということです。

　例えば、「キャリアシートは業務目標を設定するときに併せて記入してもらい、提出してもらうルールをつくる」「能力・行動評価の結果はきっちり上司が入力するルールをつくる」などです。

　日常的な必須業務の中で、必要な情報が集まる仕組みをつくること、これが自動化です。もちろん、一般的なタレント・マネジメントシステムなどを活用した自動化も有効です。

　後者の「自発化」とは、その情報を提出することで、社員自身にメリットが生まれる仕組みをつくることです。例えば、KDDI社では、自分の経歴やスキル、キャリアプランをシステム登録すると、部門側で欲しい人材をそのデータベースから検索して声をかけてもらうことができる仕組みを導入しています。[45] ある意味、「社内求人登録」のようなものです。もちろん、誤った情報が登録されるリスクもあるので、自己申告だけでなく、定期的なチェックは必要となります。

　こうした自動化・自発化によって収集された人の情報は、人の育成、活躍、維持など、いろいろな場面（レベル）で活用することができます。

・個人レベル……個人のキャリア形成意識・成長意欲の向上
・職場レベル……上司・部下の相互理解・上司からの指導・個人育成計画の作成
・組織レベル……異動・配置・抜擢・チーム組成
・企業レベル……経営人材育成・後継者の選抜

　メインとなるのは成長や育成に向けた活用でしょう。特に人材が現状の能力では理想とする水準に達していない場合などは、そのギャップを埋めることが必要になります。次の［問い10］でその方法を考えていきましょう。

[関連する問い]
［問い12］人材のパフォーマンスをどのように高めるか？
［問い16］人材のエンゲージメントをどのように高めるか？
［問い19］柔軟な働き方をどのように提供するか？
［問い26］人と組織のデータをどのように活用するか？

問い 10 人材にどのように学んで成長してもらうか?

まず「何を、なぜ学ぶべきか」を学んでもらう

「会社は学校ではありません!」

　こう言って新入社員を叱ったことがある(または叱られたことがある)方はいらっしゃいませんか?

　確かに会社というのは何かの目的を達成するための組織であり、勉強のための場所ではありません。また、育成をしなくても、採用したり、外部の人の力を一時的に借りたりすれば、組織としては回っていくように思います。

　しかし、これまで述べてきたように近年は企業として、人材育成に投資することが強く求められています。では、なぜ会社はわざわざ人の育成をしなければならないのでしょうか。また、そもそも「人の成長」とは何なのでしょうか。

　「成人発達理論[46]」によれば、人の成長には2つの方向があるといいます。

・**水平的成長**……知識の拡大やスキルの拡大(分かること・できることが増える)
・**垂直的成長**……人間としての「器」が深まり、認知の枠組み(物事の見方や考え方)が変化する

　成長というと、どうしても知識やスキルといった「水平的成長」にばかり意識が向きがちです。しかし人をリードする立場になると、「垂直的成長」によって、多様な価値観を受け入れ、多角的な視野を持った判断が求められます。

［問い10］のサマリ図解

人の成長

水平的成長
知識やスキルの拡大

垂直的成長
人間としての「器」の深さ

2方向での
成長を促すために

目的や動機、学習者の経験を学びと紐づける

学ぶ目的や動機を明確化し、健全な危機意識を生む

今後、どのように成長していきたいですか？

今後の仕事で課題になりそうなことは何ですか？

上司　　　　　　　　　　　　　　　　　　　　　　　　部下

＋

学習を促すハードな職務状況（修羅場）を経験させる

**変化の創出が
必要な状況**

新しい方向性の構築
過去からの問題対応

**高いレベルの
責任を伴う状況**

難度の高い職務
幅広いビジネスの管理
外部からの圧力対応

障害のある状況

周囲から支援が
受けられない状況

圧倒的な専門知識を持っていても、器が小さく、偏見だらけの上司にはついていきたくないでしょう。スマートフォンでいうと水平的成長はアプリケーションのアップデート、垂直的成長はOSのアップデートといえます。[47]

　では、なぜ会社として人の育成（成長促進）が必要なのでしょうか。理由は4つに整理できます。

会社が人の育成を率先してすべき理由
①人は規格が揃っておらず、採用しても理想のスペックを備えていることが少ない
②戦略や環境の変化に従って、知識・スキル（アプリケーション）を変更する必要がある
③組織の方向性や文化とある程度、物事の見方（向き）を合わせてもらう必要がある
④成長ができる会社であることが、強力な「会社の魅力づけ」となる[48]

　もちろん、工場の生産ラインを効率化する投資などとは違い、教育の投資は事前に「○％の生産性アップにつながる」といった効果が計測できるわけではありません。しかし、人という不確実で常に移ろっていくものを取り扱ううえでは、アプリケーションとOSの常時アップデートは避けては通れない道なのです。

大人はWhatよりも、Whyで学びに導く

　ではどのようにすれば、効果的に人の成長を促せるのでしょうか。それは、**まず「何を、なぜ学ぶべきか」を学んでもらう**ことです。「成人学習理論」によると、大人の学びには、**目的や動機、学習者の経験との紐づけ**が必要とされています。[49]

　皆さんも子どもの頃は、なぜ国語・算数・理科・社会を教わっているのか、目的も分からずに勉強していたのではないでしょうか。あえて言うなら、親や先生

に怒られるからといった外発的な動機づけで動いていたかもしれません。

　しかし大人の学習に当てはめた場合、そうした外からの圧力だけでは、効果的に学ぶことはできません。

　最近、本を買ったときのことを思い出してください。おそらく、何か目的があって、何か困りごとを解決するために購入されたのではないでしょうか。そして、本を読むときは、自分の経験や既に持っている知識と紐づけながら理解をされたのではないでしょうか。こうした自発的で、関連性のある学び方が脳科学的にも有効とされています。⁵⁰

　会社の育成でいうと、社員にまず**「今の職務をうまくこなすうえでの課題は何か」「今後課題になりそうなことは何か」を意識してもらい、健全な危機意識を持ってもらうこと**です。それには、目指すべき姿の定義と上司の関与が欠かせません。

　「今の職務を遂行するうえで、十分できていること・そうでないこと」「今後目指すキャリアにおいて、十分できていること・そうでないこと」など「埋めるべきギャップ」を上司との対話を通じて自己認識してもらうのです。これには［問い08］で定義した人材の（理想）スペックの情報が活用できます。こうした意識づけができれば、育成は半分成功したようなものです。

　もう半分は、学ぶ機会の提供です。「職務上の経験」「他者からの助言」「研修や自己学習」の機会などを提供することで実際の成長につなげていきます。特に「職務上の経験」が重要とされており、［問い10］のサマリ図解（108ページ参照）⁵¹の下部に記載されたようなハードな経験が特に学習を促すとされています。⁵²

　ご覧いただいてお分かりのとおり、辛そうな場面・状況が並んでいます。「獅子はわが子を千尋の谷に落とす」ではありませんが、ある程度の修羅場体験は人の成長に欠かせません。

例えば日立製作所では、若手の優秀層を集中的に育成する「Future50」という仕組みがあります。選抜される社員は主に30〜40歳代で、なかには31歳で選ばれる社員もいます。部下30人ほどの中間管理職の社員を、いきなり社員5,000人、売上5,000億円のグループ会社社長に就任させたケースもあります。

　その際、単に千尋の谷へ突き落とすのではなく、「なぜハードな経験をしてもらおうとしているのか」をきちんと本人に理解してもらうこと。しっかりフォローし、フィードバックを行うこと。これらをセットで行うことが大切です。日立製作所でも、一人ひとりに経営幹部がメンターとして随時フォローを欠かさない体制をつくっているそうです。

　ここまで「学ばせ方」、その中でも特にアプリケーション（知識・スキル）のアップデート面について解説してきました。事業環境や戦略が大きく変化しないのであれば、最初に立てた計画どおりに育成していけば問題ありません。

　しかし、時代や市場に大きな変化が生じた場合には、スキルの大きな転換、つまりリスキリングが必要になります。これらをどのように行うべきか、次の［問い11］で解説します。

> **関連する問い**
> ［問い03］ありたい人・組織（文化）を生み出すために何を重視するか？
> ［問い07］どのような手段で人材を調達するか？
> ［問い16］人材のエンゲージメントをどのように高めるか？
> ［領域3（人の育成）］のすべての問い
> ［領域4（人の活躍）］の問い12・13

問い 11　どのように リスキリングを行うか？

2人に1人がリスキリングの必要な時代に

　最近、新聞やニュースで「リスキリング（学び直し）」という言葉をよく見かけます。

　2022年10月には政府から「個人のリスキリングの支援に、5年で1兆円を投じる」という方針の表明もありました。これには成長市場（特にデジタル産業など）に人が移ることを促したり、労働者の賃上げを支援するといった狙いがあるようです。

　一方で、企業が主導するリスキリングも近年活発です。

　日立製作所では、毎年4億円を投じて、社員3万人を対象に大規模なリスキリングに取り組んでいます。学習体験プラットフォームを導入しており、現在の仕事やスキルレベル、強化したいスキルの情報を登録すると、2万以上の研修プログラムからAIが受講すべき研修を推奨してくれるそうです。

　現状、企業が行うリスキリングは、主にシステムエンジニアやデータサイエンティストなどのデジタル人材を増やすことが目的です。日本では2030年に約80万人のデジタル人材が不足するという予測もあり、こうした人材の確保が急務になっています。

　一方で「10〜20年後に日本の労働人口の49%が、人工知能やロボットなどに置き換わる」という調査結果もあります。

［問い11］のサマリ図解

**2人に1人は
リスキリングが必要な状況**

リスキリングの最終目的

パフォーマンスの向上

スキルの習得

リスキリングの第一歩はアンラーニング（学びほぐし）

4. リスキリング
スキル再取得

1. アンラーニング
学習棄却（学びほぐし）

3. プランニング
未来予測を行う

2. アダプタビリティ
適応力を高める

一般社団法人ジャパン・リスキリング・イニシアチブより[59]

学びほぐしに必要な3つの感情

やばい…

あれっ？

そもそも

限界経験

今までのやり方で
通用しない
"自分の限界"を
感じる

越境経験

これまでと違う
立場や視点に立つ

内省支援

自分の中の
「当たり前」を
問い直す

これまでの信念や考え方をほぐし、変化に前向きになるよう導く

つまり今、人が担っている仕事も、いずれ人が不要になり、その人を別の仕事に移す必要が出てくるのです。このデータに基づくと、2人に1人はリスキリングが必要ということになり、誰しも「自分には無関係」とはいえない状況です。

新しいスキル習得の前に、これまでの意識と知識を捨ててもらう

　こうした背景から、リスキリングが早急かつ切実に求められているというわけです。ただし、世の中の情報のほとんどは「新しいスキルの習得」ばかりに焦点が当たっています。しかし、立ち返って考えたときに、新しいスキルの習得はなぜ必要なのでしょうか？

　スキルを習得すること自体がゴールではありません。最終的な目的は「新しい環境においてパフォーマンスを上げること」であるはずです。
　［問い11］で説明したとおり、パフォーマンスには、目に見えない「動機・性格・考え方などの特性」が大きな影響を与えています。性格はすぐには変えられないかもしれませんが、「考え方」つまり、OSはアップデートが可能です。つまり、パフォーマンスを高めるという目的を達成するためには、**新しいスキル習得の前に、「これまでの意識や知識をどう捨てるか（変えるか）」が重要です。**

　せっかく長い期間をかけて習得してきたものを「捨てる」と聞いて、「もったいない」と思う方もおられるかもしれません。しかし、この「捨てる」作業こそ、新たな学びの前に大切なことなのです。詳しく説明していきます。

　スマートフォンで考えてみましょう。アプリを最新版にしても、OS（iOSやAndroid）のバージョンを10年前から更新していなければ、何かしら不具合が生じてきます。人間も同様で、「これまでのやり方が一番」「変化や新しいものを取り入れる必要はない」という考え方そのものをまず変えることが重要です。
　そうした考え方を持っていると、どんなに新しい知識・スキルを学ぼうとして

も、脳が「役に立たないもの」と判断して、習得しようとしません。実際の調査[61]でも、リスキリングの最大の阻害要素がこうした「変化抑制意識」にありました。

　では、考え方（OS）の更新はどのように行えばよいのでしょうか。それは、近年注目を浴びている**「アンラーニング」**を行うことです。

　アンラーニングは直訳すると「学習棄却」です。凝り固まった仕事の信念やルーティン（やり方）、知識（「これはこういうものだ」という決めつけ）などをほぐして、新しく組み直すのです。
　「学び」が知識の積み重ねを通じて信念を形成することだとすると、その逆を行うのです。アンラーニングという言葉を日本に持ち込んだ哲学者の鶴見俊輔氏は**「学びほぐし」**と絶妙な和訳をしているので、以降はこちらを用います。

　「学びほぐし」の方法[62]は「やばい…」「あれっ？」「そもそも」という３つの感情を持ってもらうことです。

「学びほぐし」に必要な３つの感情とその促進方法
・**「やばい…（限界経験）」**……これまでのやり方で通用しない「自分の限界」を
　　　　　　　　　　　　　　　　感じる経験を与える
・**「あれっ？（越境経験）」**……顧客側などこれまでと違う立場・視点に立つ、副
　　　　　　　　　　　　　　　　業・兼業・海外経験・他流試合などを行う
・**「そもそも（内省支援）」**……自分の中で「当たり前」となっている信念や前提
　　　　　　　　　　　　　　　　を根本的に問い直すような振り返りを促したり、
　　　　　　　　　　　　　　　　上司が模範を見せたりする

　こうした想いを引き出すことで、**これまでの信念や考え方をほぐし、変化に前向きになるよう導く。**ここまでできれば、後は新しいスキルの習得（アプリのアップデート）に移るだけです。

ここからは、前項の［問い10］で解説したことが参考になります。結局は、「普通の学び」も「学びほぐし」も同じで、経験や他者の関与を通じて、学びの「必要性」を生み出すことが肝なのです。

「学びほぐし」の実践はまず、トップ層から

　ちなみにこの「学びほぐし」が最も必要なのは、社員ではなくトップマネジメント層かもしれません。「エクセレント・カンパニー」と賞賛された会社がなぜ没落したかについて、アメリカのペンシルベニア大学が分析しました[63]。

　この分析によると「没落企業」の主な原因は、競合との熾烈な競争などではなく、成功をたぐり寄せる過程で身についてしまった「自滅的習慣」だったのです。「現実を直視しない（正当化する）」「傲慢になってしまう（他者の話を聞かない）」「これまでの強み（積み上げてきたもの）に依存してしまう」など、7つの習慣病が挙げられています。

　これは企業について挙げられたものですが、もしかしたら、経営者個人の顔が浮かんできた方もいらっしゃるかもしれません。実際、同書では「すべてはリーダーシップの問題」と結論づけています。つまり**「経営陣が、信念や考え方を更新し続けられるかどうか」が会社の存亡を左右する**のです。

　棋士の羽生善治さんは、著書で以下のように語っています[64]。

| 「自分の得意な形に逃げない」 |

　得意な形で勝利を続けると、自分自身の進化を妨げるということです。こうした変化に向けた姿勢や「学びほぐし」は、トップマネジメント層が自ら取り組むことが望ましいでしょう。

　例えば資生堂が導入している「リバース・メンタリング」は良い事例です。こ

れは、20歳代の若手社員が幹部のメンターになり、先端のデジタル技術や消費トレンドを月1回程度、対話しながら教えている⁶⁵のです。こうした取り組みで、みずからの既成概念を壊していくことが大切です。

　ここまで［領域**3**］では、人材スペックの定義、人の情報の可視化、学ばせ方、リスキリングについて考えてきました。育成や成長は重要な要素ですが、それがゴールではありません。実際に学んだことを活かして、仕事や職場で価値を発揮してもらうことが、育成・成長の投資回収につながります。次の［領域**4**］で考えてみましょう。

関連する問い
[問い 03] ありたい人・組織（文化）を生み出すために何を重視するか？
[問い 10] 人材にどのように学んで成長してもらうか？
[問い 12] 人材のパフォーマンスをどのように高めるか？
[問い 20] 新陳代謝をどのように促していくか？

人的資本経営　実践度診断［領域 3 ］

	問い08 必要な 人材スペックを どう定義するか？	問い09 どのような人の 情報をどう 「見える化」するか？	問い10 人材に どのように学んで 成長してもらうか？	問い11 どのように リスキリングを 行うか？
レベル5	今後の経営戦略を実現するために、各組織で将来を見据えた知識・スキル・経験などが必要な粒度で定義されており、かつそれらが定期的に更新されている	人の情報のデータベースが構築されて情報が常に最新化されており、なおかつ採用・育成・異動・評価等に有効活用されている	育成の仕組みがOff-JT/OJT/自己研鑽の包括的な観点からPDCAサイクルが回っており、最適化されている	従業員だけでなく経営陣も含めて、リスキリングを推進・支援する仕組みや制度を導入し、その仕組み自体も常に見直しを行っている
レベル4	どのような組織単位・どのような内容で人材スペックを可視化していくかの方針が明確であり、明確化のための仕組みが整備されている	人材マネジメントの効果を高める人の情報が定義され、データベースが構築されており、常に最新の情報になる仕組みが構築されている	リーダー層や、戦略上キーとなる人材が内部から連綿と輩出される効果的な仕組みが整備されている	従業員だけでなく経営陣も含め、新しい知識やスキルの習得だけでなく、アンラーニングの重要性も理解したうえで、リスキリングに積極的に取り組んでいる
レベル3	今後の経営戦略を実現するために、各組織で必要な知識・スキル・経験などが定義されている	個人の志向（Will）、能力（Can）、特性（Style）を可視化する仕組みが整っている	研修体系（Off-JT）とキャリアパス・職務経験（OJT）が連動しており、体系的な整備がされている	リスキリングのための研修体系が整備されているだけでなく、リスキリングを動機づける仕組みも整っている
レベル2	必要な知識・スキル・経験などが等級ごとや一部部門で定義されている	個人の能力（Can）など、育成や人材マネジメントで活用するための情報が断片的に可視化されている	必要な研修は一定程度整備されているが、全体像の整理が行われておらず、個別研修の積み上げとなっている	従業員に対してリスキリングを推奨し、新しい知識やスキルの習得を支援している
レベル1	必要な知識・スキル・経験などが具体化されていない	人事業務に必要な最低限の情報しか可視化・活用されていない	教育・研修の仕組みが十分に整っていない	リスキリングに関する取り組みが行われていない

領域 4

どのように人の活躍を促すか？

問い 12 人材のパフォーマンスを どのように高めるか？

個人のパフォーマンスは何で決まるか

「あの人は優秀だ」「彼／彼女はウチのエースだ」

　皆さんの組織にも、高いパフォーマンスをあげるスター社員がいると思います。難しいと思われた契約も相手の懐に飛び込んで獲得してくる営業担当、通常の何倍ものスピードで分析を回しプレゼン資料をつくる企画担当。こうしたスター社員たちの「高いパフォーマンス」は、何からもたらされるのでしょうか。

　日本を代表する経営者の故・稲盛和夫は、次のような方程式を提唱しています。

　人生・仕事の結果＝考え方×熱意×能力

　仕事に取り組む心構えがどれだけしっかりしていて、能力がどれだけ高いとしても、すぐに「もうやめた」とやる気を失ってしまう人は、おそらく結果を出せないでしょう。自ら率先して行動し、それを継続していく熱意も重要です。

　では、考え方が優れており、熱意も能力もある人が自分に合わない仕事をあてがわれ続けたらどうでしょう？ 例えば、プロ野球の大谷翔平選手が、毎日正座をして将棋を指す仕事を強いられたら、大谷選手がどれだけ優秀でも、おそらく戸惑うのではないでしょうか。そういう意味で、人材と「仕事」との適切なマッチングも、パフォーマンスを高めるうえでは重要な要素です。

［問い12］のサマリ図解

パフォーマンスを高めるために 4 つの要素にアプローチ

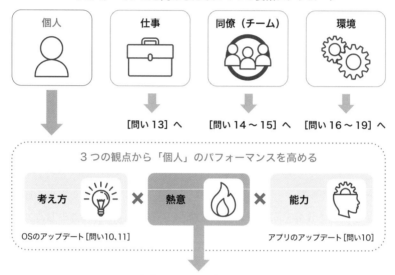

個人	仕事	同僚（チーム）	環境
	［問い 13］へ	［問い 14〜15］へ	［問い 16〜19］へ

3 つの観点から「個人」のパフォーマンスを高める

考え方 × 熱意 × 能力

OSのアップデート［問い10、11］   アプリのアップデート［問い10］

GRIT（グリット：やり抜く力）を伸ばす

Guts
度胸

Resilience
復元力

Initiative
自発性

Tenacity
執念

GRIT の伸ばし方

- ☑ 関心・興味のある仕事に就いてもらう
- ☑ 仕事の意義や目的を感じてもらう
- ☑ 自身のスキルを少し上回る目標を設定してもらう
- ☑ 小さな成功体験をしてもらう
- ☑ 困難が生じても、その先の希望を見せる

スタープレイヤーを支えるチームと環境

　加えて、同僚（チーム）の存在も見逃せません。

　スター社員といえども一人で物事を成し遂げることは難しく、同僚や人脈（社会関係資本）の存在が重要であることが、いくつかの調査⁶⁶でも示されています。実際、「優秀な人材をヘッドハントして、その人の得意な仕事をしてもらったのに、期待外れのパフォーマンスだった」という例をよく見聞きします。これは、かつての会社でスター社員を支えていた人たちがスター社員の周りに居ないことが原因のひとつです。

　こうした事態を避けるため、［問い07］で触れたアクイ・ハイアー（M&Aによる人材獲得）によってチームごと引き抜きが行われるケースもあります。

　もし優秀な人材をチームごと引き抜いて得意な仕事に任命したとしましょう。新しい会社で正当な評価や処遇がされなかったり、働くことに幸福感を覚えないような劣悪な労働環境だったりしたら、どうなるでしょう？　おそらくパフォーマンスは上がりません。プロ野球でトレーナーやコーチごと優秀なバッターを引き抜いても、チーム全体の打順やカラーに合わなければ結果が出せないのと同じです。「環境」も重要な要素なのです。

　つまり、**パフォーマンスを高めようとすると、個人、仕事、同僚（チーム）、環境という4つの要素にアプローチする必要がある**のです。

人事として個人のパフォーマンスを高める方法

　最初に「個人」の要素について解説します。

　個人のパフォーマンス向上には、考え方×熱意×能力の3つの観点がありました。考え方（OS）と能力（アプリケーション）のアップデート方法については、［問い10（人材にどのように学んで成長してもらうか？）］で触れたとおりです。

では、熱意についてはどうでしょう？　野球のイチロー選手はこんな言葉を残しています。[67]

> 「小さなことを多く積み重ねることが、とんでもないところへ行くただひとつの道」

　このようにものごとを継続してやり抜く力は、「GRIT（グリット）」とも呼ばれます。GRITとは、次の４つの単語の頭文字をとったものです。

Guts（度胸）：困難なことに立ち向かう力
Resilience（復元力）：失敗してもあきらめずに継続する力
Initiative（自発性）：自分自身で目標を見つける力
Tenacity（執念）：最後までやり遂げる力

　成功者はこうした「やり抜く力」を共通的に持っているようです。[68]「非認知能力」（テストで数値化されない力）とも呼ばれ、近年は「子どもの人生を豊かにする力」としても重視されています。

　「やり抜く力」は子どものときだけではなく、大人になっても意識的に伸ばすことができます。その方法は意外なほどシンプルです。[69]

GRIT（やり抜く力）の伸ばし方
①関心・興味を持った仕事に就いてもらう
②仕事の意義や目的を感じてもらう
③自分のスキルを少し上回る目標や挑戦的な目標を設定してもらう
④小さな成功体験を積み重ねてもらう
⑤困難が生じてもその先の希望を見せる（「やり抜く力」が強い人がサポートする）

それぞれ具体的な方法は、［問い13・14］で解説します。ここでは、「**GRIT と
は、入社後の社内環境で伸ばすことのできる能力**」だということだけ理解いただ
ければ大丈夫です。

　ここまで、パフォーマンスを上げるための「個人」の要素を見てきましたが、
それ以外の3つの要素も、この後に解説していく問いにつながっています。
　「仕事」の要素は［問い13］、「同僚（チーム）」の要素は［問い14・15］と関連
しています。「環境」の要素は、［問い16〜19］に。そう、すべてつながっている
のです。

　少し脱線しますが、このようにパフォーマンスに影響する要素を整理してみる
と、「個人（自分）」以外の要素が非常に多いことが分かります。「優秀」「エース」
と呼ばれる人は、自身の才能と努力によってその場所まで上り詰めた部分も当然
あるでしょう。しかしそれ以上に、良い仕事、良い同僚（チーム）、良い環境に恵
まれていたことも大きいかもしれません。
　こうしたことを各人に認識してもらうことが、仕事のパフォーマンスや幸福感
を高めることにつながるのではないでしょうか。

　では、次の［問い13］で、「仕事」の要素、つまり適材適所の実現方法につい
て考えていきましょう。

関連する問い ··
［問い08］必要な人材スペックをどう定義するか？
［領域４（人の活躍）］のすべての問い
［領域５（人の維持）］の問い 16 〜 19

問い 13 人材と仕事を どのようにマッチングするか？

会社と個人、それぞれにとっての「適職」とは何か？

皆さん、今の仕事は「自分に向いている」と思われますか？

「向いている」と答えた人はおそらく仕事でも活躍されていて、「適職」に就けた喜びを感じているのではないでしょうか。実際、「仕事にやりがいがあれば、待遇や労働条件が多少悪くても良い」と考えている人は58.3%いるようです。[70]

このように自分に向いた仕事は「適職」や「天職」などと呼ばれますが、そもそも「適職」とは何でしょうか？

個人の目線では、「楽しい」「成長できる」「稼げる」など、いろいろな捉え方があるでしょう。一方で会社の目線に立つと、「モチベーション高く働いてもらえる」「高い成果をあげてもらえる」など少し違った言葉が出てくると思います。

つまり、両者は違った視点で「適職」を捉えているため、個人と会社の双方が100%ハッピーとなる「適職」は、めったにないのです。

また、個々人にできるだけマッチした職務をあてがおうとすると、必要な人材スペックや人の情報をできるだけ可視化したうえで、「どう組み合わせるのが最適か」という複雑なパズルを解いていく必要があります。

特に昨今は、Will（キャリア志向）を考慮してマッチングすることも重要です。

これまで述べてきたように、人材のキャリア自律意識は年々高まっています。本人の意志をまったく考慮しない異動は、優秀な人材の離職リスクを高めます。

［問い13］のサマリ図解

会社と個人が歩み寄る

求めるもの		求めるもの
パフォーマンス向上		**仕事を通じた 幸福感ややりがい**
会社側		個人側

エンゲージメント（働きがい）が高まる仕事の要素

- ☑ ミッション・役割が明確で意義がある
- ☑ 裁量や工夫の余地がある
- ☑ 達成感・成長感を得られる

上記の3つが与えられた仕事になるようお互いに意識を変えていく

会社側の歩み寄り

職務を与え、意味や意義を伝える

可能な限り権限移譲し 改善の余地を探る

継続的な達成感や成長感を 感じられる難易度に調整

個人側の歩み寄り

ジョブ・クラフティングの進め方

1 タスクにかけている時間を洗い出す

2 時間の使い方の変化 なぜそう感じたかを洗い出す

3 望む仕事のイメージを洗い出す

4 イメージに近づくための 工夫ができないか考える

5 かかわる人との関係性を 向上させる工夫を考える

6 自分の仕事と大きな目標との つながりを考える

エン・ジャパンの調査によると、転勤は退職のきっかけとなると回答した人は64%いるそうです。

　個人と職務のマッチング精度をさらに高めるには、こうした Will・Can・Must に関する膨大な情報を考慮する必要があります。AI を使ったとしても、その実現はほぼ無理でしょう。なぜなら、社員全員に100%適した仕事をあてがうことは不可能だからです。ある程度、会社として適材適所に向けた努力をすることは必要ですが、**完全な適材適所（適職）は幻想**と考えましょう。

適材適所はあきらめて、歩み寄りを考える

　ではどうすれば良いのでしょうか？　答えは、**会社側と個人側が歩み寄ること**です。「何だ、当たり前のことじゃないか」と思われるかもしれませんが、こうした「双方の歩み寄り」を仕組みとして取り入れている会社はまだ少数に思います。

　会社側の目線では主に「パフォーマンス向上」を、個人側の目線では主に「仕事を通じた幸福感ややりがい」を求めているとすると、その円が重なる場所が存在するはずです。こうした円が重なる場所がすなわちエンゲージメント（働きがい）が高まる仕事の要素と言いかえることができるでしょう。

　詳細は［問い17］で説明しますが、エンゲージメントが高まる要因としてさまざまな調査がなされています。「仕事そのものの性質」に着目すると、以下の３つに整理できます。

従業員エンゲージメントが高まる仕事の要素
①ミッション・役割が明確で意義がある
②裁量や工夫の余地がある
③達成感・成長感を得られる

つまり、この３つを満たした仕事になるよう、会社（上司）側と個人側が共に働きかけを行い、仕事のあり方や意識を変えていくのです。

　まず会社（上司）側の「歩み寄り」について考えていきましょう。
　ある程度マッチした職務を従業員本人に与えた後に、その職務の持つ意味や意義、何をしてほしいかをきちんと伝えます。また可能な限り、権限移譲をしたり、仕事のやり方や方向性を改善する余地がないか聞いてみたりします。そのうえで個々人の力量に応じてハードルを上げ下げして、継続的な達成感や、成長感を得られるように難易度の調整をするのです。このあたりは、会社の目標管理制度（MBO）などで当たり前にやっている会社も多いのではないでしょうか。

　例えば、リクルート社では、個々人の能力や期待値に合わせた「職務の価値（期待成果）」を半期ごとに設定し、それによってグレード（等級）や報酬が決まる「ミッショングレード制」を導入しています[73]（図2-3）。一方的に会社から仕事を与えるのではなく、個人の情報を加味して、仕事のハードルを柔軟に調整しているのです。これは［問い08］でご紹介した「Will-Can-Mustシート」を使って、半

図2-3　リクルート社が導入している「ミッショングレード制」

出典：リクルートグループ ホームページ「人事制度・仕組み」
https://www.recruit.co.jp/employment/mid-career/human-resources/

年に一度、個人のWill（志向）やCan（能力）を把握しているからこそ実現可能なのです。

一方で、個人側からの歩み寄りも重要です。そのためには**「ジョブ・クラフティング」という手法を従業員に学んでもらうこと**が有効です。

ジョブ・クラフティングとは、「仕事の内容や方法、人間関係、意義の捉え方の３つを構成し直すこと」です。2001年に米国のイエール大学で提唱され、2016年頃から研究が進み、研修などで取り入れる日本企業も増えてきました。

なかでも重要なのは「意義の変更」です。「教会の石を積む職人の話」と聞けば、なるほどと思われる方もいるかもしれません。

自分はどんな価値提供をしているのか、どのように大きな活動とつながっているかを再認識してもらうのがジョブ・クラフティングです。こうした仕事の捉え直しによって、「主体的な仕事への取り組み感情」や「前向きな行動」の増加に効果があったという研究結果も存在します。進め方は次のとおりです。

ジョブ・クラフティングの進め方

［ステップ1］今の仕事をタスクのかたまりに分類し、それぞれのタスクにかけている時間の割合を洗い出す

［ステップ2］「以前と比べて使う時間の変化があったか？」「タスクやかけている時間について何か気づきがあったか？」「なぜそう感じたか？」を洗い出す

［ステップ3］「仕事を通じてどんな価値観を達成したいか？」望む仕事のイメージを洗い出す

［ステップ4］現在の仕事（タスク）を［ステップ3］で洗い出した「望む仕事のイメージ」に近づけられないかを考える（仕事の線引きや割合自体も変えられないかを考える）

［ステップ5］同僚、上司、お客様など仕事に影響力を持つ人との関係性を向上するためにできることがないかを考える

［ステップ6］ タスクや仕事自体が「組織や自身にとってのより大きな目標につな
　　　　　　がっていないか？」を考える

　ステップ4と5で、仕事に対する当事者意識を高めます。ゲームで挑戦するス
テージの内容や難易度、パーティー（仲間）を自分で設定するのと同じです。
　このような手法を学ぶことで、「仕事内容は会社・上司側でコントロールするも
の」という意識から脱却し、より仕事にのめり込む環境を自らつくってもらうの
です。それにはもちろん、会社や上司の協力も重要になります。

　このジョブ・クラフティングをうまく行っているのが、東京ディズニーリゾー
トの「カストーディアル」と呼ばれる清掃員です。もともと清掃スタッフは不人
気な職種で、離職する方も多かったようです。しかし今の彼／彼女らは、黙々と
掃除をするだけではありません。来場者を道案内したり、モップを使って地面に
キャラクターを描いたりと、「おもてなし」のための取り組みを自発的に考え実行
しています。こうした仕事やその捉え方の組み直しによって、離職率も減り、現
在は人気職種のひとつになっているようです。
　このように、**個人側と、会社（上司）側の双方が歩み寄ることが、「適職」に近
づいていく唯一の道**です。夫側と妻側が歩み寄ることが「良い夫婦」に近づく唯
一の道であることと同じかもしれません。

　人材と仕事のマッチングを行った後は、職務を遂行してもらう段階になります。
次は［問い14］を考えていきましょう。

関連する問い

[問い01] 戦略実現には、どのような人材が必要か？

[問い08] 必要な人材スペックをどう定義するか？

[問い09] どのような人の情報をどう「見える化」するか？

[問い16] 人材のエンゲージメントをどのように高めるか？

[領域 4（人の活躍）] の問い 12・15

問い 14 良いチームをどのようにつくるか？

生産性の高いチームには5つの特徴がある

「プロジェクト・アリストテレス」をご存じでしょうか。

これは、Google社が2012年から4年かけて「生産性の高いチームの特性」を調査したプロジェクトです。この調査の結果、生産性の高いチームの特徴として抽出された要素は、以下の5つでした。

生産性の高いチームの特徴
①心理的安全性が高い
②相互の信頼が高い
③チームの目標が明確である
④仕事が自身の働く目的や意義とつながっている
⑤仕事の意義やインパクトを感じている

最重要とされているのは「心理的安全性」です。心理的安全性とは、「チームにおいて、『他のメンバーが自分の発言を拒絶したり、罰を与えたりしない』という確信を持っている状態。対人関係にリスクのある行動をとったとしても、メンバーが互いに安心感を共有できている状態」と定義されています。

よく勘違いされますが「優しくお互い空気を読む」ような状態とは異なります。むしろ、建設的な言い合いやドキッとするようなストレートな発言が生じる状態です。心理的安全性が高い組織は、次のメリットがあることが分かっています。

・パフォーマンスの向上やイノベーションの促進

・職務満足度の向上や離職率の低下

・幸福感の向上（ストレスの低下）

・エラー発生確率の低下

・チームの多様性実現と成果の向上

　では、どうすれば心理的安全性が向上するのか。それには次の方法があるといわれ、**マネージャー（上司）の姿勢や行動が大きな影響を与えています。**[78][79]

心理的安全性を向上させる方法

・積極的にメンバーに意見を求める（率直な意見を求める）

・発言に感謝し、謙虚に受け止め理解する

・マネージャー自身の考えを積極的に開示する

・自分の非や失敗を認める

・失敗があっても非難せず、未来に目を向ける

・メンバーにサポートを申し出る

　皆さんの職場をイメージしていただいても分かるように、マネージャー（上司）が職場の雰囲気に及ぼす影響は絶大です。上に書いた行動の真逆を行く上司に当たって、苦い経験をされた方もいるかもしれません。

　ですから、組織としては手始めにマネージャーの意識・行動を変える教育に投資することが、心理的安全性を実現する最短ルートです。

　楽天では管理職向けの1on1研修や従業員向けのeラーニングなどを通じて、1on1ミーティング文化を促進しています。特に、管理職向けの1on1研修では、傾聴やティーチング、コーチング、適切なフィードバック方法などを随時学べるよう、マネージャー自身の成長支援を行っています。2022年3月に実施されたサーベイでは、95％の従業員が1on1に満足と回答。また90％以上の従業員が上司と話しや

［問い14］のサマリ図解

生産性の高いチームの特徴

- ☑ 心理的安全性が高い
- ☑ チームの目標が明確である
- ☑ 仕事が自身の働く目的とつながっている
- ☑ 相互の信頼が高い
- ☑ 仕事の意義やインパクトを感じている

心理的安全性を向上させる方法（マネージャーの取り組み事項）

積極的にメンバーに
意見を求める

発言に感謝し、
受け止め理解する

マネージャー自身の考えを
積極的に開示する

自分の非や
失敗を認める

失敗があっても非難せず
未来に目を向ける

メンバーに
サポートを申し出る

つながりホルモンが分泌され、相互信頼が高まる

メリット	デメリット
信頼関係や一体感を高める	縦割り意識や内向き意識による 生産性の低下・同調圧力

チームの概念（一体感を覚える範囲）を広げていく

「課」から「部」単位へ

組織外に目を向ける

会社全体での目標共有

すく、話をしっかりと聞いてもらえると感じているようです。[80]

　1on1ミーティング文化の浸透が従業員の成長を支えるとともに、「心理的安全性」の向上に寄与しているのです。

つながりホルモンを分泌させて「相互信頼」を高める

　プロジェクト・アリストテレスで抽出された「②相互の信頼が高い」ことも、**良いチームづくりには見逃せない要素**です。信頼の形成は心理的安全性の向上にも大きくかかわっており、2つは切っても切れない関係といえるでしょう。

　そもそも「信頼」とはどのように形成されるのでしょうか。

　脳科学でいうと、「オキシトシン」と呼ばれる脳内物質がかかわっています。オキシトシンとは、人との交流によって分泌される「つながり」ホルモンです。[81]例えば、個人の価値観や実現したいこと、好きなものや嫌いなこと、日常で感じたことなど、主観的で感情が共有される会話の際に分泌されます。[82]1on1ミーティングで、「雑談から入ってみましょう」と推奨されるのもこうした理由があります。

　オキシトシンは、信頼関係や一体感を高める効果がある一方で、実は恐ろしい反作用もあります。お子様がいらっしゃる方はご経験があるかもしれませんが、子どもが生まれたとき、（夫の立場だと）妻からぞんざいな扱いを受けたり、敵対心を向けられたり、（妻の立場だと）夫と近づきたくなくなったり、夫に攻撃的になってしまったり、ということはなかったでしょうか。

　実はこれは、オキシトシンの働きによるものなのです。母と子の一体感が高まることで、夫と妻の一体感（絆）が相対的に低下して、妻が夫をうとんじる行動につながるのです。

　同じことが組織でも起こります。「セクショナリズム」と呼ばれるような、縦割り意識や内向き意識はこうした原理によって生じ、生産性の低下や同調圧力などの弊害を生みます。

では、こうしたオキシトシンによるマイナスの作用に対して、私たちはどのように対処すればよいのでしょうか？

　実は、解決法は簡単です。チームという概念（一体感を覚える範囲）を広げていくことです。課単位のチームから部単位へ。さらには会社全体として、使命や目的、計画や目標を定めて共有し、組織をまたいだコミュニケーションを強化していきます。また、自組織の外に目を向けてもらうために、組織横断のチームを形成したり、社内副業を奨励したりすることも有効です。

　この問いの前半にご説明してきたのは、組織の求心力（内向きの力）を強化するお話でしたが、セクショナリズムを防ぐためには、**遠心力（外向きの力）も加えていくことが重要**です。こうした組織のかき混ぜ方は、［問い20］でも詳しく解説します。

　ここまで、良いチームのつくり方について考えてきました。その中でも、「心理的安全性」に並んで、チームづくりにおいて近年欠かせないテーマがあります。それが、多様性（ダイバーシティ）です。最近だと、「DEI & B[83]」など、さまざまな言葉とくっついて語られることもあります。

　「女性活躍のため」「イノベーションを起こすため」など、さまざまな目的から語られるダイバーシティですが、その本質は何なのでしょうか？ 次の［問い15］で見ていきます。

> **関連する問い** ⋯⋯⋯⋯⋯⋯⋯⋯⋯⋯⋯⋯⋯⋯⋯⋯⋯⋯⋯⋯⋯⋯⋯⋯⋯⋯⋯⋯⋯⋯⋯⋯
>
> ［問い08］必要な人材スペックをどう定義するか？
> ［問い15］多様性とその効果をどのように実現するか？
> ［問い23］人に関するトラブルをどのようになくすか？
> ［領域 **1**（ありたい人・組織の姿）］のすべての問い
> ［領域 **5**（人の維持）］の問い16・20

問い 15 多様性とその効果をどのように実現するか？

「ダイバーシティ」に感じる違和感の正体

「我が社は女性管理職比率○％を目指す」
「ダイバーシティは業績向上のために重要だ」

　国際的な潮流もあり、こうした宣言を掲げる会社が増えています。しかし、こうした内容に対して、何となく腑に落ちなかったり、違和感を覚えたりする方もいらっしゃるでしょう。これはなぜでしょう？

　結論からお伝えすると、**ダイバーシティの目的や定義、実現手段がいろいろな角度から語られており、何が正しいかよく分からない状態になっているからです。**この後、あなたの違和感の正体を詳しく説明するとともに、科学的な研究に基づいた正しいダイバーシティの実現方法を改めて整理していきます。

　まず世の中で議論されている「ダイバーシティの目的」を整理すると、次の3つが主に存在しています。

ダイバーシティの目的

・倫理（Good）……これまで社会的に抑圧されていた層（女性や黒人など）の人権を尊重する（公正な会社であるという認知を高める）
・リスク低減（Safe）……同質的な人ばかりが集まると、視野が狭くなり、危険な判断をする可能性が高まるため、そのリスクを抑制する
・競争力（Strong）……業績の向上やイノベーションを生み出す

ダイバーシティの目的を明確にし、どこに向けた話なのかを識別する

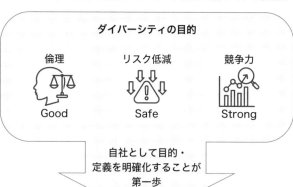

ダイバーシティの目的

倫理	リスク低減	競争力
Good	Safe	Strong

自社として目的・
定義を明確化することが
第一歩

ダイバーシティの定義

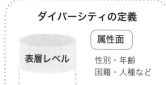

表層レベル

【属性面】

性別・年齢
国籍・人種など

【認知面】

価値観
ものの見方
考え方など

深層レベル

**Safe や Strong な会社になるための
ダイバーシティに必要な要素**

- ☑ 深層的なダイバーシティの重視
- ☑ 心理的安全性の確保
- ☑ メンバー間を仲介し、
  より高次の目的達成に導くリーダーシップ
- ☑ 知識・意見の共有やアイデア創出の促進
- ☑ アイデアの創出と実行の担当者の棲み分け

ダイバーシティ推進のためのより包括的な取り組み

- ☑ 個々人の能力者特性の可視化
- ☑ リーダー層のダイバーシティの実現
- ☑ 適正な仕事と人のマッチング
- ☑ 公正な評価や昇格の仕組み
- ☑ 公正な教育や育成の仕組み
- ☑ それぞれに合った柔軟な働き方の提供

多くの議論では、「Goodな会社になるため」の話と「SafeやStrongな会社になるため」の話が一括りで整理されずに語られており、混乱や違和感につながっているのです。

例えば、Goodな（公正な）会社になるためには、女性比率を人口構成（50%）に近づけることなどが考えられます。一方で「女性比率を50%に近づける話」と「イノベーションを生むようなStrongな（競争力のある）会社を実現する話」は、すべてが重なるわけではありません。ですからまずは、**あなたの会社のダイバーシティの目的を明確にして、Good、Safe、Strongのどこに向けた話をしているかを識別しましょう。**

「ダイバーシティ」は目的別に考え、取り入れる

また、ダイバーシティの定義そのものにも2つのレベルがあります。[85]

ダイバーシティの定義
①表層レベル……性別・年齢・国籍・人種などの属性面（デモグラフィック面）
②深層レベル……価値観、ものの見方や考え方など認知面（コグニティブ面）[86]

①と②はある程度つながっています。例えば、性別や年齢、国籍が違えば、価値観やものの見方はある程度異なります。しかし、こうした「生まれたときの属性（表層レベル）」で、人間のあり方は決まってしまうのでしょうか？

もちろん違います。双子であっても、大人になったら異なる性格になることもあります。ましてや同じ人種や性別であったとしても生まれた後に何に触れて、どんな経験をしてきたかによって、価値観やものの見方は変化していきます。

そのため属性（表層レベル）ですべてを決めつけることは危険であり、誤りにつながります。特に、**リスク低減（Safe）や、競争力・イノベーション創出（Strong）においては深層レベルのダイバーシティが重要であることが分かってい**

ます[87]。ゆえに、SafeやStrongな会社に向けた議論で、「女性比率」などの表層レベルだけに焦点を当てるとズレが生じるのです。これが、ダイバーシティの議論で起こる違和感の原因の2つめです。

　また、何でもかんでも多様性を高めればよいかというと、それも間違いです。特に、属性（表層レベル）のダイバーシティばかりを追い求めると、プラスの効果よりも、マイナスの効果が上回る場合があります[88][89]。なぜなら、属性や考え方が異なると、仕事の進め方や、判断基準が異なるからです。そうすると、衝突が増え、すり合わせが必要となり、生産性が下がるのです。

　例えば、明日から皆さんが、性別も年齢も異なるアメリカ、フランス、中国、インドの同僚と働くことになったとします。言語の問題を抜きにしても、おそらく最初のランチ場所を決めるのにさえ苦労することでしょう。

　そういった意味でも、ダイバーシティには向き不向きの仕事があります。視野が狭くなるリスクを排除すべき仕事や、アイデアの広がりが必要な仕事には、深層レベルの多様性を高めることが有効です。一方で、やるべきことが決まっており、どんどん物事を前に進める必要がある仕事には、多様性の重要性は下がります。目的によって**ダイバーシティの使い分けをする**ことが肝心なのです。

アイデア創出や改革実行の際に多様性はプラスに働く

　では、アイデアの広がりが必要な仕事で、ダイバーシティをイノベーションにつなげるためには何が必要なのでしょうか？　それは、以下の5つです。

変革的ダイバーシティに必要な要素
①深層的なダイバーシティの実現[90]
②心理的安全性の確保[91]
③メンバー間を仲介し、より高次な目的達成に導くリーダーシップ[92]

④知識・意見の共有やアイデア創出の促進[93]
⑤アイデアの創出と実行の担当者の棲み分け[94]

　①は先ほど説明したとおりです。②の心理的安全性は［問い14］で説明しました。こうした土台づくりの後に、「価値観のぶつかり合い」を前向きなエネルギーに変えて、物事を前に進める力が必要となります。それが③のリーダーシップです。AとBの価値観がぶつかり合うときに「じゃあCが良いのではないか」と昇華させるには、リーダーの存在が不可欠です。

　また、仮に多様な人材が集まっていても、それぞれが単独で働いていては意味がありません。知識や意見を交わし合い、新しいアイデアを生み出すコラボレーションを促す必要があります。ただしアイデアが生まれた後は、チーム編成を変えても良いかもしれません。というのも、先ほど触れたようにダイバーシティは使い分けが肝心だからです。アイデアを素早く実行するためには、多様性を落とすほうが良い場合もあります。

ダイバーシティを取り入れ、goodな会社になる方法

　ここまで、どちらかというとStrong（またはSafe）な会社になるためのダイバーシティを中心にご説明してきました。では、Goodな会社になるための取り組みはまったく別なのでしょうか？　また、女性管理職比率や役員比率などの目標を立てて、その改善を目指すことはまったく無駄なのでしょうか？
　いいえ、そうではありません。Good、Safe、Strongな会社の目指す世界には重なる部分があります。それを言葉にすると、次のようになります。

　「それぞれの人が持つ潜在能力が最大限発揮されて、お互いに高め合い、補い合いながら、やりがいと優れたパフォーマンスを生み出す」

ある意味、「当たり前」に目指すべき会社の姿です。

では、今この姿は実現できているでしょうか?

日本の今の「女性管理職比率」は12.7%でG7のダントツ最下位です。[95]これは、「それぞれの人(女性)が持つ潜在能力が最大限発揮されている姿」とはいえません。原因はさまざまですが、「これまでの男性重用のスタイル(潜在的な考え方)が続いている」ことが最大の要因とされています。[96]こうした古い因習を変えるためには、意識的・継続的な矯正が必要です。

例えば、ゴルフでも他のスポーツでも良いのですが、間違ったスイングや動きが染みついてしまった場合、どうするでしょうか。おそらく、正しいスイングや動きになるよう、かなり意識して、正しい動作を繰り返すと思います。矯正中は「ホントにこれで良いのかな?」とかなりの違和感を覚えるかもしれません。しかし正しい状態が身につけば、そんな違和感は頭に浮かんでこず、意識せずとも自然体でより良いプレーできるようになります。

女性比率の目標設定とそれを実現する取り組みも同じです。正しい状態、つまり「女性が持つ力が最大限発揮されている姿」を意識し、それを目指して継続的に行動していく必要があります。矯正中はやっかみや不満など、多少の"違和感"を覚えることもあるでしょう。しかし、この段階はあくまで移行期間です。早く卒業して、「当たり前のことを無意識にでき、良いプレーができる状態」に移ることが大切です。

ダイバーシティの本来の目的と意味は、「それぞれの人が持つ潜在能力が最大限発揮されている姿」をつくり「優れたパフォーマンス」を出せるようにすることがゴールです。最終的には女性だけでなく、あらゆる視点からこうした状態が実現されるべきでしょう。

ここまで、［領域４（人の活躍）］では、パフォーマンスの高め方、人と仕事の
マッチング、チームづくり、多様性について説明してきました。

　これまで説明してきたとおり、人の活躍はさまざまな要素が絡んできます。た
だし、仮に人を調達（採用）して、育成して、活躍を促したのに、すぐに辞めて
しまっても意味がありません。こうした問題にどのように向き合えばいいか、次
の［領域５（人の維持）］で一緒に考えていきましょう。

> **関連する問い**
>
> ［問い03］ありたい人・組織（文化）を生み出すために何を重視するか？
> ［領域３（人の育成）］の問い08・09
> ［領域４（人の活躍）］の問い13・14
> ［領域５（人の維持）］の問い16・17

人的資本経営　実践度診断［領域 4 ］

	問い12 人材の パフォーマンスを どのように高めるか？	問い13 人材と仕事を どのように マッチングするか？	問い14 良いチームを どのように つくるか？	問い15 多様性とその効果を どのように 実現するか？
レベル5	パフォーマンスの状況や志向性をモニタリングし、より個々人に適合したパフォーマンス向上施策へと改善したり、仕組み全体の見直しをしている	上司側も本人に歩み寄り、本人側も自ら仕事に取り組む意義に立ち返ることを促すような仕組みが構築されている	心理的安全性やチームの求心力を高める仕組みだけでなく、セクショナリズムを排除する仕組みも構築されている	男女・国籍などの表層のダイバーシティだけでなく、価値観・考え方といった深層面のダイバーシティにまで踏み込んだ施策に取り組んでいる
レベル4	個人・仕事・チーム・環境といった包括的な観点から、パフォーマンスを高める仕組みが整備されている	現場においても、本人の意志（Will）や特性を踏まえて、与える仕事のハードルや内容を調整する仕組みがある	マネージャーの行動変容を含めて、チームの心理的安全性を高める仕組みが構築されている	自社としてのダイバーシティの定義、推進することの目的が定義されており、目標・取り組みとの一貫性がある
レベル3	個人の熱量（モチベーション）と、能力の両面を高めるための、効果的な仕組みが整備されている	人材の能力と特性だけでなく、本人の意志（Will）も確認して異動やアサインを決める仕組みがある	チームメンバー間の交流や相互理解、チームワーク向上を促す仕組みがある	ダイバーシティに関する目標が設定されており、採用・育成・評価など包括的な取り組みが行われている
レベル2	1on1ミーティング導入や評価制度におけるフィードバックの方法改善など、個にフォーカスした取り組みは行っている	人材の能力と特性を意識して異動やアサインを決めているが、本人の意志（Will）までは確認していない	チームとしての目的・目標は明確だが、パフォーマンス・関係性を向上するための仕組みはない	女性管理職比率などダイバーシティに関する目標を設定しているが、それを実現するための十分な取り組みは行われていない
レベル1	育成の仕組みや評価制度などは存在するがパフォーマンス向上に有効活用されていない	人材と仕事のマッチングの仕組みがない	チームとしての目的・目標を明確にしたり、パフォーマンス・関係性を向上するための仕組みはない	ダイバーシティの必要性や、目指すべき姿、取り組みについて検討していない

領域 5

どのように人の維持を行うか？

問い 16 人材のエンゲージメントをどのように高めるか？

「かかわり」と「熱意」の両面が大切

皆さんはお祭りで神輿を担いだことはありますか？

経験はなくても、「やってみたいな」と思ったことはあるかもしれません。

実際に神輿を担ぐのはなかなかの重労働ですし、多額の報酬を得られるわけでもありません。では、なぜ人は神輿を担ぐのでしょうか？

自発的に参加している人は、次のような気持ちがあるのかもしれません。

・神様への感謝や祈りといった高次なものとつながることができる
・楽しそうに担ぐ人たちと一体になることができる
・日常にはない興奮や感動を得ることができる

こうした実質的な報酬以外の動機づけは、今後、企業における人のつなぎ止めに重要なものとなります。なぜかというと、第1章でご説明したように、今の人材は「ひとつの会社に雇われ続ける」ことにこだわりがないからです。

雇われない（神輿を担がない）という選択肢もあります。違う地域の神輿に魅力を感じたら、移る選択も可能です。そうした状況の中で企業は人材と関係をつなぎ、積極的に貢献してもらう（神輿を担いでもらう）必要があります。

こうした組織とのかかわりや貢献意欲は「従業員エンゲージメント」とも呼ばれます。従業員エンゲージメントは一般に、次の2つの要素で構成されます。[97]

・かかわり……組織や仲間に対して、帰属意識や愛着の気持ちを持っている
・熱意……組織のために、進んで貢献しようとする意欲がある

　この領域は「どのように人を維持するか？」というテーマです。「人の維持」という言葉を聞くと、「かかわり（関係性をつなぐこと）」ばかりに意識が向きがちですが、それだけでは不十分です。担ぎ棒を持っていても、熱意をもって持ち上げようとしない人が何人も混ざっていたら、他の担ぎ手の迷惑となり、困ってしまいますよね。「かかわり」と「熱意」、どちらの要素も欠かせないのです。

　では、従業員エンゲージメントはどのように高めるべきでしょうか？
　それぞれの会社には、人間と同じように、それぞれの特性があります。指圧をするときのことを考えてみてください。身体の状態によって押すべきツボは異なり、適切でない箇所を押すと逆効果となります。会社も同じです。**あなたの会社に合ったエンゲージメントを高めるツボを見つけること**が大切なのです。
　エンゲージメントという言葉には、「誓約」や「約束」という意味があります。つまり「従業員との約束」です。どこかで聞いた気がしませんか？　そうです、[問い04]で紹介したEVP（社員に提供することを約束する"価値"）です。
　EVPには大きく「仕事、キャリア、報酬、人、環境、会社」という6つの要素がありました。あなたの会社にいる人材が、この中のどれを重視しているかによって、エンゲージメント向上のポイントが異なります。

　例えば、急成長中のITベンチャー企業の社員で考えてみましょう。そこに所属する社員は、成長スピードや、仕事自体のやりがいなどを求めている可能性が高いと考えられます。そうした会社においては、抜擢や権限移譲は有効である一方で、ワーク・ライフ・バランス向上のために全員を定時退社させてもまったく効果がない可能性があります。
　どの要素が最も効果的かは会社ごとに異なります。エンゲージメントを向上させるには、あなたの会社に合ったツボを探すことが近道なのです。

[問い16] のサマリ図解

従業員エンゲージメントの構成要素

組織や仲間に対して、
帰属意識や愛着の気持ちを
持っている

かかわり | **熱意**

組織のために、
進んで貢献しようとする
意欲がある

どちらの要素も欠かせない

エンゲージメントを高めるための各社としてのツボを見つける

見つける方法

社員にアンケートをとる（体系的なサーベイの実施）

EVP（6つの要素）において

仕事	キャリア	報酬
人	環境	会社

☑ 働くうえで
何を重視しているか？

☑ それはどの程度
充足されているか？

定量的・統計的に分析

重視項目と充足項目を見比べる

重視度　　　　　　充足度

10 ◀ ············· ▶ 2

ギャップがある

優先対応すべき課題を見つける

「（重）回帰分析」を使う

負の相関関係　　　正の相関関係

-1 ◀ ······· 0 ······· ▶ 1

相関関係なし

**エンゲージメントと
相関関係にある項目を絞り出す**

では、どうやってツボを見つければ良いのでしょうか？ それには、**科学的・定量的に分析する方法**が有効です。

先ほど挙げた６つのEVP要素を活用しながら、社員に「働くうえで何を重視しているか」「それは、どの程度充足（満足）されているか」をアンケートで聞いてみるのです。加えて、エンゲージメントの定義で挙げた２つの要素（かかわり・熱意）がどの程度高いかも、あわせて確認しましょう。これを「エンゲージメント（の高さ）」とします。分析にあたっては、次の２点を確認します。

A：社員が「重視している」のに「充足（満足）させられていない」項目は何か？
B：どの項目が「エンゲージメント（の高さ）」に影響しているか？

Aは、各項目の重視度と充足度を見比べれば容易に分かります。例えば、社員が「適切な評価」を重視しているのに、その充足度が低いというアンケート結果が出たら、それは優先して対応すべき課題になります。

Bにはやや統計の知識や技術が必要ですが、本書では要点を簡単にご説明します。収集した情報を整理し、Excelの「データ分析」の「（重）回帰分析」機能を使えば、ほぼボタンひとつで分析ができます。

（重）回帰分析とは、項目同士のつながり（相関）の度合いを数字で示すものです。-1から１の数字で示され、１に近いと正の相関（どちらかが高まれば、片方も高まる）、０だとつながりがまったくないという意味になります。逆に-1に近いと、負の相関（どちらかが高まれば、もう一方は下がる）という意味です。「エンゲージメント」との相関が１に近い項目が、重要なものであると考えられます。[98]こうした簡易的な分析も参考にすることができるでしょう。

統計的な分析で面白い点としては、「何となく重要かな」と思っていた項目と異

なる結果が見えてくることです。例えば、「ウチの会社は報酬が低いので、それが最もエンゲージメントに影響している。給与を上げることが最適解だ」と考えているケースをよく見受けます。しかし分析してみると、キャリア形成や成長など、別の要素がエンゲージメント向上において重要であったということがよくあります。

こうしたことは人間の特性としてよく起こります。というのも、人間は簡単に思い出せる最近の情報や身近な情報に基づいて判断をしてしまう「利用可能性ヒューリスティック」という心のフィルターを持っているからです。「給与が安い」といった声は耳に届きやすいのでそれが重要だと思い込んでしまうのです。

定量的・統計的な分析を行うことで、個人の経験則や勘に頼った判断から脱却して、より精度の高い打ち手を洗い出すことができます。こうした統計分析の手法を学ぶためには、『EXCELビジネス統計分析』（末吉正成・末吉美喜著、翔泳社）という書籍がお薦めです。もちろん、人事システム上で自動的に行えるものも増えていますので、そうした機能を活用いただいても問題ありません。

本項では、エンゲージメントを高めるのに必要なのは、EVPの6つの要素（仕事、キャリア、報酬、人、環境、会社）を改善することだと述べてきました。しかし実は、すべての要素に効果的にアプローチできる方法があります。それが「評価制度」の改善や構築です。それについては［問い17］で説明していきます。

関連する問い
［問い03］ありたい人・組織（文化）を生み出すために何を重視するか？
［問い04］何をあなたの会社の魅力に据えるか？
［問い26］人と組織のデータをどのように活用するか？
［領域3（人の育成）］の問い08・09
［領域4（人の活躍）］のすべての問い
［領域5（人の維持）］の問い16〜19

個々人のパフォーマンスを どのように評価するか？

問い17

社員のやる気を削ぐ人事評価にある3つの原因

皆さん、評価はお好きですか？

期末評価の時期になると、評価する方もされる方も、やや憂うつな気持ちになるのではないでしょうか。これは優秀なパフォーマンスを上げた場合でも少なからず起こる感情です。私たちはなぜ、こんなにも評価が苦手なのでしょうか？

原因は3つ考えられます。「**制度の目的が誤っている**」「**制度設計が誤っている**」「**上司のことが好きではない**」のいずれか、または全部です。逆にいえば、**これらを正していくと、人事評価制度の健全化だけでなく、全社的なエンゲージメント向上を生み、経営的にも絶大な効果をもたらします**。詳しく見ていきましょう。

まず、「評価制度の目的設定」について。そもそも評価制度は、評価すること自体や、給与・賞与などを決めることが目的のすべてではありません。
評価制度の目的を広く捉えると、以下の5つが挙げられます。

ア：会社（上司）と本人の間の相互理解を進め、方向性をすり合わせる
イ：会社や組織の目標達成に向けた動機づけを行う
ウ：成長に向けた課題把握や行動改善を促す
エ：目標達成や成長に向けて必要なサポート（上司や同僚のサポート、人の補充、必要な権限など）を明らかにする

［問い17］のサマリ図解

評価が嫌われる３つの原因

- ☑ 制度の目的が誤っている
- ☑ 制度設計が誤っている
- ☑ 上司のことが好きではない

正していく

人事評価制度の健全化

評価制度の目的

相互理解・方向性をすり合わせる

目標達成に向けた動機づけを行う

課題把握や行動改善を促す

必要なサポートを明らかにする

処遇を決める

EVP のすべての領域につながる

エンゲージメントの向上

経営的に絶大な効果を生む

評価と処遇の距離を離す

評価者（上司）のコミュニケーション能力が高ければ、
評価基準やロジックがやや曖昧でも良い結果を得られる可能性がある

基準やロジックの明確性

評価者のあり方やコミュニケーション

マネージャー（評価者）に求められる能力

- ☑ 部下を一人ひとり見ることができる
- ☑ お互いのことを理解して信頼関係を築ける
- ☑ 会社の目標や、必要な役割・能力が何か理解している
- ☑ 期待値を自分の言葉にして分かりやすく伝えることができる
- ☑ 適切なフィードバックやコーチング、動機づけができる

オ：処遇（給与・賞与・昇格など）を決める

　これらは実は、EVPのすべて（仕事、キャリア、報酬、人、環境、会社）の要素につながります。言いかえれば、評価制度をうまく回すことは、エンゲージメント向上に大変効果的というわけです。

　しかし、ア〜エの目的を掲げてもなかなか実現できない組織も多いのではないでしょうか？　それは、「その目的を実現するのに適切な制度になっていない」「上司のあり方・コミュニケーションに問題がある」、そのどちらかです。

　前者は制度として「複雑すぎて理解できない」「現場で使いづらい」「給与や賞与の決定ばかりが重視される」といった状況に陥っていることを指します。皆さんの会社でも思いあたることはありませんか？　これらの原因の大元をたどっていくと、「基準やロジックの公平さを重視しすぎている」ことに行き着きます。

　特に大企業に多いのは、「公平に評価し、公平に処遇を決める」ために、評価基準を厳密に、細かく定義していこうとすることです。

　例えば、「能力評価の『S』は、営業でいうと、『顧客志向性』がレベル3以上で、営業成績がトップ10％以内に少なくとも2期連続で入っており、行動規範に反する行動がなく……」といった具合に、人による判断のブレが極力生じないよう、具体的な基準を設けることに注力するわけです。

　また、評価結果や処遇を決めるロジックにもさまざまな要素を反映させていこうとします。例えば、目標の重要度によってウェイトに差をつけたり、「難易度や挑戦度によって、評価点数を〇倍する」といった設定をしたり、という具合です。

　大企業にはいろいろな人材がいるため、公平さを保とうとすると、どうしてもこうなってしまうのかもしれません。しかし、実は仕組みをあれこれ整えても、一般的に本人評価と上司評価の相関係数は0.35（低い相関）[99]程度しかありません。

オリンピック競技における採点者と競技者のスコアの相関が0.9（強い相関）程度であることに鑑みると、大きなズレが生じていることが分かります。

　加えて、**過度な基準・ロジックの精緻化は「制度や運用の複雑化」という弊害を引き起こします。**そしてその先に起こることは、評価制度が本来の目的から離れた運用になって、機能しなくなってしまう状態です。

　例えば評価基準の過度な具体化は、良くも悪くも「外れ値」を排除しがちです。飛び抜けて良いパフォーマンスを出したり、尖った能力を持っていたりしても、基準に当てはまらないと評価されません。特に会社で決めた基準が具体的であればあるほど「評価したいのに評価できない」ケースが多く出てしまいます。こうなると、現場としては「使いづらい」制度となります。

　また、処遇決定というのは強い関心事です。「評価の記号で部下の給与が決まる」となると、どうしても従業員は「どういう記号をつけるか」ばかりに意識が向いてしまいます。特にロジックを精緻に設定しすぎると、評価者が数字合わせに走りがちです。

　よくあるのが、行動改善が必要な人に対して低い評価がつけられないことです。

　例えば「このままだとAさんの給与が下がってしまう。ここの評価の点数をちょっと上げてやろう」といった忖度が生じます。こうなると、「成長に向けた課題把握や行動改善を促す」という本来の目的はどこかに行ってしまいます。

マネージャーのレベルが高ければ、給与・昇給はアバウトに決める

　では、こうした「処遇決定にばかり意識が向く」弊害をどう解決すれば良いのでしょうか？

　それは、**評価と処遇の距離を離す**こと。つまり、成果や能力の個別評価の結果を直接、昇給や賞与などに反映させないようにするのです。このような制度は、「ノーレーティング」と呼ばれ、IT系の企業でよく導入されています。

こうした企業でも賞与や昇給のための評価基準は決めるのですが、そこに時間を使うことはしません。目標の達成度や他の要素を参考にしながら、ざっくり決めるのです。

　「そんな大雑把に決めてしまって社員から納得を得られるの？」とやや不安に感じるかもしれません。実際、こうした曖昧性のある制度は「上司のあり方やコミュニケーション」次第で、成功するかどうかが変わります。

　例えば皆さんは、次のどちらの状況が納得感として高いでしょう？

Ａ：評価の基準は具体的でロジックは精緻。しかし、自分のことをよく見ておら
　　ず、尊敬もできない上司から、評価結果だけを知らされた
Ｂ：評価の基準やロジックはやや曖昧。でも自分のことをきっちりと見てくれて、
　　尊敬できる上司から丁寧なコミュニケーションがあった

　おそらくＢではないでしょうか。もちろん、ある程度は基準やロジックが明確であることに越したことはありません。しかし最後は、**上司のあり方やコミュニケーション**が最も重要なのです。これは、評価と処遇を離すかどうかにかかわらず、どんな評価制度でも同じです。

　評価制度を適切に運用するためには、以下のような能力を身につけたマネージャー（評価者）が必要になってくるでしょう。

マネージャー（評価者）に求められる能力
・部下のことを一人ひとり見ることができる
・部下とお互いのことを理解して、信頼関係を築くことができる
・会社（組織）としての目標や、必要な役割・能力が何かを理解している
・期待値を自分の言葉にして分かりやすく部下に伝えることができる
・適切なフィードバックやコーチング、動機づけができる

こうしたことができるマネージャーが会社にある程度揃っている場合には、評価と処遇を切り離したり、評価基準・ロジックを曖昧にしたりしても、良い結果を得られる可能性があります。

　一方で、そういったレベルに達しているマネージャーが少ない場合には、評価と処遇を切り離さず、基準・ロジックも明確にするほうが良いでしょう。

　ここも［問い08］と同様に、**仕組み（ハード面）重視か、人（ソフト面）重視かを、マネージャーの力量に応じて判断する**ことが重要です。

　ここまで何度か触れてきたように、評価とその対価である処遇はどうしても密接に関係してきます。また［領域4］では人の活躍の促し方を解説しましたが、活躍の対価がまったくなければ、どんなに熱量が高い人でも息切れしてしまいます。

　続く［問い18］では、あなたの会社の処遇に関する最適解を考えてみましょう。

関連する問い
［問い08］必要な人材スペックをどう定義するか？
［問い09］どのような人の情報をどう「見える化」するか？
［問い18］活躍・成果に見合った対価をどのように与えるか？

活躍・成果に見合った対価を どのように与えるか？

「4つの承認」からエンゲージメントを高める

「どんなことをしてでも他人に認められたい」

このように考えている人は、18歳から29歳までの30%にものぼるようです。[101]「できれば他人に認められたい」と回答した人も含めると6割以上。

こうした「承認欲求」は、若い世代だけでなく、誰しもが持っているものです。例えば、ついつい自分の話ばかりしてしまう、「忙しい」アピールをしてしまう、メールに返信がないと不安になる……こうした感情も、一種の承認欲求です。逆にいえば、誰もが「承認欲求」を満たされることを渇望しているのかもしれません。

では、人のマネジメントを行うにあたって、どのような「承認」を行ってこのような欲求を満たす必要があるのでしょうか？

コーチング理論によると、「承認」は以下の4つに分類されます。

4つの承認

①結果承認……行ったことや出した成果を認める

②行動承認……望ましい行動について認める

③成長承認……以前と比べてどの程度成長できたかを認める

④存在承認……その人の存在自体を認める

［問い18］のサマリ図解

４つの承認

①結果承認
行ったことや
出した成果を
認める

②行動承認
望ましい
行動について
認める

③成長承認
以前と比べて
どの程度成長
できたかを
認める

④存在承認　その人の存在自体を認める
①〜③の土台となる

エンゲージメント向上に
絶大な効果を生む

承認方法

	仕組み（ハード面）	コミュニケーション（ソフト面）
①結果承認	成果に関する評価 賞与・インセンティブの制度	
②行動承認	昇格・昇進によって より大きな裁量や機会を与える	上司からのねぎらいの言葉 フィードバック
③成長承認	行動や能力発揮に関する評価 表彰・昇給制度	
④存在承認	「ちゃんと気にかけているよ」「ここにいて良いんだよ」 というメッセージを発信	

"非金銭的"な報酬も併せて提供する

企業としても、こうした4つの承認を行い、その欲求を健全に満たしていくことで、**動機づけやエンゲージメント向上につなげること**ができます。

　企業の社員に対する承認には、仕組み（ハード面）で行う方法と、コミュニケーション（ソフト面）で行う方法の2通りがあります。

　まず「①結果承認」におけるハード面での承認とは、成果に関する評価や、賞与・インセンティブの制度などがそれにあたります。一方、ソフト面での承認は、上司からのねぎらいの言葉や、成果に対するフィードバックなどです。

　「②行動承認」や「③成長承認」については、①の結果承認に近いものがありますが、昇格・昇進などによって、より大きな裁量や権限、機会を与えることがハード面での承認にあたります。いわゆる「仕事の報酬は仕事」というやつです。また、行動や能力発揮に関する評価、表彰、昇給制度なども承認です。

　ソフト面での承認としては、結果承認と同じく、上司からのねぎらいの言葉やフィードバックがそれにあたります。

　「④存在承認」とは、「ちゃんと気にかけているよ」「ここにいて良いんだよ」「あなたがいること自体に感謝しているよ」というメッセージを発信することです。何だか気恥ずかしい感じもしますが、挨拶をしたり、ちょっとした変化に気づいてあげるだけでも存在承認になります。

　存在承認は、他の承認の土台となる重要なものであり、日常的に行うことが大事です。例えば、普段挨拶もしてこず、自分にまったく関心がなさそうな上司から「最近、めきめき成長しているね」と急に声をかけられたら、あなたはどう感じますか？「気まぐれでコーチングとか学びだしたのかな？気持ち悪いな……」などと思うのではないでしょうか？

　そんなふうに受け止められないよう、普段からの挨拶やかかわりも欠かせないのです。

ここまで紹介した「承認」のほとんどは、上司が本人との接点になっています。評価制度のフィードバックや、現場でのねぎらい、声がけなど、すべてがそうです。

　先の［問い17］でも触れましたが、ここでもやはり、マネージャーに対する教育が最優先項目になります。

報酬はトータル・リワード（金銭・非金銭の両方）で支払う

　こうしたソフト面の承認力を高めていくことは、ある意味、報酬による承認よりも強力かもしれません。というのも、金銭的な報酬はその効果が長続きせず、マイナスに振れるリスクもあるからです。

　報酬が動機づけにつながるのは、ドーパミンという脳内物質が放出されるからです。しかし、このドーパミンは「報酬の量」そのものに反応しているわけではないという研究[102]があります。「事前の期待値」と「実際に受け取った価値」とのギャップに対して反応しているのです。

　例えば、「今期の賞与は100万円もらえるはずだ」と思っていたところに150万円支給されたとします。この場合、100万円と150万円の「差」に対してドーパミンが分泌されるというわけです。これを**「報酬予測差異」**と呼びます。

　会社が「これだけ給与や賞与を払っているから十分だろう」と考えていても、社員が「この程度はもらえて当たり前」と思っていれば、効果は薄いのです。

　さらに、「100万円もらえるはず」と思っていたのに50万円しか支給されないと大きなショックを受けますよね？ 人間の感情は、手に入れることの喜びよりも、失うことの痛みのほうが大きいのです。これを心理学では**「プロスペクト理論」**と呼びます。

　このように「金銭的な報酬」は取り扱いが非常に難しいものです。では、どうすれば良いのでしょうか？

それには、**"非金銭的"な報酬も合わせて提供する**ことです。非金銭的報酬とは、冒頭に挙げたソフト面での承認（ねぎらい、フィードバック）以外にも、やりがいのある仕事の提供や、成長の促進、働きやすい環境の提供など、さまざまなものがあります。こうした、金銭・非金銭の報酬を組み合わせて、貢献に報いることを「トータル・リワード」と呼びます。アフラック生命保険社や、SAPジャパン社[103]ではこうしたトータル・リワードによって社員の貢献に報いていくことをポリシーとして仕組みづくりを行っています。[104]

　非金銭的な報酬は、良い意味で不意打ちが可能です。
　ちょっとした場面で褒めてあげる、「君を信頼しているから、この件は任せる」と言って権限移譲するなど、実行はいつでも可能です。また、褒める言葉を変える、報いるやり方を変えるなど、パターンも無限大にあります。そうすることで「事前の期待値」を上回り、良い動機づけとして機能するでしょう。いつも同じ褒め方をしている場合には、タイミングや言い方を変えると効果的かもしれません。また、金銭的な報酬を支給するときに一声かけるといった組み合わせも効果的です。

関連する問い

［問い 17］個々人のパフォーマンスをどのように評価するか？

柔軟な働き方を どのように提供するか？

問い 19

生産性向上のためにリモートワークは週何日がベストか？

　皆さんは、リモートワークをしたことがありますか？

　週1回以上リモートワークをしている人の80.3％が「継続的に行いたい」と思っているようです。また米国の調査ですが、「リモートワークができない場合、転職を検討する」人の割合は、何と47％にのぼります。従業員エンゲージメントを高め離職者を防ぐには、リモートワーク導入は避けては通れなくなってきています。

　一方で会社側としては「生産性が下がってしまうのでは」「管理が大変」といったことが頭をよぎり、なかなか悩ましい問題ではないでしょうか。実際、リモートワークの導入によって生じるのが「5つのC問題」です。

リモートワーク導入による5つのC問題
・コミュニケーションの障壁が生まれている
・コーディネーション（ちょっとした調整やすり合わせ）が対面より難しい
・コネクション（同僚などとのつながり）が薄くなり、疎外感を持ちやすくなる
・クリエイティビティ（創造性）を生み出すような、流動的な会話が起こりにくい
・カルチャー（組織文化）が形成しづらい、また、なじんでもらいづらい

　ある調査によると、リモートワークが週10〜30時間以下のケースで幸福度と労働生産性が上昇したという分析結果があります。そのため現状は、ハイブリッド

ワーク（週数日は出社、残りは在宅勤務）という形に落ち着き始めています。しかし、すべての仕事や職場でこれが最適解というわけではありません。

　こうした悩ましさは、働く「時間」の柔軟性に関しても同様です。実際、働きたい時間帯や時間数、スケジュール形態について、ニーズが多様化しています。そうすると、働く時間についても、「どの程度柔軟さを認めていくか」を考えていかなければなりません。

時間・場所の柔軟性は２つの前提＋「と・き・め・き・き」で判断する

　では、働く場所や時間の柔軟性について、どの程度認めていくべきなのでしょうか？ 先行研究[109]を整理した結果、**２つの前提＋「と・き・め・き・き」で働き方の柔軟性を判断する**ことが良いと考えられます。

　まず働く場所や時間の柔軟性を高めるためには、必ず満たすべき条件に以下の２つがあります。

働く場所や時間の柔軟性を高めるための前提条件
・作業や手続きのデジタル化……紙での作業やハンコの押印など、実物が必要だったり、その場にいる必要があったりする場合は難しい
・コミュニケーションのデジタル化……メールやチャット、オンライン会議ツールなど、適時やり取りができる環境がない場合は難しい

　もちろん、実務的にはセキュリティ面や労働時間の管理面など考えるべきことはいろいろありますが、ここでは詳細は省きます。まずは大枠でこうした条件をクリアしたうえで、以下に挙げる「と・き・め・き・き」で判断していきます。

［問い19］のサマリ図解

２つの前提条件をクリアする

作業や手続きのデジタル化　　　コミュニケーションのデジタル化

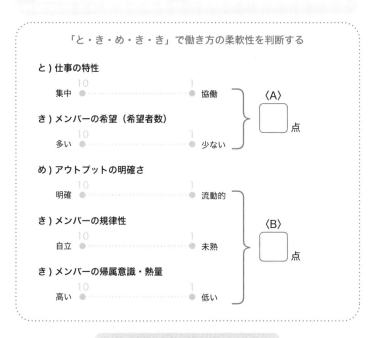

「と・き・め・き・き」で働き方の柔軟性を判断する

と）仕事の特性

集中 ●ーー● 協働　〈A〉□点
10　　1

き）メンバーの希望（希望者数）

多い ●ーー● 少ない
10　　1

め）アウトプットの明確さ

明確 ●ーー● 流動的　〈B〉□点
10　　1

き）メンバーの規律性

自立 ●ーー● 未熟
10　　1

き）メンバーの帰属意識・熱量

高い ●ーー● 低い
10　　1

Aの点数：柔軟な働き方をすべきか

低 ◀ーーーーー▶ 高

| 柔軟な働き方一定推奨
（週１～２日リモート等） | 柔軟な働き方積極推奨
（週３日以上リモート等） |
| 柔軟な働き方非推奨
（完全出勤～週１日リモート等） | 柔軟な働き方推奨
＋より可能にするための改善
（まず週１～２日から開始） |

Bの点数：できるか　高 ▲　低 ▼

働く場所や時間の柔軟性を判断する方法

と（仕事の特性）……「個人で集中する」「協働する」のどちらが重要か

き（メンバーの希望）……柔軟な働き方を希望する人が多いか、そうではないか

め（アウトプットの明確さ）……アウトプットが明確か、流動的か

き（メンバーの規律性）……自律的・成熟したメンバーが多いか、そうではないか

き（メンバーの帰属意識・熱量）……エンゲージメントが高いか、そうではないか

　最初の2つは、「柔軟な働き方をすべきかどうか」の判断軸です。個人で集中することが重要ならばリモートやフレキシブルな働き方が向いており、協業・コラボレーションが重要ならば出社・固定的な働き方が向いています。また、仮にリモートで働ける環境でも、メンバーがそうしたくなければ、強制することは逆効果です。

　後半の3つは、「柔軟な働き方ができるかどうか」の判断軸です。アウトプットの明確さやメンバーの自律性・成熟度のほか、帰属意識・熱量（エンゲージメントの高さ）も重要です。いくら自律的で成熟度が高いメンバーが揃っていても、会社への帰属意識や仕事の熱量が少ない場合はリスクがあります。これらを点数づけして、どういう働き方が望ましいかを簡易的に診断するマトリクスを用意しました（[問い19] のサマリ図解参照）。

　こうした働き方の柔軟性は、会社全体で決めることもできますし、職場単位で決めることもできます。また、チームの状況によって、柔軟性を変えてもよいかもしれません。

　例えば、浄水場などの施設設備を設計するメタウォーターでは、会社・ライン長が承認した社員は週休3日制を適用することができます。[110] 判断基準の詳細は明らかではありませんが、業務への影響度や、週休3日制の必要性（理由）から判断しているものと想定されます。

　なお同社の週休3日制は、他社で導入されている「給与減少型」ではありません。労働日数の減少に伴い給与を減らしていないということです。ただし業務量

自体も減らしておらず、生産性の向上が求められることとなります。同社ではこうした制度導入と併せて、デジタルツールの充実やサテライトスペースの設置といった施策も行うことで、制度の定着・活用を図っています。

「副業」や「業務委託」で働き方の自由度を高める

時間や場所といった観点以外にも、「多様な働き方」の類型として挙げられるのが「副業（複業）」や「社員の業務委託化」です。例えば、副業の効果としては、視野の拡大やチャレンジ意識の向上などが挙げられています[111]。

社員の業務委託化については、ヘルス機器メーカーのタニタの事例が有名です。

タニタでは希望する社員がいれば、雇用契約を終了させ、業務委託の関係性に切り替えることが可能です[112]。3年間は仕事を提供することを約束し、報酬も会社員時代の残業込みの年収をベースに決定されます。追加的な業務を委託することになれば、その分の報酬を「成果報酬」として支払います。

こうした働き方は、個人側にもメリットがあります。例えば、「頑張りに見合った報酬を得られる」「仕事の量自体の増減も含めた柔軟な働き方ができる」「主体的なキャリア形成ができる」「成長意欲が高まる」などです（図2-4）。

一方でこうした手法は、「人員削減（リストラ）や、人件費・残業代の抑制のためではないか？」という批判を受けがちです。社員の業務委託化を進めている会社の中には、そういった意図がある会社も存在するかもしれません。しかし、本人の希望に基づいて行っており、会社からも一定のサポートを行っている限りは、推奨されるべき取り組みだと考えられます。

日本の会社の平均寿命は23.3年[113]と人間の寿命より短くなっている中、今後は自律的に生きていく力が個人に求められてきます。その力を完全に身につけるまでの助走をサポートしているという意味では、「厳しく見えて実は優しい制度」なのかもしれません。そして、こうして退職した人材とつながっておくことで、また力を貸してもらうこともできるでしょう。

図 2-4　副業の効果

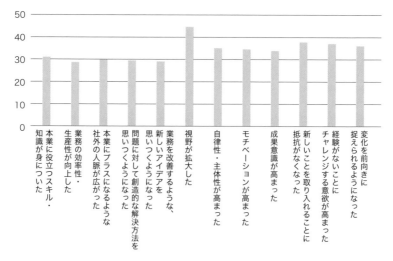

出典：パーソル総合研究所「第二回 副業の実態・意識に関する定量調査」（2021）

　ここまで働き方の柔軟性について考えてきました。

　［領域⑤］ではどちらかというと、人のつなぎ止めや動機づけといった働きかけの方法について解説してきました。「厳しさ」を伴う取り組みも一部はありましたが、どちらかというと「優しさ」が中心でした。しかし子育てと同じで、「優しさ」ばかりを与えても、依存関係が強まりすぎて、弊害が生じるリスクがあります。

　次の［問い20］で、このあたりの対応方法を考えていきましょう。

> **関連する問い**
> ［問い07］どのような手段で人材を調達するか？
> ［領域❹（人の活躍）］のすべての問い
> ［領域❺（人の維持）］の問い16・17

問い 20 新陳代謝を どのように促していくか?

改革を妨げる「は虫類の脳」

あなたの会社に「タコツボドン」や「ウチムキング」はいませんか?

これは、人気ゲームのキャラクター名ではありません。2002年にボストン・コンサルティング・グループのレポート[114]で紹介された「日本企業に潜むチェンジモンスター」たちです。チェンジモンスターとは、組織変革の邪魔をしたり、悪い意味で組織をかき回したりする人間的・心理的な要因のことです。このレポートでは7匹のモンスターが紹介されていますが、ここでは代表的な3匹を紹介します。

・タコツボドン……自分の担当を超えた視野を持つことを拒否し、「よそ者」の関与を否定する
・ウチムキング……すべての判断や行動が顧客目線ではなく、社内で何が評価されるかを重視する
・ノラクラ……「前例がない」など、さまざまな言い訳を使って「変わる」ことを回避する

このレポートが出されてから20年以上経ちますが、組織によっては今もモンスターたちがのさばり続けているかもしれません。しかしこれはある意味、仕方がないことなのです。なぜなら、**「自分を守りたい」「変わりたくない」**といった感情は、人間の脳や心の仕組み上、避けがたいことだからです。

［問い20］のサマリ図解

改革を妨げる「は虫類脳」

自分を守りたい 変わりたくない

「自己防衛」や「変化回避」の意識を生み出す

意図的なカオスを
生み出し、意識や組織を
かき回す

かき回し方（かき混ぜ方）

採用	育成	異動
異質な人を入れる	"越境学習"の促進	内容・環境・人を変える

評価	体制	働き方
フィードバックを与える	組織変更・横断させる	副業や起業支援を行う

「他」や「外」を意識させることで「は虫類脳」をほぐしていく

生物学的にいえば、人間の持つ「は虫類脳[115]」がその原因となっています。人間の脳の最も奥には「脳幹」という部位があります。これは、ワニやトカゲのようなは虫類が持つ原始的な脳で、生存のために自己利益を追求したり、変化を避けたりすることを指向します。また、最も早く反応し、一番強い影響力を持つといわれています[116]。心理学や認知科学上でも、人間は不確実さを避けたり、自分の価値観を保とうとしたり、脳のエネルギーが消費されないようにすることが分かっています。

こうした「自己防衛」や「変化回避」の意識を放っておくと、組織は変化に対応できない硬直化したものになってしまいます。このような内向き志向の「重たい組織」は利益率も下がるという研究結果[117]もあり、重要な問題です。

では、どのように解決していけば良いのでしょうか？

組織をかき混ぜ、新陳代謝を促す

意図的なカオス（混沌）を生み出し、意識や組織をかき回すことが、その解決策となります。例えば、以下のような方法があります。

意図的な意識・組織のかき混ぜ方

・採用……異質な人を入れる（新卒社員を入れることなども含む）

・育成……社外勉強会などの"越境学習"の促進、教える立場に立たせる

・異動……仕事内容や場所・立場（職位）を変える、公募や社内FA制度を活用する

・評価……率直なフィードバックを与える、360度評価を行う

・体制……組織変更を行う、組織横断プロジェクトを立ち上げる

・働き方……副業や起業支援を行う

社内FA制度に関しては、星野リゾートの取り組みが参考になります。

同社では、総支配人や管理職を立候補制で決めています。年2回「立候補プレ[118]

ゼンテーション大会」があり「私がこの役職に就いたら、こういう戦略でこういう成果を出します」と発表します。それを聞いた社員が投票や議論を行い、就任の可否を決めるのです。毎年30〜40人の立候補者が出ており、その都度、役職の入れ替わりが起こります。つまり、常に競争原理が働いているのです。

こうした人や仕事の「かき回し」を行うことによって、健全な緊張感や危機感を醸成しているわけです。

なお、同社では、こうしたポジションに就くことを「出世」ではなく「発散」と呼び、外れても「降格」ではなく「充電」と呼んでいるそうです。ポジションに就いて自分の思いやエネルギーを発散する。もしうまくいかなかったらポジションから外れ、その経験を踏まえて内省し、エネルギーを充電する。そしてまた復活する。こうした考え方を社内に浸透させているのです。

「他」や「外」を意識してもらう

先ほど上記に挙げた施策はすべて**「他」や「外」を意識させる**ものです。こうした意識づけによって、「自己防衛」や「変化回避」の意識（は虫類脳）をほぐしていくのが目的です。もちろん、「他」や「外」の意識を強めすぎても人材流出につながりかねないので、つなぎ止めとのバランスは大切です。

この問いで取り上げた意識づけは、[問い11（どのようにリスキリングを行うか？）]、[問い14（よいチームをどのようにつくるか？）]にも関連しています。

[問い11]では、これまでの意識を捨ててもらう方法として「限界経験」「越境経験」「内省支援」という３つの視点を紹介しました。また、[問い14]では、チームとしての求心力（内向きの力）を強化するために遠心力（外向きの力）を加えていくことの重要さについて説明しました。

これらはすべて、個人・チーム・組織を「かき回す」取り組みとして関連しているため、並行して検討するのが良いでしょう。

ここまで［領域5（人の維持）］では、エンゲージメントの高め方、評価や対価の与え方、働き方、新陳代謝の促し方について考えてきました。

　［領域2〜5］までは人材マネジメントの「攻め」を考えてきましたが、「守り」の側面も忘れてはいけません。

　次の［領域6（人のリスク低減）］で考えていきましょう。

関連する問い

［問い02］どのような行動を体現してもらいたいか？（どのような組織文化をつくるか？）
［問い11］どのようにリスキリングを行うか？
［問い14］良いチームをどのようにつくるか？
［問い23］人に関するトラブルをどのようになくすか？

	問い16 人材の エンゲージメントを どのように高めるか？	問い17 個々人の パフォーマンスを どのように評価するか？
レベル5	エンゲージメントを定期的に測定したうえで、統計的な手法も活用して、課題の明確化とその改善に向けて取り組んでいる	評価制度や運用・ルール自体が企業の状況や人材・職場の状況に応じて適宜見直しがされる状態が構築されている
レベル4	自社としてのあるべきエンゲージメントの状態が定義されており、その状態の測定につながる項目の設定がされている	評価制度が人材の動機づけや成長、上司・部下の相互理解のために最適な運用・ルールとなっている
レベル3	従業員のエンゲージメントを定期的に調査・測定している	評価制度が現場のマネジメントや上司・部下間のコミュニケーションにおいて有効に活用されている
レベル2	従業員満足度などによって部分的な調査・測定を実施している、もしくはエンゲージメントを臨時的に調査したことがある	評価制度は存在して運用されているが、処遇（賞与や昇給など）を決めるためのものになっている
レベル1	従業員のエンゲージメント（組織や仲間に対する帰属意識や愛着または、組織のために進んで貢献しようとする意欲）を調査・測定していない	評価制度は存在するものの、形骸化している

問い18
活躍・成果に
見合った対価を
どのように与えるか？

問い19
柔軟な働き方を
どのように
提供するか？

問い20
新陳代謝を
どのように
促していくか？

問い18	問い19	問い20
サーベイなどを通じて、トータルコンペンセーションのミックスを適宜見直して最適化している	仕事上の働きやすさ整備に留まらず、副業や独立支援など、柔軟な関係性の結び方を実現する仕組みも整備されている	社外との交流や越境学習など、企業の枠組みを超えた取り組みも活用して、組織のかき回しを行っている
金銭報酬・非金銭報酬を含むトータルコンペンセーションの体系が構築できている	働く時間・場所の柔軟性を確保するための制度やルールだけでなく、その実効性を高めるためのデジタルツール・職場環境の整備が戦略的に行われている	戦略的な意図を持って異動（公募・FA）や組織体制変更、部門横断プロジェクト組成などで新陳代謝を促進している
金銭報酬だけでなく、フィードバックややりがいの提供といった非金銭的な報い方も一部取り入れている	働く時間・場所の柔軟性を確保するための制度やルールづくりが行われている	360度評価などにより率直なフィードバックを本人に与えたり、時に厳しさを伴う対応（降格・降給）が適切に行われている
活躍・成果は給与や賞与（金銭報酬）に反映されているが、納得性の高い仕組みになっていない	法律上求められているような一定程度の労働環境の整備はされている（休日・休暇確保・長時間労働抑制など）	新入社員の配属や異動などによって入れ替わりがあるものの、内向き意識が強く緊張感がない組織となっている
活躍・成果に見合った処遇を与える制度がない	働き方の環境整備はされていない（注力されていない）	人事異動や役職変更は一定程度行われているが、新陳代謝が行われていない

175

領域 6

どのように人が抱えるリスクを
低減するか？

健康をどのように維持・向上するか？

組織的な健康増進に取り組むことの大切さ

皆さんは、自分の健康に自信がありますか？

「自信がある」と答えた方のほうが少数派かもしれません。実際、日本人の6割が健康不安を抱えているという調査結果[119]があり、誰もが関心あるテーマでしょう。

会社としても当然、健康診断やストレスチェックといった法定の対応は行っているでしょうが、法律どおりの対応のみでは十分とはいえません。

会社が社員や労働者の健康を守っていくべき理由が2つあります。

ひとつめは、**社員の生産性に大きくかかわるから**です。これは、欠勤や休職といった、目に見える問題だけではありません。勤務はできていても、健康上の問題で生産性が低下している状態を「**プレゼンティーイズム**」と呼びます。プレゼンティーイズムによる損失は、医療費や傷病手当などの目に見えるコストの3倍程度にのぼるという調査[120]もあります。プレゼンティーイズムの原因にもリウマチ、糖尿病、がんといった深刻なものから片頭痛や肥満、高血圧といった生活習慣病のようなものまで幅広くあります。片頭痛でも侮ってはいけません。片頭痛が50%の生産性低下につながる[121]という調査データもあります。

また、「何となくダルくて、やる気が出ない」という経験は誰しもあるでしょう。例えば、年収400万円の人が高ストレスな状態によってプレゼンティーイズ

［問い21］のサマリ図解

健康増進の取り組み ＋ 職務職場の設計にも踏み込んで対応する

肉体的な健康増進の取り組み

健康状態のチェック

法定の健康診断

健康の促進と啓発

健康増進イベント開催や
休暇取得の促進

健康を害する行為を禁止

長時間労働の防止や
禁煙プログラムの補助

精神的・社会的に健康となる職場づくり

仕事の進め方について
裁量を与える

働く場所と時間の
柔軟性を高める

職場の問題について
解決する場を設ける

同僚同士の協力関係を
築けるようにする

人員を適切に配置し
仕事量を適正にする

ムに陥ると、年間139万円の損失になるとされています。[122] そうした「生産性の低下」を全社員分かき集めると、とてつもない損失につながっているといえます。

健康を軽視できない理由の2つめは、**企業の評判にかかわるから**です。特に、働きすぎや過労死が生じた場合には、人材の確保ばかりか、業績にも大きな影響を及ぼすことがあります。さらに一部の労働組合や作家らが選定する「ブラック企業大賞」などを受賞しようものなら、ネット上に永遠に残ってしまいます。

逆に健康企業は、投資や人を呼び込みます。健康増進に積極的な企業はそうでない企業より株価のパフォーマンスが高いという経済産業省による調査もあり、[123] 毎年政府が「健康経営銘柄」を発表して投資を促していることからもその大切さがうかがい知れるでしょう。

人の確保にも健康経営は重要です。ある調査によると、[124] 転職者の53.5%が企業選びに際し「健康経営に取り組めているか」を重視したと答えています。「激務がたたって健康を崩した」「もうあんな働き方をしたくない」。周りからこういった声を聞くこともあると思います。皆さんの会社がこうした風評を受けないようにするためにも健康経営に取り組むことが大切です。

健康増進のための基礎となる取り組み

健康に向き合うことの重要性はご理解いただけたと思いますが、企業としてどのように対応していけば良いでしょうか?

まず、世の中で行われている健康増進の取り組みを積極的に取り入れてみましょう。健康に対する1ドルの投資は、3ドルのリターンをもたらすという調査結果[125] もあります。こうした取り組みは、次の3種類に整理できます。

健康増進のための代表的な取り組み

①健康状態をチェックする

②健康の促進と啓発をする
③健康を害する行為を禁止する

　①は法定の健康診断が典型例ですが、「従業員の受診率が上がらない」と頭を抱えている会社も多いと思います。人事から声がけをしても、「今は忙しい。時間を見つけて行くよ」と言われ、気がついたら期末になっていたということも少なくないでしょう。

　しかし、健康状態のチェックは、病気の発見や意識づけのための重要な取り組みであり、徹底させていく必要があります。

　コンビニエンスストアを展開する株式会社ローソンでは、定期健康診断と人間ドックを1年間受講しなかった社員と直属の上司のボーナスをカットする制度を2013年に導入しました。本人は15%カット、上司も10%カットとなる厳しい施策です。同社から発表されている最新の『ローソングループ健康白書2023』によると、ここ5年間の健康診断受診率や再受診結果報告率は100%が維持されています。賛否ある取り組みかと思いますが、企業として健康に対する真剣さを示すひとつの方法といえます。

　②の取り組みとしては、健康増進イベントの開催や、健康改善による社内ポイントなどの付与、休暇・休憩取得の促進、運動や健康的な食事の奨励などがあります。

　③の代表的な取り組みは、長時間労働の防止や禁煙プログラムの補助などがあります。単に強制的に禁止するだけでなく、禁煙外来にかかった治療費を福利厚生として会社が負担している例などもあります。

　こうしたアナログな施策に加えて、近年はテクノロジーやデータを活用した取り組みも存在します。例えば、物流会社の日立流通では、疲労やストレスをリアルタイムに測定するデバイスをドライバーが身につけています。疲労やストレスは事故の原因につながるため、生体データや行動データから事故リスクを予測し、

ドライバーや管理者に通知されるようになっているのです。

　少しマニアックな話になりますが、実は「疲労」と「疲労感」は違うものです。「ちょっと疲れたな」と「疲労感」を覚えたとしても、実は実質的な「疲労」はそれを上回っていることがよくあるのです。なぜなら、人間は動物の中で唯一、脳内物質ドーパミンの働きによって「疲労」を感じさせなくすることができるからです。

　楽しいことをしているときや集中しているときは元気だったのに、終わった途端どっと疲れが出たという経験があると思います。これはドーパミンの分泌が切れたことが原因です。こうした脳の仕組みは、働きすぎや過労死にもつながりかねないため、テクノロジーを使った客観的な疲労度の把握は非常に効果的なのです。

健康増進のため「職務・職場の設計」にも踏み込む

　ただし、これまでに挙げたような健康増進の取り組みをたくさんしているからといって、安心してはいけません。

　「健康」とはそもそも、肉体的健康＋精神的健康＋社会的健康（社会参加ができている）という３つの要素から成り立っているといわれています。これまでに挙げた取り組みは肉体的健康が中心でしたが、精神的健康や社会的健康も重要です。いくら社員食堂で健康メニューが豊富に提供されていても、ストレスまみれの職場だったり、意義を見いだせないような仕事だったりすると、健康的とはいえません。**真の健康に向けては、精神面・社会面も考慮し、職場や職務まで踏み込んだ取り組みが必要**なのです。

　具体的には、次のように職場・職務を変えていくことが健康や幸福（ウェルビーイング）向上に有効とされています。

精神的・社会的に健康となる職場づくり

・仕事の進め方について裁量を与える
・働く時間と場所の柔軟性を高める（ただし不安定な勤務スケジュールは避ける）
・職場の問題や個人的ニーズについて話し合い、解決する場を設ける
・人員を適切に配置して、仕事量を適正にする
・同僚同士で協力的な関係を築けるようにする

これらは［問い13］で紹介した「ジョブ・クラフティング」や［問い14］のチームの築き方、［問い19］の働き方などに関連しています。結局は、人の活躍を促し、人を惹きつけるような組織にすることが、健康経営につながるのです。

ここまで従業員の健康について考えてきましたが、よくセットで扱われるのが「安全」です。職場の安全というと、工場や研究所勤務以外の人にはあまりなじみがないかもしれません。しかし、その本質は「人間がミスやエラーをしてしまう心理への対応」であり、どの職場でも考えるべきことといえます。

デスクワークでも「あっ、やってしまった……」という場面があると思います。こうしたことがなぜ起きて、どのように対応していくべきかを、次の［問い22］で考えていきましょう。

関連する問い
［問い13］人材と仕事をどのようにマッチングするか？
［問い14］良いチームをどのようにつくるか？
［問い19］柔軟な働き方をどのように提供するか？

職場の安全を
どのように担保するか？

ミスやエラーを呼ぶ5つのMを整理する

「1株61万円で売るつもりが、1円で61万株売ってしまった……」

　これは2005年にある証券会社で起きた誤発注です。原因は、一人の担当者がやってしまったパソコンへの入力ミス。世に言う「ジェイコム株大量誤発注事件」で、証券会社は400億円以上の損失を被ったといわれています。
　こうしたヒューマンエラーやミスは、利益の損失のみならず、列車や飛行機、工場や原子力発電所などにおいては、人の命にかかわるような重大な影響を及ぼす場合もあります。実際、労働災害や事故の8割は、人間の不安全な行動が原因で生じています。

　では、エラーやミスはなぜ生じ、どうすれば防げるのでしょうか？
　安全工学に基づくと、**5つのM（原因）に整理して、分析することが大切です。**

Man：本人や本人以外の直接関与した人間
Machine：設備・機器・システム
Material：材料（オフィスワークにおいては「情報」）
Method：作業手順やマニュアル
Management：組織・人をマネジメントする仕組み

　ミスやエラーはすべてが人間（Man）のせいではなく、他の要因と絡み合って

［問い22］のサマリ図解

ミスやエラーを生む 5 つの M（原因）

人間	システム	材料	作業手順	仕組み
Man	Machine	Material	Method	Management

整理して分析

安全管理の基本：5E

教育・啓発	技術的対応	強化
Education	Engineering	Enforcement

模範提示	環境改善
Example	Environment

＋

ヒューマンエラーを減らす：4M

危険を伴う 作業数を減らす	エラー確率を 低減する	エラー検出策を 設ける	被害最小化に 備える
Minimum encounter	Minimum probability	Minimum detection	Minimum damage

生じます。先ほどのジェイコム株事件でいうと、異常な株の発注にストップがかかるようなシステム（Machine）になっていなかったことが一因です。一応ディスプレイには警告表示が出るのですが、無視することも可能だったのです。加えて、一定の条件を満たす場合には発注後に取り消しができないプログラムだったのです。

　Method面でいうと、こうした異常事態が生じた際の役割分担や手続きが明確ではなかったこともあるようです。そうしたリスクを検知できなかった組織（Management）としての責任もあるかもしれません。

　ただ、そもそも間違った入力をしてしまったり、ディスプレイに表示された警告を無視してしまったりというのは、人間側の問題です。こうしたことが起こるのは、人間の「**認知特性**」に原因があります。

　人間はまず五感（視・聴・嗅・味・触覚）によって何かを「知覚・認知」します。そしてそれを「記憶・判断」し、「行動」に移します。このそれぞれの段階に、人間ならではのリスクがあるのです。

　例えば「知覚・認知」では、思い込みや勘違いによるズレが生じ得ます。特に人間は「見たいものしか見ない」傾向にあります。例えば、「この人は嫌いだな」と思うと、嫌なところばかりに目が行くのではないでしょうか？　こういった心の動きを「**確証バイアス**」と呼びます。また、脳は読み間違えの常習犯でもあります。

　"わざと もじの じんばゅん を いかれえて あまりす"

　上記の文章をそれほど違和感なく読めてしまうのは、脳が省エネをするために、これまでの経験値から推測（思い込み）しているからです。

ミスやエラーを防ぐため、5つのEと4つのMで対応する

　こうして考えると、人間の「自分は正しく理解して、正しいことをやっているはずだ」という思い込みはいかに当てにならないかがよく分かります。組織としてこうしたミスやエラーの防止に取り組むにはどのようにすればよいのでしょうか？

　まずは基盤づくりです。安全工学に基づくと、5Eの対応を行うことが、安全管理の基本となります。5Eとは、以下のとおりです。

Education（教育・訓練・啓発）
Engineering（安全性を高める技術的対応）
Enforcement（作業の標準化やマニュアル化・罰則の強化）
Example（業務上の模範・事例の提示）
Environment（作業環境の改善）

　ジェイコム株事件でいうと、ミスが生じないような教育やシステムのプログラム実装、入力時やチェック時、異常事態が発生時の手順の明確化、どのように入力すると間違いが起こりにくいかの例示、集中できるオフィス環境の整備などです。
　このあたりは当然取り組まれている内容かもしれません。この5Eに加えて、ヒューマンエラーに対応するため4Mもご紹介しましょう。4Mとは、以下の4つです。

Minimum encounter（危険を伴う作業数を減らす）
Minimum probability（各作業においてエラー確率を低減する）
Multiple detection（多重のエラー検出策を設ける）
Minimum damage（被害を最小にするために備える）

これは、そもそも手入力を行うようなやり方を改める、入力できる数値の幅を決めておく、エラー表示が出た場合に上司の確認が必要なようにする、取引をすぐストップできるような仕様にしておくということです。人間はミスをするという前提で備えておくことが必要です。

　もちろんこうした安全上の施策に加えて、［問い21］で触れたような健康な状態で働けるような環境整備、［問い13］の人と仕事のマッチング、［問い14］のチームづくり（心理的安全性）なども重要です。
　「罪を憎んで人を憎まず」ではないですが、ミスやエラーをする人間を責めるのではなく、それを生じさせた仕組みや環境に焦点を当てていくことが肝心です。そしてPDCAを回しながら仕組みや環境の改善を継続的に行っていくことがミスやエラーを0に近づける唯一の道なのです。

　ここまでは意図しないミスやエラーについてどのように対応するかを解説してきました。しかし残念ながら、どんなにミスへの対策をしても「意図的」なミス・エラーは起こり得ます。［問い23］で対応策を考えていきましょう。

関連する問い

［問い10］人材にどのように学んで成長してもらうか？
［問い13］人材と仕事をどのようにマッチングするか？
［問い14］良いチームをどのようにつくるか？

人に関するトラブルを
どのようになくすか？

トラブルを引き寄せる3つの要素とは

「会社で働く7.4人に1人」。これが、何を示す数字か分かりますか？[131]

　不正に関与したり、目撃したりしたことがある人の割合です。つまり、1,000人が働く会社では135人が何らかの不正に関与したり、目撃したりしているということです。

　不正の発生は会社の評判に大きく影響することはもちろん、そこで働く人の幸福度や就業意欲にもマイナスに働くとされています。[132]

　こうした不正やいわゆるコンプライアンス違反はなぜ生じるのでしょうか？
　一般的には3つの要素が絡み合って生じると言われており、これを「不正のトライアングル」と呼ぶこともあります。

会社で不正が起きる3つの要素
A：動機（本人が抱える問題や会社からのプレッシャーがある）
B：機会（不正をするチャンスや権限がある）
C：正当化（不正を正当化できる状況や本人の特性がある）

　例えば、多額な借金がある経理社員がいて（動機）、会社としてお金の管理がルーズで（機会）、その社員が給与に不満を持っていた（正当化）とします。こうした状況が揃えば不正が起こりやすいとされています。ある意味、「個人側の問

［問い23］のサマリ図解

不正を引き起こす３つの要素（不正のトライアングル）

個人側の問題
多額の借金がある社員（動機）

会社側の問題
お金の管理がルーズ（機会）

掛け合わせで不正が生じる

北風（ハード面）と
太陽（ソフト面）の
ミックスで対応する

「北風」的対処法
内部統制フレームワーク
６つの要素から対応

統制環境 	リスク評価
統制活動 	情報と伝達
モニタリング 	ITへの対応

「太陽」的対処法
人間らしさを尊重した取り組み

動機

個人の問題を共有し、
一緒に解決していけるような
信頼関係を築く

機会

組織のかき回しを行い、
業務の属人化を改善する

正当化

素晴らしい職場をつくり、
それを「壊したくない」気持ちに
働きかける

題」と、「組織側の問題」の掛け合わせで不正が生じるのです。

「北風」と「太陽」のミックスで不正を防ぐ

　では、こうした不正はどのように防いでいくべきなのでしょうか？　強制した
り、注意を厳格化したりするだけでは根絶できません。イソップ物語『北風と太
陽』の「北風」と「太陽」のミックスで対応することが有効です。

　「北風」とは、「内部統制フレームワーク」を用いてハード面（仕組み面）を
きっちりと整えることです。こちらの詳細は専門書に委ねますが、簡単に説明す
ると、以下の6つの方法を組み合わせて対応します。

内部統制フレームワーク（「北風」的対処法）

①統制環境……経営方針や組織風土、権限設定や人材管理の方法
②リスク評価……リスクを識別して、評価して、対応する仕組み
③統制活動……分掌・管理規程や業務マニュアル、現場でのチェック方法
④情報と伝達……必要な情報が正しく管理・処理され関係者に伝わる仕組み
⑤モニタリング……管理者や第三者などによるチェックの仕組み
⑥ITへの対応……ITの効率的活用や、運用・安全性確保の仕組み

　これは世界標準の方法論として普及しているもので、内部統制にかかわる方は
よくご存じでしょう。しかし、内部統制はその厳格さを突き詰めていくと、性悪
説（人間の本質は悪である）に基づいた人の取り扱いになってしまいます。

　例えば、備品ひとつ購入するのにも、規程やルールでガチガチに固められてお
り、上司のチェックが何度も行われ、監査もされるという状況があったとします。
こうした会社で働きたいでしょうか？　おそらく「自分は信じられていないんだ
な」と感じ、モチベーションが下がってしまうかと思います。また、当然のこと

ながら業務効率も下がりますし、内部統制コストも大きくなってしまいます。

　ゆえに、人間らしさを尊重した「太陽」のアプローチも組み合わせることが重要です。具体的には「不正のトライアングル」で挙げた**動機・機会・正当化の状況をソフト面（職場環境の整備など）でほぐしていく**のです。

人間らしさを尊重した取り組み（「太陽」的対処法）
①動機……本人が抱える問題や会社からのプレッシャーをソフト面で解消する
②機会……不正をするチャンスや権限をソフトの面で解消する
③正当化……不正を正当化できる状況や本人の特性を把握し、解消する

　まず、「①動機」について。本人側の問題には立ち入ることが難しいかもしれませんが、上司と本人の間での信頼関係があれば、問題を共有してもらったり、一緒に解決していったりするチャンスが生まれるかもしれません。

　会社からのプレッシャーについては、本人の仕事、組織文化、上司という３つの観点からの対応が必要です。まず個人の仕事として過大な目標を設定していないか、期限に無理がないかを確認することが必要です。そして［問い02］で解説したように、せっかちな組織文化に傾きすぎていないかもチェックするとよいでしょう。これは結局、上司（マネージャー）の口癖で分かります。「今すぐ」「なるはや」「スピード」「もっと」などが口癖になっている職場は危険度が高いので、対応が必要でしょう。

　次に「②機会」について。これは、会社側の仕組みやルールに抜け穴がある場合もありますが、「業務の属人化」も大きな原因になっています。「その人じゃないと分かりません」という状態だと、やりたい放題になってしまうばかりではなく、その人が休んだり居なくなったりすると、業務が止まってしまいます。
　こうした属人化を解消するには［問い20］で紹介した「人の意識や組織のかき

回し方」がひとつの参考になります。例えば、公募や社内FA制度を活用する、組織横断プロジェクトを立ち上げるなどです。また、Google社では、週に１度、各チームからランダムに選ばれた人を強制的に自宅勤務させています。[133] そのメンバーは他の人からの質問に一切答えてはいけません。これによって、仕事や情報の偏りを判断し、リスクに備えているのです。こうした意図的に“障害”を発生させ、本当の障害に備える手法は「カオスエンジニアリング」とも呼ばれています。

最後の「③正当化」について。不正を正当化できる状況とは、「自分が正当に扱われていない状況」ということに尽きます。それは報酬面だけではなく、キャリア面（昇格・昇進）や長時間労働、上司からの扱われ方などさまざまな側面があります。

まさにここは、［領域３〜５］の人の育成や活躍、維持がどこまで高いレベルで実現できているかが問われているのです。実は前述した「内部統制フレームワーク」も限界があります。例えば複数人（例えば申請者と承認者）が共謀して、本気で不正を働こうとする場合などは防ぎようがありません。ゆえに、素晴らしい職場や組織をつくりあげることで「それを壊したくない」という気持ちに働きかけることが最も有効な策といえるでしょう。

労務やコンプライアンス違反を防ぐ方法

ここまで不正というテーマに広く触れてきましたが、人と組織の領域に焦点を絞ると「労務管理上のコンプライアンス違反やトラブルをどのように防ぐか」ということが重要なテーマとして挙がると思います。労務上の違反は、社員と会社の間の紛争に発展しかねません。

近年の労働紛争で最も多いのが、「いじめ・嫌がらせ」で「労働条件の争い」「退職・解雇」などが続きます。[134] こうした問題は結局「ルールがない・不適切」か

「（主にマネージャーの）知識・意識が足りない」のいずれかで生じます。前者は適切なルールを整備すればよいのですが、問題は後者です。

　知識や意識の醸成に向けては、研修やe-learningで「これは知っておくべき」「こんな言動をするとこんな悪影響がある」という内容を学んでもらうことが一般的です。しかし皆さんも経験があるかもしれませんが、翌日には忘れてしまいます。そこで、知識の定着や意識づけにおいて有効なのが「自分ごと化」です。例えば、総合エンタテインメント企業のセガサミーでは、管理職に「リスクマップ」を作成してもらい、自身が晒されうるリスクを実感してもらっています。また、グループ会社の社員とコンプライアンス基準や取り組みに関して討議してもらう機会を設定しています。これは「あの会社はこんなことまでやっているんだ」「自分もきちんとやらなきゃ」という気づきにつながり、社員からも好評を得ているようです。[135]

　この［領域6］では、人の健康と職場の安全面の確保の方法、人に関するトラブルをなくす方法を考えてきました。［領域6］に限らず、［領域2〜5］（人の調達、育成、活躍、維持）においては、仕組みの整備やマネージャーの教育、意識づけ、経営陣の巻き込みなどが必要になってきます。

　こうした取り組みをリードして、全社に影響力を発揮することが期待されている組織が人事部です。つまり、これまで解説してきたことが実現できるかどうかは、人事部が機能するかどうかにかかっているのです。次の［領域7］で考えていきましょう。

関連する問い

［問い02］どのような行動を体現してもらいたいか？（どのような組織文化をつくるか？）
［問い20］新陳代謝をどのように促していくか？

	問い21 健康をどのように 維持・向上するか？	問い22 職場の安全を どのように担保するか？	問い23 人に関する問題を どのようになくすか？
レベル 5	定期的なモニタリングと定量的な分析に基づき、健康増進の仕組み・体制・計画等の改善を行っている	安全な職場づくりのためのハード・ソフト両面の仕組みが整備されており、定期的に仕組み・体制・計画等の改善が行われている	コンプライアンス違反防止のハード・ソフト両面の仕組みが整備されており、定期的に仕組み・体制・計画等の改善が行われている
レベル 4	仕事やチームの関係性、職場環境といった領域まで踏み込んだ健康増進の取り組みが行われている	安全な職場づくりのハード面の仕組みだけでなく、ヒューマンエラーに対する防護措置や、意識啓発のための取り組みも十分行われている	コンプライアンス違反防止のハード面の仕組みだけでなく、意識啓発のための取り組みも十分行われている
レベル 3	従業員の身体と心の健康を維持・向上するための体系的な仕組みが存在する	事故リスクの包括的な分析・評価に基づく、安全な職場づくりのための仕組み・ルールが存在する	コンプライアンスリスクの体系的な分析・評価に基づく、コンプライアンス違反防止の仕組み・ルールが存在する
レベル 2	法対応以上の取り組みは行われているが、イベントやプログラムといった散発的なものになっている	安全な職場づくりの仕組み・ルールは存在するが、リスクの包括的分析・評価に基づくものとはなっていない	コンプライアンス違反を抑制するための仕組み・ルールは存在するが、リスクの包括的分析・評価に基づくものとはなっていない
レベル 1	従業員の健康維持に関しては、法で求められる最低限の対応のみ行われている	従業員の安全維持や事故防止に関しては、法で求められる最低限の対応が行われている	コンプライアンス違反やそのリスクの抑制に関しては、法で求められる最低限の対応が行われている

領域 7

どのように
人事体制を整備するか？

問い 24 人事組織をどのようにつくるか？

3層構造で経営・事業・管理職とつながりつつ、現場からは存在感を消す

「人事部はもう要りません」

　1998年に『人事部はもういらない』¹³⁶（八代尚宏著、講談社）という書籍が出版され、「人事部不要論」が巻き起こりました。給与計算などの事務処理であれば、外部委託したほうが正確で速い。人事は採用や評価、異動の最終権限を持っていることが多いが、現場から遠いため一人ひとりを見きれず、単なる「管理」になってしまっている。そんな人事部は解体して、現場に権限移譲したほうが企業の利益や社員の活性化につながる。こうした主張でした。

　四半世紀以上前の内容ですが、思わずうなずかれる方もいらっしゃるのではないでしょうか。近年だと、人事システムやWebサービスによって、採用や育成、評価、異動、給与計算などあらゆることが自動でできるようになっています。人事が担う業務の72％にAI・システム化の余地があるとのレポート¹³⁷も存在する中で、今後の人事はどうあるべきなのでしょうか？

　外部委託やシステム化が進んでも普遍的な人事の役割があります。それは、**経営層・事業リーダー・マネージャーそれぞれに対して影響力を及ぼすこと**です。詳しく説明します。

　まず、「経営陣」に影響力を行使できる「人事のトップ」が必要です。
　というのも、ここまでの［領域**1**〜**6**］の取り組みを行うには、それ相応の投

［問い24］のサマリ図解

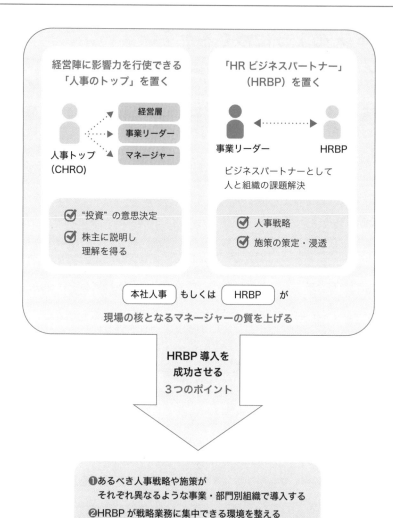

経営陣に影響力を行使できる
「人事のトップ」を置く

経営層
事業リーダー
マネージャー

人事トップ
（CHRO）

☑ "投資" の意思決定
☑ 株主に説明し
　理解を得る

「HR ビジネスパートナー」
（HRBP）を置く

事業リーダー　　　　HRBP

ビジネスパートナーとして
人と組織の課題解決

☑ 人事戦略
☑ 施策の策定・浸透

本社人事 もしくは HRBP が

現場の核となるマネージャーの質を上げる

HRBP 導入を
成功させる
3つのポイント

❶あるべき人事戦略や施策が
　それぞれ異なるような事業・部門別組織で導入する
❷HRBP が戦略業務に集中できる環境を整える
❸HRBP としてのコンサルティングスキルを高める
　仕組みをつくる

資が必要です。そこには資金面だけではなく、会社の大切な時間や人的リソースを使用することになります。そうしたさまざまな意味での投資を会社として意思決定していくために、強い人事トップが必要なのです。

　上場会社であれば、株主に対して説明責任を果たし、投資の理解を得る役割としても重要なポジションになります。加えて、経営陣の巻き込み力や交渉力を持っていれば、施策の展開がスムーズになります。

　特に人事施策は現場の時間や人を奪って、反発を招くようなものもあります。例えばマネージャー研修をはじめとする「教育系」の施策は、効果が見えづらく現場の不興を買う傾向にあります。しかし、そこで経営陣を巻き込み、その必要性を説いて回れるかどうかで、施策の成功率も変わってきます。

　役職は「最高人権責任者（CHRO）」でなくても構わないのですが、経営会議に常時参加しており、意思決定に対する影響力を持つポジションであることが必要です。なお、ある調査によると、65%の人事トップにはそうした力を持たせているようです。[138]

　人事トップが全社ににらみを効かせる体制は、事業の数が少ない場合や、中央集権的な組織であれば可能です。しかし、事業の数が多い場合や、事業に権限移譲している場合には、立ちゆかなくなります。そうした場合には、「HRビジネスパートナー（HRBP）」という役割を設置するのも一案です。

　HRBPとは、いわば事業や部門専属の社内人事コンサルタントです。各組織の人事戦略や施策の策定、浸透を行うとともに、事業リーダーのパートナーとして人と組織の課題を解決することが期待されています。

　現在、HRBPは11.3%の会社で設置されていますが、「戦略立案などとはほど遠く、単なる事業側の御用聞きになってしまっている」という声も多く耳にします。[139]
　では、どうすればよいか？　HRBP導入に向けた成功要因は3つあります。

①あるべき人事戦略や施策がそれぞれ異なるような事業・部門別組織で導入する

②HRBPが戦略業務に集中できる環境を整える
③HRBPとしてのコンサルティングスキルを高める仕組みをつくる

　①は、中央集権的な会社や小規模な会社で無理にHRBPを導入しないことです。[140]
こうした場合、そもそも事業ごとに人事戦略や制度を分けたり、異なる施策を行う必要性も低いので、HRBPの出る幕がほぼありません。本社の人事企画が検討・対応をすれば良いだけです。

　②は、HRBPから人事オペレーション業務を切り離すことです。従業員からの問い合わせや、庶務対応といった業務を担わせると、そちらに忙殺されてしまい、戦略業務に携わることが難しくなります。定型・簡易業務はばっさりと、外部委託にするか人事の業務部隊に任せてしまいましょう。

　③は、HRBPとしてのスキルを高める仕組みをつくることです。HRBPは「社内人事コンサルタント」と呼んだように、課題発見力、仮説構築力、高い折衝・調整力などの高いスキルが必要です。こうしたスキルは定型的な業務に携わる中で身につくものではないので、計画的に育成していくことが必要です。この③については次の［問い25］でも触れています。

　人事として事業リーダーの次の「マネージャー層」とのつながりも大切です。人の育成や活躍促進、維持、リスク低減においては、マネージャーがどんな振る舞いをして、社員とどう接するかが施策の成否を左右します。現場の核となるマネージャーのレベルを高め、意識を変え、武器を与えることは人事にとって重要なミッションです。HRBPを導入している会社ではHRBPが、そうでない会社は本社人事が、それぞれその役割を担うことになります。

　NTTコミュニケーションズでは、マネージャーのキャリア支援力や面談力向上を目的として『発奮・スタンスセオリー』というハンドブックを作成しています。[141]

それまでは10人弱のキャリアコンサルタントで2万人の社員に対応せざるを得ず、きめ細かい対応が難しい状況でした。そこで、社員一人ひとりの特性や志向性を理解し、密な関係性を築くことができるマネージャーに、キャリア支援の役割を担ってもらうことにしたのです。その絵姿を実現するための武器として、このハンドブックが作成されました。これまで3,000人ものキャリア面談を通じて得られた学びを500ページ以上のマニュアルや動画にまとめて、「ゲームの攻略本のような感覚」で使える資料に仕上げたのです。この取り組みは、2022年に「日本の人事部」が主催する「HRアワード」で企業人事部門優秀賞に選ばれました。

　ここまで説明した経営・事業・管理職に対して影響力を及ぼす仕事は、システムや外部委託先には難しいでしょう。また今後、仮に高性能なAI人事が現れて、論理的にしごく真っ当なことを言う世界が来たとします。それでもやはり、人の心を動かすまでには至らないでしょう。結局は、会社において人に寄り添い、人の心を動かす必要がある限りは、「人事の仕事」は残り続けるのではないでしょうか。

　この項では人事体制のつくり方について解説してきました。経営・事業・管理職に対して影響力を及ぼす仕事に軸足を置き、それ以外の仕事は外部化やシステム化、AI化をしていくことで、組織としてのレベルが高まっていくでしょう。

　ただし、人事の体制を整備しても、それを担う人事パーソンの力量が不足していれば、機能しません。先に挙げたHRBPも含めてどのように育成していくと良いのでしょうか？　次の［問い25］で考えていきましょう。

関連する問い

［問い08］必要な人材スペックをどう定義するか？
［問い10］人材にどのように学んで成長してもらうか？
［問い11］どのようにリスキリングを行うか？

人事パーソンの力を
どのように高めていくか？

５つの力と３つの視点を身につける

紺屋（こうや）の白袴（しろばかま）。

これはご存じのとおり、紺屋は「白い生地を紺に染める」仕事なのに、自分の袴が白いままであるということ。つまり他人の世話で精一杯で、自分のことに手が回らないことを表すことわざです。これは、人事部にも当てはまるようです。

人事は「人と組織の成長」を促す仕事なのに、自部署メンバーに対する成長を促すことが十分できていない。そういった企業をよく見かけます。実際にある調査[142]によると、20代の人事の31%が「どのようなスキルが身についているか分からない」、45%が「自分の業務の成果が見えない」という不安を抱えているようです。人事が自分のスキルや成果に自信がない状況は、人事組織としてのパフォーマンスも上がらず、全社の人づくり・組織づくりにも影響を与えかねません。フィットネスジムのトレーナーが色白で頼りなさそうな人ばかりという状況と同じです。では、人事としてどんな力を身につけてもらえば良いのでしょうか？

これにはきちんとした研究データがあります。世界各国の1,000以上の組織、3,500人以上の人事の能力や行動レベル（コンピテンシー）を統計的に分析したHuman Resources Competency Studyという調査です。1987年から４〜５年に一度実施されており、直近の2021年で８回目の実施となります。この調査において、人事として業績に影響を与えるための力が５つ抽出されています。

人事として業績に影響を与えるための５つの力

①ビジネスに関する知見 　　　　②人・組織に関する知見

ビジネスと人・組織の架け橋になる

③情報を活用する力 　　　　④協働を促進する力

「知」としての情報と、「情」としての人間関係構築力の両輪が必要

⑤複雑性を単純化する力

①～④のすべてに関係

５つの力を身につけるには？

経営者・事業リーダー・マネージャーに問い詰められる機会を多くつくる

それってどういう意味があるの？

それが最善の方法なの？

もっと理解を
深めなくては…

経営陣 　　　　　　　　　　　　　　　　　　　　　　　　人事

人事として
３つの目を持ってもらう

鳥の目	虫の目	魚の目
経営者と同様の 高い目線から考える	組織・人のリアル を理解する	社会動向やデータ で流れをつかむ

人事パーソンが業績に影響を与えるための5つの力

①ビジネスに関する知見
②人・組織に関する知見
③情報を活用する力
④協働を促進する力
⑤複雑性を単純化する力

　①は、まずビジネスの外部環境や競争の優位性、どのような価値を提供しているかを理解すること。そのうえで、事業の成功に向けて、どのような変化を、いつ、どのように推進すべきかを考えることができる力のことです。

　②は、人・組織・リーダーがどのような状態かをよく理解していること。そして、人や組織をどのように進化・成長させていけばビジネスの成功につながるか、その筋道を考えることができる力のことです。まずこの2つの力で、ビジネスと人・組織の架け橋になることができるのです。

　③は、社会の変化など外部の情報をキャッチするとともに、さまざまな情報を分析して、データに基づき決断をする力のことです。

　④は、自信・誠実さ・謙虚さを通じて他者と信頼関係を築き、そのうえで、多様なバックグラウンドの人と効果的に協働する力のことです。どのような取り組みでも人を動かさなければ何も始まりません。そのためには、「知」としての情報・データと、「情」としての人間関係構築力。これらの両輪が必要になるのです。

　⑤は、複雑で絡み合う問題に対して、何が重要なポイントで、どこに焦点を当てるべきかを見極める力です。この力は①〜④すべてに関係しています。ビジネスや環境、人と組織、情報や関係者、すべてが複雑化している中で、その渦の中に呑み込まれない力の重要性が増しているのです。例えば、パンデミックが起こって、業績が大きく揺れ動き、人の価値観が大きく変わる環境でも、落ち着いて「何をすべきか」を考えることができる。こうした力も重要なのです。

この5つの力は、これまでの人事部をイメージしているとやや違和感があるかもしれません。

　これまでの人事に必要な力といえば、「採用・配置・育成の知識がある」「労働法令の理解がある」「的確・正確さ」などが挙げられていましたが、人事労務や採用業務のアウトソーシング市場は年5～6％のスピードで成長しています。人事システム市場に至っては、年12.8％の成長率です。「AはBする」という方程式や正解がある仕事はどんどんアウトソース、あるいはシステム化されていきます。

　逆に人事に残る仕事は、方程式や正解がない仕事、つまり先の問いで触れたように、経営者・事業リーダー・マネージャーの心を動かすことが中心になっていくのです。

　では、この5つの力をどのように身につけてもらえば良いのでしょうか？

　その答えはシンプルです。**経営者・事業リーダー・マネージャーに問い詰められる機会を多くつくる**ことです。［問い10］で触れたように、大人の学びには強い動機や必要性が重要です。ただ単に、「ビジネスのことを勉強しておきなさい」「データを分析できるようにしておきなさい」と言うだけで、自分から真剣に学んでくれるケースはほとんどありません。そうではなく、経営者や事業リーダーに対して、人事としての取り組みやその結果を報告する機会を強制的に増やす。またマネージャーに対して、現場で実現したいことや行ってほしいことを説得しにいく場面を多く設定する。こうした「人と対峙する」場面を増やしていくのです。

　経営者や事業リーダー、マネージャーからはおそらく「それって業績やビジネスにどういう意味があるの？」「それが最善の方法なの？」「なぜ？」というツッコミが想定されます。

　そういうときに「もっとビジネスの理解をしなくては」「人や組織の勉強をしなくては」「外の情報を集めたり、データを活用したりしなければ」という危機感が生まれるのです。

マネージャーからは「そうはいっても現場は……」「理想論はそうだけど……」と、論理では割り切れないドロドロとした話が挙がってくるでしょう。そうした多様な関係者の意図が絡み合った状況の中で物事を前に進めていく必要があるのです。

　こうした状況に置かれることで、まずは別のテーマでマネージャーと仲良くなったり、情に訴えたり、別の人から攻めたりなど、「寝技で巻き込む」さまざまな手段を習得していくことにつながるのです。また、人事として、ドロドロとした世界を理解しておくこと自体、施策が現場の実態から乖離しすぎないようにするうえで重要です。

　こうした学びを通じて、人事は「3つの目」を持つことになります。まず、経営や事業といった高い目線から物事を考えられる「鳥の目」。組織・人に関する現場のドロドロやリアルを理解できる「虫の目」。社会動向や他者の状況、データを活用して流れをつかむ「魚の目」。この3つの目が人事として業績にインパクトを与える力につながっていくのです。

　こうした力の中で「情報を活用する力」が特に近年、重要性を増しています。というのも、ピープル・アナリティクスと呼ばれる人事データの活用が急激に進んでいるからです。ピープル・アナリティクスやデータの活用は人的資本の開示にも密接に関係しており、次の［問い26］で解説します。

関連する問い

［問い08］必要な人材スペックをどう定義するか？
［問い10］人材にどのように学んで成長してもらうか？
［問い11］どのようにリスキリングを行うか？

問い26 人と組織のデータを どのように活用するか？

「何をどう集めてどう分析するか」以上に、「使ってもらい方」を考える

「サイコパス」というアニメが2012年から放映され、人気を博しました。

　この世界では、人間のあらゆる感情や欲望、心理的傾向が見える化され、数値化されています。その数値を管理することで多くの人が「善き人生」を送ることができ、なおかつ犯罪が生まれない世界をつくる。こうした理想郷のような未来が描かれています。

　企業においても、人に関するデータの見える化や、分析・活用が進んでいます。こうしたピープル・アナリティクスと呼ばれる手法は、本書の［領域1〜6］で整理すると、以下のような場面で活用が想定されています。

［領域1（ありたい人・組織の姿）］組織文化の定着状況確認、人員過不足の予測
［領域2（人の調達）］人の見極め、採用・応募までの離脱防止
［領域3（人の育成）］推奨研修や学習の提示、研修効果の測定
［領域4（人の活躍）］人と仕事のマッチング、個人やチームのパフォーマンス分析
［領域5（人の維持）］エンゲージメントや職場の状況把握、退職リスク予測
［領域6（人のリスク低減）］安全・健康上・コンプライアンス上のリスク検知

　ピープル・アナリティクスによって神の啓示のごとくさまざまなものが見えてきて、意思決定の精度が高まる。これに近い主張をよく見かけます。この神話を

［問い26］のサマリ図解

データの使用場面を見極める

本書❶〜❻の活用場面例

領域❶ ありたい人・組織の姿 ➡ 組織文化の定着状況確認、人員過不足の予測

領域❷ 人の調達 ➡ 人の見極め、採用・応募までの離脱防止

領域❸ 人の育成 ➡ 推奨研修や学習の提示、研修効果の測定

領域❹ 人の活躍 ➡ 人と仕事のマッチング、個人やチームのパフォーマンス分析

領域❺ 人の維持 ➡ エンゲージメントや職場の状況把握、退職リスク予測

領域❻ 人のリスク低減 ➡ 安全・健康上・コンプライアンス上のリスク検知

データ分析でできること

分析レベル			
	❶	記述的分析	過去の事実を述べる
	❷	診断的分析	因果関係を明らかにする
	❸	予測的分析	結果を予測する
	❹	処方的分析	アクションや選択肢を示す

バイアスが強く、不十分な認知のまま意思決定をする場面で取り入れる

そんなわけない！

本当か…？

意思決定者にデータを使ってもらう方法を考える

データ重視の意思決定がなされる組織文化の構築方法

・あらゆる会議で「データの裏づけ」を重視

・ポリシーの発信

信じて「とりあえず、あらゆるデータを集めよう！」「とりあえずいろいろ分析できるようにしよう！」と大号令をかけている会社も多く見かけます。しかしこれは、非常に時間も労力もかかり、かつ行き着く先も見えません。

こういった闇雲な対応をするのではなく、まず行うべきは、**データの使用場面を見極めるとともに、「使ってもらう方法」を考えること**です。順を追って説明します。

まず、データ分析でできることは、次の4つに整理できます。[145]

①過去の事実を述べる
②因果関係を明らかにする
③結果を予測する
④アクションや選択肢を示す

①は「過去5年間、退職率が高まっている」などと把握することで、「記述的分析」と呼ばれています。これは過去の事実を述べているだけであって、分析レベル1といえます。

②は「社員の紹介で入社した人は、退職率が低そうだ」などと分析することで、「診断的分析」と呼ばれます。これは因果関係を明らかにするもので、分析レベル2といえます。

③は「欠勤を5日連続したAさんは、退職リスクが45％だ」などと明らかにすることで、「予測的分析」と呼ばれます。これが分析レベル3です。

④は、「これを行うと、退職率がこの程度下がる」などを明らかにすることで、「処方的分析」と呼ばれます。こうしたアクションや効果まで示すものが分析レベル4です。

では、こうした分析でどのようなメリットを受けることができるのでしょうか？大きくは次の2つです。

・「そういう事実や方法を認識していなかった」ということを気づかせてくれる
・「AはBだと思っていた」というのが誤り（または確からしい）と教えてくれる

　しかし、ここに限界があります。それは、このようなことです。

①過去のデータの延長でしか示唆が出せない
②意思決定者が出てきた結果や示唆を用いない可能性がある

　①は、2018年にAmazon社で「AIを使った採用システム」が使用停止となった[146]ことが象徴的です。同社は2014年頃から、応募者の履歴書から優秀な人材を自動的に判別してくれるAIの開発を進めてきました。過去10年間の履歴書を学習させることで、ほぼ完成に至ったものの、使用してみると「女性の評価を低くつけてしまう」という問題が生じたのです。原因としては、学習させた10年分の履歴書が男性に偏っていたことにあります。このように予測的分析で得られるのは、「過去こうだったから、その傾向が続くとこうなる／こう言えるだろう」という示唆に留まります。

　こうした限界は、データの取り扱いや、出てきた結果の解釈などにおいて留意していけば比較的対処がしやすい問題です。

　しかし②はより根深い問題です。これはある意味、人の認知の限界といえます。

　これまでも述べたように人にはさまざまな心のフィルター（バイアス）があり、何かに気づかなかったり、認識を誤ったりする可能性があります。「データによる事実の突きつけ」はそれを補充したり、正したりするもののはずなのですが、ここで皮肉な現象が起こります。以前も触れた「確証バイアス」が強いと、自分の信念や考え方に合致しない情報を受け入れられないのです。

　例えば、人事データを分析した結果、「当社の営業社員は、ガツガツした性格よりも、繊細な性格のほうが成績として優れている」という示唆が出てきたとします。経営陣や事業リーダーに、その結果を報告して、採用基準を変えていく提案

をしたとしましょう。仮に彼ら／彼女らが「そんなわけはない！　我々が現場に
いたときは、体育会系社員のほうが圧倒的に動きが良かった！」という信念・考
えがあったらどうなるでしょう？　おそらく提案は受け入れられず、このデータ分
析は何の意味も成さなかったことになります。

　データ分析の悲劇はまだ続きます。特にビッグデータを用いたような分析では、
「当たり前のこと」が結果や示唆として出てくる可能性があります。
　人事の世界でビッグデータ分析はまだあまり進んでいませんが、マーケティング
などでは、「膨大なデータを収集・解析したところ、『人気がある商品はよく売れ
る』ということが分かった」という笑い話のようなことも起こります。これは極
端な例ですが、苦労して大量の人事データを集め、分析して分かった結果が「受
け入れられやすい」ものであるほど、「それって、分析する意味あったの？」と
なってしまいます。
　では、どうすれば良いのでしょうか？

　まずデータ分析や活用は、**バイアスが強く働く、または不十分な認知による影
響が大きい意思決定の場面を中心に取り入れていきましょう。**ただし、アナログ
で対応すべきことは行ったうえで、どんな分析が必要かを考えることが大切です。
　例えば、人の見極めは、応募者に関する情報も接する時間も少ないため、バイア
スがかかる傾向にあります。しかし、Googleで行っている構造化面接[147]などの手法
を取り入れたり、面接の回数や時間を増やしたりできるのであれば、ある程度、
意思決定を誤るリスクは減らせます。それでもなお生じうるリスクを整理したう
えで、分析するデータを絞っていくのです。このように「データ分析が必要」な
場面や目的を絞り込むことで、「何でもかんでもデータ収集して分析」という地獄
から抜け出ることができるのです。

　次に、**意思決定者にデータを「使ってもらう方法」を考えていきましょう。**
　ピープル・アナリティクスが進まない原因の調査結果[148]を見てみると、1位は「人

事スタッフのスキル不足」ですが、2位は「経営陣の関心が低い」、3位は「経験と勘が重視され、データは軽視される」という結果になっています。対応策としては、データを重視した意思決定が成される組織文化の構築が一番です。

　例えばGoogleでは、ほとんどの会議室にプロジェクターが2台用意されています。1台はビデオ会議や会議の記録用、もう1台はデータの表示用です。あらゆる会議でのスタートは後者のプロジェクターでデータを映し、「このデータをご覧ください」から始まるのです。「文字だけのスライド」や「私の意見は」という話は通りません。このように、「あらゆる意思決定がデータに基づいて行われる」というポリシーが至るところで貫き通されているのです。[149]

　この「データを使う意識の醸成」と、「データ活用の場面と目的の絞り込み」の両輪が回り出すと、ピープル・アナリティクスの投資対効果を最大化していくのです。

　この［領域7］では、人事としての体制をつくり、能力を高め、データとしての武器を手に入れる方法について考えてきました。これら3つの取り組みによって、人的資本経営の旗振り役として、人事が機能しはじめます。この問いで解説した「データ」に関しては、特に把握すべき情報があります。それは、「人と組織がありたい姿に近づいているか」「取り組みがうまくいっているか」です。そうです。こうした情報がまさに人的資本の可視化や開示につながるのです。次の第3章で解説していきます。

関連する問い
［領域1］～［領域7］のすべての問い

	問い24 人事組織を どのようにつくるか？	問い25 人事パーソンの力を どのように高めていくか？	問い26 人と組織のデータを どのように活用するか？
レベル5	経営戦略や事業戦略、事業組織体制などの変化に応じて、人事の機能・組織の見直しが行われ、最適化されている	経営陣や事業リーダーと渡り合えるレベルの人事パーソンが、連綿と輩出されるOJT・Off-JTの仕組みが整っている	データ活用や高度な分析だけでなく、経営・事業・現場などでその活用を促進するための啓発なども十分に行われている
レベル4	オペレーションはほぼ行っておらず、経営・事業・管理職に対して十分に影響を与えることができる組織となっている	人事内だけでなく、事業や社外・大学などとも連携したプログラムを提供して、人事パーソンの育成に投資をしている	人事領域以外（例：財務データなど）とのデータの掛け合わせで、将来予測や人材マネジメントの高度化に資する活用が行われている
レベル3	人事に必要な機能は一定備えており、経営や事業から必要とされる組織となっている	人事パーソンとして必要な能力が定義されており、その能力獲得に向けて必要な経験や研修などが整備されている	人材マネジメント等で必要なデータのほとんどがシステムに蓄積されており、一部は分析等にも活用されている
レベル2	人事の戦略や企画の立案を含めて、人事に必要な機能は一定備えた組織となっているが十分に機能はしていない	人事内での勉強会や知識共有など、小規模・散発的な取り組みは行われている	一部領域の人事データはシステム等に蓄積されているが、有効に活用されていない。また人事業務も一部業務でしかシステム活用ができていない
レベル1	入社処理や給与計算など最低限のオペレーション対応を行っている	人事パーソンの育成に関する仕組みやプログラムは存在しない	人事データが蓄積されていない。システムがまったく活用されていない

答えを整理して「人事ビジョン」「人事戦略」をつくる

　ここまで［領域1〜7］において、人・組織のビジョンや、人事戦略のつくり方について考えてきました。それぞれの問いに対する皆さんとしての答えは見つかりましたか？

　すべての答えが見つからなくても、まずは16ページのリンク先からダウンロードできる「人事戦略フォーマット」に書き込んでみることをお勧めします。そうすると、より思考が整理されるとともに、空欄になっている問いの答えが見つかるかもしれません。なぜなら、人間は「空白」や「不完全」な部分があると、それを埋めたり修正したりしたくなる「閉合」と呼ばれる意識が働くからです。

　ここで整理した内容が、人・組織のビジョンとなり、人事戦略の核となります。また、この内容自体が、人的資本の開示に活用できるものにもなります。

　この章で描いたビジョン・戦略を継続的に改善・進化させるためにも、次の第3章で人的資本の可視化・開示の方法を考えていきましょう。

第 3 章

人的資本経営を進化させる
「人的資本の開示」をしよう

人的資本の可視化・開示の「なぜ？」と「なに？」

人的資本の可視化・開示は、上場会社以外でも必要

　まず、「人的資本の可視化・開示とは何か」を改めて振り返ると、次の2つを行うことでした（図3-1）。

・人と組織がありたい姿（ビジョン）に近づいているか、取り組み（人事戦略）がうまくいっているか確認する
・その結果を他者に説明・対話するとともに、フィードバックを受ける

　前者が人的資本の「可視化」、後者が「開示」です。
　そして、その目的は2つに整理できます。

①人・組織のビジョンや人事戦略の改善を行う（効果的な人への投資を行う）
②株主・投資家、社内外の人材といった関係者に説明責任を果たして、取り組みや投資の賛同を得る

　ここまでが振り返りです。人的資本の「開示」は上場会社のみ、2023年3月期決算以降に義務化されました。
　しかし、可視化・開示は上場企業以外にも深く関係があります。なぜなら**人事戦略の改善や取り組みの賛同を得る取り組みは、どんな企業にも必要**だからです。いや、むしろ周囲から信頼を得て今後大きな成長を遂げる未上場企業にこそ必要な取り組みといえます。

図 3-1　人的資本の可視化・開示とは何か

　例えば、経営者の方が「うちの会社は、働きやすく良い会社だ」と思っていて
も、その認識が正しいとは限りません。人間は、自分にとって都合の悪いことを
無視したり、「自分が正しい」と思ってしまったりする「自己正当化バイアス」と
いう心のフィルターを持っています。経営者自身が「組織や職場のことをよく分
かっている」と思っていても、実は断片的な情報や印象で偏った判断をしている
可能性もあるのです。

　そこで人から意見をもらい客観的な事実やデータを直視することで、裸の王様
になるのを避ける必要があります。実際、4割以上の未上場企業で、「人的資本の
可視化・開示」が取締役会や経営会議の議題として取り上げられています。[1]

　実はもうひとつ、「上場会社以外にも人的資本の可視化・開示を意識すべき」と
いえる理由があります。それは、2016年に施行された「若者雇用促進法」です。
　若者雇用促進法とは、応募者や学校などから採用や育成、雇用管理に関する情
報の依頼があった際に、企業にその提供を義務づける法律です。具体的には図3-2
の（ア）〜（ウ）のカテゴリから、最低ひとつ以上の項目に関して、情報を提供
することが義務づけられています。

図 3-2　若者雇用促進法で企業に義務づけられている情報開示

カテゴリ	項目
(ア) 採用・募集に関する状況	●過去3年間の新卒採用者数　●離職者数 ●過去3年間の新卒採用者数の男女別人数 ●平均勤続年数
(イ) 職業能力の開発・向上に関する状況	●研修の有無・内容　●自己啓発支援の有無・内容 ●メンター制度の有無 ●キャリアコンサルティング制度の有無・内容 ●社内検定等の制度の有無・内容
(ウ) 雇用管理に関する状況	●前年度の月平均所定外労働時間の実績 ●前年度の有給休暇の平均取得日数 ●前年度の育児休業取得対象者数と取得者数 (男女別) ●役員に占める女性の割合と管理的地位にある女性の割合

若者雇用促進法では、(ア)～(ウ)のカテゴリから
最低1つ以上の項目に関して、企業が情報を提供することを義務づけられている

　これは、上場しているか否かにかかわらず、すべての企業が対象となります。ただし、罰則がないため、ほとんど知られていないのも実情です。

　「罰則がないなら、気にしなくて良いのでは？」と思われるかもしれません。しかし、応募者から情報提供の依頼があった際に、企業として「どこまで教えてくれたか」「どのような対応だったか」は見られています。こうした内容はネット上などに晒されてしまうリスクもあります。

　実際、渡邉正裕氏の著書『「いい会社」はどこにある？』（ダイヤモンド社）では、実企業名が挙げられ、各企業の対応などに関する生々しい解説が行われています。

　上場企業でもそうでなくとも、こうした人的資本に関する情報の提供依頼があった際には、堂々と開示できるように準備しておくことが求められるでしょう。

人的資本の可視化・開示の５つのレベル

　では、皆さんの会社では、人的資本の可視化・開示をどの程度できているでしょうか？　可視化、開示それぞれで、どの程度のレベルまで到達しているか自己診断してみましょう。

図 3-3　人的資本の可視化・開示の５つのレベル

レベル		概要	詳細
可視化レベル	1	未整備	特に人・組織に関するデータは可視化されていない
	2	最低限	退職率・人件費など最低限のデータは可視化されている
	3	一定程度	人事戦略と紐づいた重要な項目はある程度可視化されている
	4	網羅的	人事戦略のPDCAのための網羅的な項目が可視化されている
	5	発展的	上記に加えて業績へのつながり・貢献も可視化されている
開示レベル	1	非開示	社内も含めてほとんど情報開示がされていない
	2	義務化項目限定	義務化された項目は開示している
	3	比較項目開示	他社が示している項目や比較可能な項目を開示している
	4	独自項目開示	自社独自の項目や工夫をもって開示をしている
	5	積極的	多くの情報を開示し対話・ブラッシュアップに活用している

　まず、図3-3の〈可視化レベル〉について見ていきましょう。

　最初に、レベル4や5の状態について説明します。まず、レベル４（網羅的）について。これは、第２章で描いた「人・組織のビジョン」が実現されているか、「人事戦略」がうまくいっているかを把握できている状態です。つまり、第２章の［領域❶〜❼］に対して、次の７つの問いに答えられる状態です。

1 ありたい人と組織の姿が実現されているか？

2 適切に人を調達できているか？

3 適切に人を育成できているか？

4 適切に人の活躍を促進できているか？

5 適切に人の維持ができているか？

6 適切に人が抱えるリスクを低減できているか？

7 適切に人事体制を整備できているか？

　第2章でまいた種をきちんと育てて刈り取れているか、出来具合を確認している状態です。ここまで実現できていれば可視化レベル4（網羅的）といえます。

　こうした情報に加えて、投資家や株主、経営者が最も知りたいことが何かというと、結局は「**人に対する投資の中長期的なリターン**」でしょう。つまり、次の問いに答えられる状態をつくる必要があるのです。

0 **人的資本は、何に、どう貢献しているか？**

　以上の8つの大きな問いを整理したのが図3-4です。これらに答えられる状態をつくることができれば、可視化レベル5（発展的）といえるでしょう。しかし、現状で可視化レベルが1や2の企業がすぐにレベル5を目指すのは、現実的ではない場合もあるでしょう。

　そうした場合は、「**自社のビジネス戦略で肝（キモ）・首（ボトルネック）となる問い**」を中心に可視化を進めることが有効です。

　例えば、ビジネス戦略上、[**2** 人の調達]が肝だとします。その場合は、採用ブランディングの構築状況や人材の獲得状況、採用コストなどを確認して可視化することを最優先に行います。

　また、非上場企業においては、自社の魅力づけにつながる領域や問いの可視化

図 3-4　7＋1の問いに答えられる状態をつくる

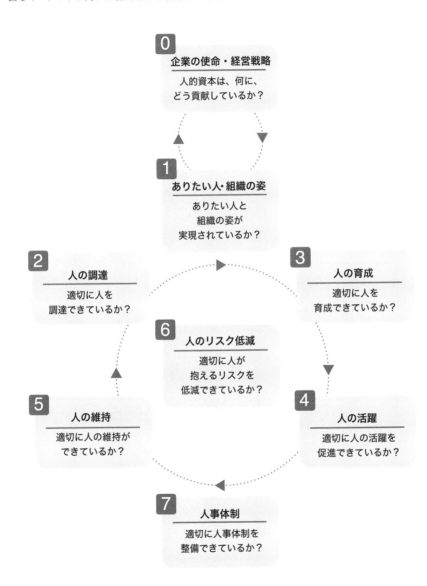

0 企業の使命・経営戦略
人的資本は、何に、
どう貢献しているか？

1 ありたい人・組織の姿
ありたい人と
組織の姿が
実現されているか？

2 人の調達
適切に人を
調達できているか？

3 人の育成
適切に人を
育成できているか？

6 人のリスク低減
適切に人が
抱えるリスクを
低減できているか？

5 人の維持
適切に人の維持が
できているか？

4 人の活躍
適切に人の活躍を
促進できているか？

7 人事体制
適切に人事体制を
整備できているか？

を行うことも良いでしょう。

　北海道で歯科医院を運営する医療法人miraiさいわいデンタルクリニックでは、上場企業顔負けの22ページに及ぶ人的資本の開示レポートを公表しています。『People Fact Book』では、自己実現を実感できるような組織体制や組織風土のあり方、キャリアプランなどを分かりやすく示しています（資料3-1）。

　こうした開示によって、採用候補者へアピールするとともに、内部の人材に対してもここで働くことの安心感を与えることができているのです。

資料 3-1

1. 自己成長を実感できる組織体制の実現

仕事の報酬の一つに自己成長があります。自己成長において最も有効なのは組織から与えられる教育訓練ではなく、顧客や組織にとって有益性が高く、難易度の高い仕事を任されることです。

● 分院展開による院長ポジションの増設 → 一つの医院の長を経験することは大きな成長になります。
● 店舗運営責任者の輩出 → ホワイトエッセンスの店舗運営責任者を担うことで、歯科医院経営に参画することができます。
● 目標売上の2%、人件費の7-8%を教育訓練費として社員に投資（実態調査は企業平均で0.7%）

2. 共同体感覚を強く感じることができる組織風土の実現

共同体感覚とは、組織のメンバーに対して信頼できる仲間として認識し、それによって自分の居場所が確保でき、仲間のために貢献しようと思える感覚です。共同体感覚があるからこそ、勇気をもって新しい仕事や難易度の高い仕事に挑戦する意欲が湧きます。その実現に必要なプロジェクト、イベント活動支援、各種人事制度などをバックアップしていきます。

3.「幸福度」が高い組織風土の実現

現在の日本の社会では20歳以下の実に3割が「親世代より不幸」と感じています。また世界中からみても日本の幸福度は低いのが現状です。生産性が高いと幸福度は高くなる傾向にあります。組織の生産性を高めて成長力と幸福度が高い職場の実現を目指しています。

4. 生産性とワークライフバランスを高める労働時間／休暇制度

● スタッフの平均残業時間は月10時間以内を目指します（2021年は18時間）
● 幹部職は年に1回1週間の休暇を取得し、部下の幹部依存をなくします（2022年～2024年）。
● 2025年には幹部職も年に1回2週間の休暇取得を行う等、業務に支障のない組織づくりを行います。
● 定時に終礼を行える組織分化を構築していきます。

5. キャリアプラン

エキスパート職の新設
S3以上で部下のマネジメントをせずに自分の仕事に集中したい職人タイプの人のためのポジションです。
本人の意向を踏まえ、理事長、上司の承認の上決定します。

スタッフにとっての経営計画の意義

組織が成果を上げるためには、分業の仕組みを機能させる必要があります。分業の仕組みを機能させるには本人の役割の範囲を明確にする必要があるからです。また、スタッフが成長するためには自身の不足点を正しく認識する必要があるからです。経営計画で目標、方針、職務、役割等級、規律などが明確になっていなければ、本人に発意義図が生じやすくなります。すると発意分上司や他のスタッフが巻き取ることになり、組織としての成果も出せません。また本人は周りがやってくれるという意識になり、成長につながりません。更に他のスタッフも賃朗、等級、規律に沿った行動をしなくなります。

つまり、経営計画があることで、全スタッフがそれぞれの役割を正しく認識することが出来ます。

医療法人miraiさいわいデンタルクリニックは毎年全スタッフに対して経営計画発表会を行い、組織のビジョン、目的、目指すべき成果を明らかにしています。

　こうした攻めを意識した可視化ができれば、次は「守りの可視化」に移っていきましょう。人と組織に課題があれば、将来的な開示に向けて今から準備しておくということです。

　ボトルネック（課題）となっている項目は、義務化されていなければ今すぐ開

示する必要はありません。しかし、諸外国の状況に鑑みると、開示項目や対象となる企業は拡大していくことが予想されます。

　例えばイギリスでは、人的資本の情報開示に非常に積極的で、従業員250人以上の企業すべてに「男女間賃金格差」を開示することを義務づけています。[2]

　今は「男女間賃金格差」を開示する義務は一部の企業にしかありません。しかし今後、他社のほとんどが賃金格差を公表する中で、皆さんの会社では格差が大きかったとします。そうした状況において、皆さんの会社として「男女間賃金格差」を開示してもしなくても、外の人材や投資家にとってマイナスの印象を与えてしまうでしょう。ゆえに、今のうちから課題となる指標を改善して開示に備えておくことが望ましいのです。

　こうした攻めと守りで重要となる指標が可視化できている「可視化レベル3（一定程度）」の状態から、答えられる指標の領域を増やしていき、徐々にレベルを上げていくことが望ましいでしょう。

人的資本の開示が義務化された5項目

　次に〈開示レベル〉について見ていきましょう。
　まず、開示レベル2は「義務化された項目は開示している」状態です。上場会社においては、以下の5項目を有価証券報告書で示す必要があります。

①人材育成の方針と指標（目標・実績）
②社内環境整備の方針と指標（目標・実績）
③女性管理職比率
④男性の育児休業取得率
⑤男女間賃金格差

①は、リーダーの育成や人材の育成（OJTやOff-JTなど）について、どのような時間軸・方針で、何に取り組んでいるかということです。②は、働き方や安全衛生、従業員エンゲージメントの向上などについて、どのような方針で、何に取り組んでいるかということです。どちらも、多様性確保の方針や取り組みと併せて示すことが求められています。

この①と②は、「この指標を示すべき」という具体的な指定はありません。企業が人材育成や社内環境整備などで重要と考える指標を示せば良いとされています。

③〜⑤は、企業の規模や、女性活躍推進法等に基づいてどのような情報を公開しているかで、何をどこまで開示すべきかが異なります。かなり複雑なため、興味がない方や既に理解されている方は読み飛ばしていただいても構いません。まず、義務化の内容を理解いただくためには公認会計士の清水恭子氏が作成した表が分かりやすいのでご紹介します[3]（資料3-2、3-3）。

まず、資料3-2をご覧いただくと、横に「どの規模の企業で」、縦に「どの指標を

資料 3-2

法①：女性の職業生活における活躍の推進に関する法律（女性活躍推進法）
法②：育児休業、介護休業等育児又は家族介護を行う労働者の福祉に関する法律（育児・介護休業法）
　*1：100人以下は女性活躍推進法に基づく公表は努力義務
　*2：2023年4月1日施行
　*3：2022年7月8日施行
（出所：「企業内容等の開示に関する内閣府令等の一部を改正する内閣府令」、各法規制等を基に筆者作成（『企業会計2023年4月号』中央経済社「開示府令改正で有報はこう変わる」（人的資本・多様性）の筆者作成【図表3】））

（テクニカルセンター「会計情報」Vol.560/2023.4 より）

資料 3-3

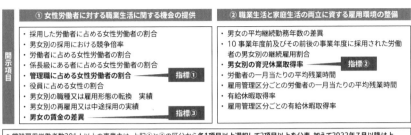

① 女性労働者に対する職業生活に関する機会の提供	② 職業生活と家庭生活の両立に資する雇用環境の整備
・採用した労働者に占める女性労働者の割合 ・男女別の採用における競争倍率 ・労働者に占める女性労働者の割合 ・係長級にある者に占める女性労働者の割合 ・**管理職に占める女性労働者の割合** 指標① ・役員に占める女性の割合 ・男女別の職種又は雇用形態の転換　実績 ・男女別の再雇用又は中途採用の実績 ・**男女の賃金の差異** 指標③	・男女の平均継続勤務年数の差異 ・10事業年度前及びその前後の事業年度に採用された労働者の男女別の継続雇用割合 ・**男女別の育児休業取得率** 指標② ・労働者の一月当たりの平均残業時間 ・雇用管理区分ごとの労働者の一月当たりの平均残業時間 ・有給休暇取得率 ・雇用管理区分ごとの有給休暇取得率

● 常時雇用労働者数301人以上の事業主は、上記①と②の区分から**各1項目以上選択して2項目以上を公表**、加えて2022年7月以降は上記①の男女の賃金の差異の公表義務が追加されるため**合計3項目以上の公表**を義務付け
● 常時雇用労働者数101人以上300人以下の事業主は、上記①もしくは②のいずれかの区分から**1項目以上選択して公表**を義務付け
● 常時雇用労働者数100人以下の事業主は、上記①もしくは②のいずれかの区分から**1項目以上選択して公表**（努力義務）

(出所：女性活躍推進法及び同法に基づく一般事業主行動計画等に関する省令を基に筆者作成（『企業会計2023年4月号』中央経済社「開示府令改正で有報はこう変わる」（人的資本・多様性）の筆者作成【図表2】）

（テクニカルセンター「会計情報」Vol.560/2023.4 より）

開示すべきか」が分かります。ここで重要になるのが、関連する法律に関して、各社でどのような対応をしているかです。

　関係する法律のひとつめは女性活躍推進法です。この法律に基づくと、例えば常時雇用労働者数301人以上の企業では、資料3-3の①と②の区分から、各1項目以上選択して、2項目以上をインターネットなどで公表する必要があります。

　また、2022年7月以降は「男女の賃金の差異」の公表義務が追加されたため、合計3項目以上のインターネットなどでの公表が義務づけられました。つまり、「男女の賃金の差異」は301人以上の企業において有価証券報告書での開示は必須となります。しかし、「女性管理職割合」や「男性の育休取得率」については301人以上の企業でも、公表していなければ、有価証券報告書における開示は必須ではないということです。

　ただし、育児・介護休業法（関連するもうひとつの法律）に基づくと、常時雇用労働者数1,000人超の企業では、「男性の育児休暇取得率」をインターネットなどで公表することが義務づけられています。ゆえに、1,000人超企業において「男

性の育休取得率」は、有価証券報告書においても開示が必要ということです。とてもややこしい内容ですね。自身の会社の規模や、女性活躍推進法等でどこまで公表しているかによって、有価証券報告書における開示義務を判断しましょう。

　また、単に数値のみを示すのではなく、男女の差がある場合の理由や改善策などを併記することも有効です。[4]例えば、メルカリ社が2023年に発表したデータでは、男女の平均賃金に37.5%の差がありました。「メルカリのような先進的な企業でも男女差別があるのか」と思われるかもしれません。しかしその大きな要因は、給与水準が高いエンジニア職に男性が多いこと、カスタマーサービス職は女性が多く、地方に拠点があることなどでした。

　しかし、さらに分析を進めたところ、同じ職種・等級でも7%の報酬格差が生じていることも分かりました。その原因を統計的に分析したところ、決して男性のほうが評価や昇給率として高いわけではありませんでした。中途採用時に、前職の給与を考慮して報酬決定をしており、その結果として「女性のほうが低賃金」という社会的な構造を引きずってしまっていたことが原因だったのです。

　こうした状況を踏まえて同社では、採用時の報酬決定プロセスを改善するなどの活動を行いました。ここまでの対応内容を併記して示すことで、数値の背景や企業としての姿勢が関係者に正しく理解されるのです。

人的資本開示における本来の姿とは

　では、義務化された5項目の人的資本が開示できていれば十分なのでしょうか？もちろん違います。

　冒頭に述べたように、人的資本の可視化や開示には、「人事戦略の改善」「投資家等への説明責任を果たし、賛同を得る」という目的があります。この目的の達成に向けて、**第2章と第3章の問いにすべて答えて、開示していくこと**が、開示レベル5であり、最終ゴールです。順を追って説明します。

2022年8月に政府から発表された「人的資本可視化指針」では、人的資本可視化・開示の方法についての考え方が提示されています。名称は「可視化」指針ですが、実質的にはほとんどが「開示」について書かれた内容です。ただ、その中身は非上場企業にも参考になるものとなっています。46ページ以上にのぼる難解な資料ですが、ポイントをぎゅっと凝縮すると、以下の5つに整理できます。

人的資本可視化指針のポイント
①「経営戦略・ビジネスモデル」「実現に必要な人材像」「人事戦略や取り組み」「指標」をストーリーとしてつなげる
②「企業価値向上」と「リスク」の観点を両方押さえる
③「ガバナンス」「戦略」「リスク管理」「指標と目標」の4カテゴリーを活用する
④自社としての「独自性」と、他社との「比較可能性」のバランスを考慮する
⑤理論的に分かりやすく開示して、対話やブラッシュアップに活用する

図 3-5　人的資本可視化指針5つのポイント

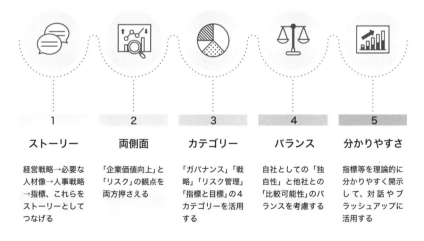

「人的資本可視化指針」で求められていること

1	2	3	4	5
ストーリー	両側面	カテゴリー	バランス	分かりやすさ
経営戦略→必要な人材像→人事戦略→指標、これらをストーリーとしてつなげる	「企業価値向上」と「リスク」の観点を両方押さえる	「ガバナンス」「戦略」「リスク管理」「指標と目標」の4カテゴリーを活用する	自社としての「独自性」と他社との「比較可能性」のバランスを考慮する	指標等を理論的に分かりやすく開示して、対話やブラッシュアップに活用する

①の戦略ストーリーをつくり上げるには、第2章の問いに答えて、「人・組織のビジョン」と「人事戦略」をつくっていくことです。逆に、これらがない中で可視化や開示を考えるのは、家の柱が立っていないのに壁を作ろうとするのと同じようなものです。

　「指針」の中でも「まず人事戦略等を明確化すること」の重要性が何度もうたわれています。そして、これから説明する第3章で人事戦略等の「実現度」を確認するための問いと指標を定めます。これらの作業を順序立てて行うことによって、はじめて人的資本の開示に向けた統合的なストーリーが完成するのです。

　②は、言いかえれば、「攻めと守り、どちらの指標も確認しましょう」ということです。まず守りは、［領域6（適切に人が抱えるリスクを低減できているか？）］であり、それ以外の領域が、攻めとしての「企業価値向上」にかかわります。ここも第3章の問いに答えていけば、おのずと押さえることができます。

　③は少し解説が必要かと思います。「ガバナンス」「戦略」「リスク管理」「指標と目標」というカテゴリーは、もともと「気候変動リスク」に関する情報開示で国際的に使われているものです。例えば、温暖化が進むと企業活動にどのような影響を与えるかを示す際に使われています。この4カテゴリーは投資家にとってなじみがあるため、人的資本の領域でも活用が推奨されています。「指針」で解説されている内容を要約すると、図3-6の問いに答えることが求められています。

　「ガバナンス」に関する問いは、第3章の［領域0］の［問い30］に答えていけば対応できるようになっています。その他も第2章や第3章の問いに答えていけば押さえることができるようになっています。

　④は、自社としての「独自性」と、他社との「比較可能性」のバランスを考慮することです。まず「比較可能性」の代表としては、開示が義務化された「男女間賃金格差」です。こうした項目は「他社と比べて劣っていないこと」が見られ

図 3-6　人的資本開示における 4 カテゴリーの活用

要素	説明が推奨される事項（答える必要がある問い）
ガバナンス	取締役会が人的資本について、何をどのように検討・確認しているか
戦略	ビジネス成功に必要な人的資本とは何で、どのような投資を行っているか
リスク管理	人に関するリスク・機会は何でどのように向き合うか
指標と目標	人に関してどのような情報が計測され、モニターされ、管理されているか

ています。そのため、項目や定義を他社と揃える必要があります。

　ただし、こうした比較可能性ばかり重視していると各企業の個性やストーリーが見えなくなってしまいますから、「独自性」を示すことも必要です。

　丸井グループでは、「打席数」という独自指標を公表しています。これは、新規事業の立ち上げ数のことで、将来的にこの数を5,000回にする目標を掲げています。これは、挑戦を推奨する文化を醸成することを狙っているのです。

　他にも、ベネッセグループで介護事業を営むベネッセスタイルケアでは、腕利きの介護士に対して「マジ神」という専門資格を付与しており、その取得率を開示しています（資料3-4）。介護施設の入居者のQOL（Quality of Life）を高めることができる人材を増やすことが、企業としての価値向上につながるからです。

　このように、実現したい人・組織の姿や人事戦略は企業それぞれで異なるため、その実現度を測る「独自指標」はそれぞれの企業で生み出されうるのです。

　これは、フィギュアスケートの「ショートプログラム」と「フリースケーティング」の評価に似ています。前者では全員が同じ要素を含むプログラムを演技することで「比較可能性」を担保し、総合点で評価される一方、後者では各選手の個性や特色が出せる場として「独自性」が求められます。

　人的資本の開示においても、「独自性」と他社との「比較可能性」が両立してい

開示 重要テーマであるDX人材育成やエンゲージメント向上の取組を開示

3つの視点 ❶ ❸ **5つの要素** ❸ ❹

有価証券報告書では、DX人材育成に向けた社員のリスキリング状況と、エンゲージメントを開示。DX人材育成については、DX人材研修プログラムをその参加者数とともに開示。エンゲージメントに関しては、現場の声をもとに会社の変革を提案する社内提案制度「B-STAGE」の紹介をエンゲージメントスコアの状況とともに開示。

図57 有価証券報告書における開示内容（抜粋）

DX人材研修プログラム参加者数（2023年）	6,504人
エンゲージメントレーティング*	BBB（目標はA）
マジ神認定者数**	延べ600人（FY25）

*対象は子会社を含めたグループ全体の従業員。全11段階に分かれており、現行の「BBB」は、「AAA」「AA」「A」に次ぐ上位から4段階目のレーティング。
**「マジ神」は介護の高い専門性と実践力を認定するベネッセスタイルケアの社内資格制度。

POINT

DX人材研修プログラム参加者数など、同社の取組に対応した指標を開示している。

（人的資本経営コンソーシアム　好事例集より）

ると、投資家や関係者から高い評価を得られるのです。

　最後の⑤は、第2章や第3章の内容を理論的に分かりやすく開示し、投資家などの関係者との対話を行いながら、人事戦略や開示内容自体のブラッシュアップにつなげていくことです。ここまでできれば開示レベル5、つまり開示の本来の目的である「人事戦略等の改善」と「投資家等への説明責任を果たし、賛同を得る」ことが実現されるのです。

　もちろん、〈可視化〉と同じく、急にレベルを上げることは難しいでしょう。ゆえに、〈可視化〉と同様の考え方で、まず**「自社のビジネス戦略で肝となる問い」**に関する開示に**トライ**してみるのも良いでしょう。

　まだまだ、開示においては横並びの状況の中で、開示レベル3や4に少し近づくだけでも、日本では開示の優良企業となれることでしょう。

可視化・開示の流れと
アウトプットイメージ

可視化・開示は2ステップで進める

　ここから、人的資本の可視化・開示の準備を進めていきます。どのような流れで進めるのか、どのようなアウトプットをつくっていくのか、ここで全体感をご説明します。

　この章で行う主な事項は、第2章で描いた「人・組織のビジョン」が実現されているか、「人事戦略」がどの程度実現されているかを確認することです。しかし、ビジョン・人事戦略は「経営戦略」やその先にある「企業の使命（パーパス）」の実現につながっていなければ意味がありません。つまり、パーパス→経営戦略→人事戦略→指標をつなぎ込む必要があります。

　そこでステップ1として、［領域 **0**］で「企業の使命（パーパス）」や「経営戦略」を整理していきます。パーパスや経営戦略をきちんと解説しようとしたら、それだけで1冊の本が出来上がってしまいます。本書では「どのような観点でパーパスや経営戦略を整理すれば良いか」を独自のフレームワークで分かりやすく解説します。

　また、「経営戦略を人事戦略と紐づけましょう」などとさまざまな書籍で提言されていますが、その具体的な方法はほとんど目にしたことがありません。本書ではその手法も解説しています。なお、既にパーパスや経営戦略の整理、人事戦略の紐づけが行われている場合は読み飛ばしていただいて問題ありません。

このような企業の使命や経営戦略、人事戦略との紐づけを整理したうえで、ステップ2として［領域**1**〜**7**］で、人事戦略の「実現度」を確認していきます。つまり人事戦略→指標のつなぎ込みです（図3-7）。

どのような指標で実現度をモニタリングしていくべきか、結果をどのように取り扱うべきかだけでなく、どのような改善手法があるかも解説していきます。

図 3-7　可視化・開示は2ステップで進める

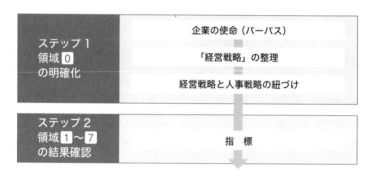

本章では問いに答えるための定量指標を一覧化して並べていますが、すべてを使用する必要はありません。先ほどご説明した「人的資本可視化指針のポイント」の①で触れたように、パーパス・経営戦略からつながるストーリーを語るうえで重要な指標を優先的に選び、可視化していただくと良いでしょう。

また、可視化した指標をすべて開示する必要もありません。ポイント④で触れたように、自社としてアピールしたい独自性の指標はどれか、他社との比較可能性から示すべき指標はどれかを絞り込んでいただくと良いでしょう。

なお、本章で提示している指標は、可視化の国際規格ISO30414や人的資本の

可視化指針で示されているものも網羅的に掲載しています。ゆえに、活動する国や地域にかかわらず、安心して活用いただける内容となっています。

［領域**0**～**7**］で整理した内容を、本書の特典としてご用意した「人的資本可視化・開示フォーマット」に落とし込むと、よりストーリーが見えてくるでしょう。16ページのリンク先からダウンロードできますので、ご活用ください。

なお、人的資本可視化・開示を進めていく前に、ひとつだけ注意していただきたい点があります。それは、**「測りすぎ（測定執着）」の罠に陥らない**ことです。

人的資本可視化・開示にひそむ罠

「どの大学に通えば良いだろう？」

この悩みに答えるシステムが、2015年にアメリカで導入されました。「大学スコア・カード」と呼ばれるもので、学費、就職率、卒業後の年収などのデータがウェブページ上で検索できます。このシステムの目的は、「どの大学に教育としての投資（入学）をすると、投資対効果が良いか」を学生やその親が判断しやすくすることにありました。[6]

学費（投資）に対して、得られる収入（リターン）が低い大学は、全体の4分の1に達すると推計されており、そうした大学は自然に淘汰されていくことが狙いのひとつです。こうした仕組みは、情報の透明性や、大学同士の競争原理を生み出す意味では良い仕組みに思えます。[7]

しかし、さまざまな問題点も指摘されています。例えば、次のようなものです。[8]

・**「卒業後の年収」というリターンにしか目を向けておらず、「芸術など、心や人**

生を豊かにするものを学べる」という側面が考慮されない（軽視される）
・「卒業後の収入」が高い投資銀行などばかりに大学として人を送り込む可能性が高まる（社会にとってそれが良いことだとは限らない）
・データ集計のために大学事務員が増加し、それが学費の上昇を招いている

　こうした現象は、「**測りすぎ（測定執着）**」問題と呼ばれます（図3-8）。
　「数値化」にこだわるあまり、視点が狭くなったり、誤った判断を導いたり、運用コストが上がりすぎたりする問題です。アメリカ・カトリック大学歴史学部のジェリー・Z・ミュラー教授らが著した『測りすぎ』（みすず書房）では、病院や警察などのさまざまな領域でこうした現象が生じていることを指摘しています。同様のことが人的資本の可視化・開示においても起こらないとは限りません。

図 3-8　測りすぎ（測定執着）問題に注意！

　人的資本の可視化・開示も、「どの会社に投資すべきだろう？」という、株主・投資家などの疑問を解決することが目的のひとつです。しかし、それによって次のようなことが起こり得るのです。

・「企業リターン」について、金銭価値にしか目を向けない場合、「人材や社会に対して与えている良い影響」などの側面が考慮されない（軽視される）

・可視化・開示する指標だけに着目し、かつその指標を無理に改善しようとする不当な圧力が高まる可能性が高まる

・可視化・開示項目が増えていくと、人件費やシステムコストが増加する

　こうした「測りすぎの罠」を避けるために、留意すべきポイントは4つです。

測りすぎの罠を避けるためのポイント

①測定する指標は、「本当に知りたいこと」を示すものを選ぶ
②数値そのものよりも、数値から得られる示唆を大切にする
③誤った行動を導く可能性がある場合、その対応方法まで考える
④測定する指標を増やすことのメリットとデメリット（コスト）を比べる

　特に①と②が重要なので詳しく解説します。

　まず、指標には3つの種類があります（図3-9）。

　この中のどの指標を使おうとしているかを意識することが大切です。

　アウトカム指標は株主・投資家や経営者の最大の関心事項であり、優先的に測定すべきものです。しかし、例えば「人材充足率」は、必要なポスト数の管理をしていない場合などは、その測定が難しいケースもあります。そうした場合は一歩手前のアウトプットである「採用人数」などを活用することも考えられます。

図3-9　可視化・開示の3つの指標

指標の種類	例
インプット （投じる労力・コスト）	採用投下時間や費用
アウトプット （活動による結果）	採用人数
アウトカム （受益者にもたらされる成果）	人材充足率

ただし、アウトカムやアウトプット自体は直接コントロールできません。企業として直接的にコントロールできるのは、「何に時間やお金を投じるか」です。こうした活動自体の改善に向けては、インプット指標の測定も必要となります。インプット指標と、アウトプット・アウトカム指標それぞれの適切な使いどころを認識することが重要です。

　そして、「本当に知りたいこと」が何なのかを意識することも大切です。例えば「企業としてイノベーションを生み出す環境が整っているか」ということが知りたいとします。この場合はどのような人的指標を測定するべきでしょうか。

　重要な要素のひとつは「人材の多様性」です。この多様性は［問い15］で解説したとおり、「深層面（意識やスキル）」を測定することが適切です。しかし、表層面の多様性である「外国人比率」などと紐づけてしまうと、「本当に知りたいこと」と「指標」にズレが生じます。こうなると、「イノベーション力を高めるために、外国人をもっと採用しよう」という誤った判断を導く可能性があります。

　ただし、数値や事実だけを並べても意味はありません。さまざまな指標や定性情報から、「当社としてはこの程度、イノベーション力がある」という総合的な判断や解釈が大切なのです。これが、ポイントの②です。先ほどのミュラー教授はこう言っています。

> **"測定"は"判断"の代わりにはならない。単なる判断のもとになる情報源である**

　指標化・数値化自体は、目指す状態や、その進捗、達成度を誰の目にも分かりやすくする効果があり、積極的に推進すべきです。しかし、その指標や数値を活用するためには、「本当に知りたいこと」を認識し、そこから読み取れる示唆を抽出するプロセスが大切なのです。

なお、定量的な指標を測定することは、どうしても労力やコストを伴い難しい場合もあるでしょう。

　そうしたときには、この章でも各領域の最後に掲載している「人的資本経営　実践度診断（実現度）」を活用してみましょう。定性的ではありますが、「どの程度ビジョン・人事戦略が実現できているか」のスコア化が可能です。まずはこうしたツールも活用しながら、現状や課題の把握をしてみることも良いでしょう。

　この後はまず［領域0（人的資本は、何に、どう貢献しているか？）］を考えていきます。

　ここで整理をしていく企業の使命（パーパス）や経営戦略は、「人・組織のビジョン」や「人事戦略」、つまり［領域1〜7］の起点にもなるものです。ゆえに、あえて項目番号を0（ゼロ）としています。既にパーパスや経営戦略が整理され、人事戦略との紐づけができている場合は、［問い27〜29］は読み流していただいて問題ありません。

　次の［問い30（人的資本は戦略実現にどう貢献したか？）］が人的資本開示の本丸といっても過言ではありません。先ほど解説した「測りすぎ問題」も意識しながら進めていきましょう。

領域 0

人的資本は、
何に、どう貢献しているか？

あなたの会社の存在意義は何か？

パーパスはなぜ重要で、どのようなものなのか？

「自分の価値観やミッションと一致する仕事をできるなら、職位や報酬の譲歩をしてもよい」

日本の若手従業員（18〜34歳）の86%[9]がこのように考えているようです。給料や出世よりも、仕事の意義や会社としての姿勢・理念を重視している人が多いのです。

会社としての姿勢・理念を重視しているのは、投資家・株主も同様です。

例えば、9.4兆ドル（日本円で1,362兆円[10]）にのぼる世界最大の資産を運用しているブラックロックという会社（本社：アメリカ）があります。毎年、同社のCEOが投資家宛に書簡を出しているのですが、2018年の書簡のタイトルは「A Sense of Purpose（目的意識）」。内容としては「上場企業でも非上場でも、目的意識がなければ企業は持てる力を十分発揮することができず、主要なステークホルダーからその存続自体を問われてしまう」というものでした。実はこの書簡がきっかけで「パーパス経営」という概念が広がったといわれています。

パーパスは日本語では「目的」「志」などと訳されます。近い言葉として、ミッション、ビジョン、経営理念などが挙げられるでしょう。これらは何がどう違うのでしょうか。パーパスや経営理念策定の第一人者である佐宗邦威氏の整理に基づくと、次のように定義ができます。

- ミッション／パーパス＝組織の存在意義「私たちは何のために存在しているのか？」
- ビジョン＝組織が目指す理想の状態「私たちは将来どんな景色をつくりたいか？」

　ミッションとパーパスにおける問いは、基本的に同じです。ただし、パーパスのほうがより長い時間軸（50年や100年）を見据えていることが多いようです。

　ミッションやパーパスが「Why」に答えるものだとすると、ビジョンは「What」に答えるものです。ミッションやパーパスを実現したときにどんな姿が待っているか、「絵」にして表現できるものがビジョンです。なお、「経営理念」の位置づけは会社によって異なり、ミッション、ビジョンどちらにもなり得ます。

　同じような概念が乱立しないように、「どの問いに答えるものなのか」を意識すると良いでしょう。

良いパーパスを定めるための４つの問い

　パーパスは「私たちは何のために存在しているのか？」という問いに答えるものです。しかし抽象度が高いため、その問いにいきなり答えることは難しいでしょう。そこで、**良いパーパスを具体的に考えるためのフレームワーク**[12]を紹介します。

良いパーパスを考えるための４つの問い
①世界にあるどんなニーズに応えるか？
②経済的な価値を創出できるか？
③なぜ我々の会社でなければダメなのか？
④我々として情熱を持てるか？

　まず、あなたの会社が存在することに、どのような社会的意義や価値があるかを整理することがすべての始まりです。ただし当然ですが、NPO（非営利組織）でない限り、利益を生み出す必要がありますから、ビジネスとして成立しうるパー

図 3-10 良いパーパスとは？

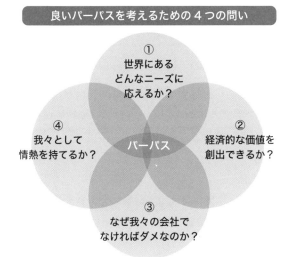

良いパーパスを考えるための 4 つの問い

①
世界にある
どんなニーズに
応えるか？

②
経済的な価値を
創出できるか？

パーパス

④
我々として
情熱を持てるか？

③
なぜ我々の会社で
なければダメなのか？

パスとなっているかも押さえる必要があります。

　また、会社の戦略や強みとまったくかけ離れた内容でも空想の物語で終わって
しまいます。戦略や独自の強み、またはあなたの会社の物語と連動していること
が理想です。

　最後に、経営陣や会社の一員として、そのパーパスにコミットできるか、顧客
や株主にとっても魅力的な内容であるかも大切です。

　このように 4 つの問いに答えながらパーパスを磨き上げていくのです。

パタゴニア社におけるミッション／パーパス策定の効果

　ミッション／パーパスの策定によって、企業を復活させた有名な例がアウトド
ア用品メーカーのパタゴニア社です。

ロッククライマーでありサーファーでもあったイヴォン・シュイナード氏が1973年に立ち上げた同社は、もとは岩壁に杭を打ち込むクライミング用品が主力製品でした。しかし、岩に修復不能な傷をつけてしまうことに気づき、事業の転換を行います。

その後、機能と品質へのこだわりによって売上を順調に伸ばすものの、経済環境の変化によって1991年に業績が悪化し、倒産の危機に陥ります。そのとき、イヴォンは幹部十数人をアルゼンチンのパタゴニア地域に連れて行きます。そこで、創業時の想いを伝え、「自分たちとして大切にすべきこと」を語らいながら、次のようなミッション・ステイトメントをつくり上げました。[13]

> 「最高の製品を作り、環境に与える不必要な悪影響を最小限に抑え、ビジネスを通じて環境危機に警鐘を鳴らし、解決に向けて実行する」

これを先ほどの４つの問いに当てはめてみると、すべての要素を含んでいることが分かります。

①世界にあるどんなニーズに応えるか？
⇒「環境危機の解決」という大きなニーズに応える
②経済的な価値を創出できるか？
⇒「最高の製品」をつくることでビジネスも成立させる
③なぜ我々の会社でなければダメなのか？
⇒「機能と品質の飽くなき探求」が強みであり、また「自然への敬愛」に関する物語を持っている
④我々として情熱を持てるか？
⇒創業者や幹部としての想いが込められている

パタゴニア社はこうしたミッション・ステイトメントを社内外に発表し、会社の軸に据えることで、社内の人材や環境を大切にする顧客、活動家などから高い

賛同を得ます。その後、同社は業績が回復し、今では多くの人から愛され、尊敬される企業になりました。

　2019年、同社のミッション・ステイトメントは、「私たちは、故郷である地球を救うためにビジネスを営む」と変更されましたが、当時の想いは脈々と受け継がれています。

　このように、4つの問いからミッション／パーパスを定義し、実行し続けることで、人材、投資家、顧客といったステークホルダーから信頼され、賞賛される企業になっていくのです。

　ミッション／パーパスは、人的資本の開示においてもその源流にあり、欠かせないものです。なぜなら、ミッション／パーパスを起点に経営戦略が策定されて、人事戦略、指標という流れで落とし込みを行うことが理想的な流れ（ストーリー）だからです。

　ミッション／パーパスが定義できたら、次に考えるべきは、経営戦略の整理です。経営戦略という漠然としたものをどのように分かりやすく示すか、次の［問い28］で解説します。

問い 28 価値を提供するための 戦略があるか？

会社の「経営戦略」を整理できますか？

「戦略的な昼寝」「戦略的なおやつ摂取」「戦略的な遅刻」……

　戦略という言葉は、さまざまな言葉と組み合わされ、奇妙な造語も生んできました。それほどまでに戦略という概念は広く、使いやすい言葉なのかもしれません。

　でも、「あなたの会社の経営戦略を整理して説明してほしい」と言われたら、どうでしょう？　少し難儀するのではないでしょうか。

　確かに、経営戦略を考えるためのフレームワークは世の中にたくさん存在します。3C、ファイブフォース、SWOT、VRIO、7S、STPなどなど、数え上げるとキリがないほどです。こうしたフレームを活用して、何とか経営戦略を整理し、それを人事戦略と紐づけようと努力されている会社も少なくないでしょう。

　しかし、「何だか無理につなげている気がする」「どうも網羅感が薄い」などと、不安を感じる内容に不時着するケースも多いように思います。このような状態に陥ることは、実は致し方ないことなのです。

　例えば、SWOT分析はとても一般的なフレームワークでしょう。自社の外部環境と内部環境をStrength（強み）、Weakness（弱み）、Opportunity（機会）、Threat（脅威）の４つの要素で要因分析したり、強みと機会のかけ合わせをしたりして、経営戦略を考えるためのものです。しかし、戦略の「生み出し方」は示

されていても、その生み出したものを「どのように整理すべきか」は示されていません。SWOT以外のフレームワークも同様です。

　では、「経営戦略と人事戦略の連動」が求められる中で、起点となる経営戦略はどう整理すれば良いでしょうか？

　当社で開発した「7×7 Factors」フレームワークを活用して整理してみましょう。

　このフレームワークは、企業価値向上や利益最大化に向けて、企業として備えておくべき「戦略要素」と、「戦略を実現するためのキーとなる要素（＝実現要素）」を体系化したものです。これまで支援させていただいたクライアントだけでなく、上場企業などが公開している膨大な戦略資料の分析から生み出されたフレームワークです。「戦略要素」と「実現要素」はそれぞれ7つ存在するため、「7×7 Factors」と名づけました。

　このフレームワークの特徴（メリット）は、次の3点です。

・どのような業種・業態の企業でも活用することができる
・難しい言葉や概念は使用しておらず、答えていくべき「問い」をベースとして
　経営戦略（思考）を整理していくことができる
・世の中にある「戦略」やそれに準じる概念を包含した形で、網羅的・体系的に
　経営戦略を整理することができる

　このフレームワークについて詳しく説明していきます。

経営戦略整理のための「7×7 Factors」フレームワーク

　図3-11をご覧ください。まずブルーの①～⑦は企業としての方向性を定める「戦略要素」で、そのうち①～③は「主要なステークホルダーとの関係性の結び方」を示すものです。①は顧客との関係性の結び方、②は株主・投資家との関係性の

結び方、③は社会や環境との関係性の結び方です。これら３者に対して「どのような価値をどのように提供するか」が、企業活動の起点といえるでしょう。

図 3-11　経営戦略整理のための「7 × 7 Factors」フレームワーク

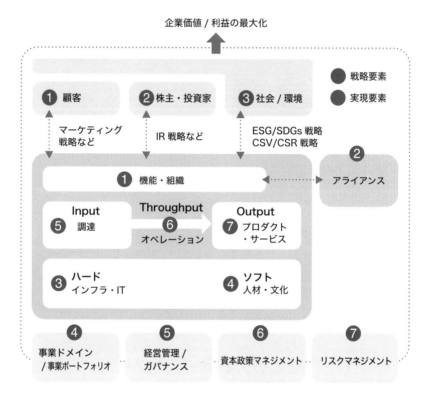

そして戦略要素の④〜⑦は、その提供価値実現に向けた、自社のあり方やマネジメントに関する要素です。④事業ドメイン／事業ポートフォリオは「どこでどう戦うか」の選択、⑤経営管理／ガバナンスは企業の統治・コントロール方法、

⑥資本政策マネジメントは、どこから資本を調達し、どのように配分・管理するか。最後の⑦リスクマネジメントは、企業としてどのようにリスクを低減するか、攻めのリスクをとるかということです。

　戦略要素に関して、答えるべき問いや世の中にあふれる「戦略」の中で関連するものを表に整理しています。各要素の「答えるべき問い」に回答しながら、自社の戦略を整理してみてください。整理の具体例は次の［問い29］で示していますので、参考にしていただければと思います。

　次にそれを実行していくための「実現要素」にも思考を巡らせます。先ほどの図でいうとグレーの①〜⑦が該当します。こちらも答えるべき問いを図3-13に整理しています。

図 3-12　7つの戦略要素

	要素	答えるべき問い	関連する「戦略」例
①	顧客	顧客にどのような価値をどう提供するか？	マーケティング戦略、ブランディング戦略など
②	株主・投資家	株主・投資家にどのような価値をどう提供するか？	IR戦略、TSR戦略など
③	社会／環境	社会／環境にどのような価値をどう提供するか？	ESG／SDGs戦略、CSV／CSR戦略など
④	事業ドメイン／ポートフォリオ	どこの領域（顧客／技術／機能）でどう事業を展開するか？	事業ポートフォリオ戦略、研究開発戦略など
⑤	経営管理／ガバナンス	どのように企業を統治・コントロールするか？	KPIマネジメント、ガバナンス戦略など
⑥	資本政策マネジメント	どこから資本を調達し、どのようにコントロールするか？	財務戦略、資本調達政策など
⑦	リスクマネジメント	リスクをどのようにコントロール・活用するか？	ERM（統合型リスク管理）など

図 3-13　7つの実現要素

	要素	答えるべき問い
①	機能・組織	自社内でどのような機能や組織を設置するか？
②	アライアンス	自社外のリソース(提携先・委託先等)をどのように活用するか？
③	インフラ・IT	どのようなシステムを構築するか？
④	人材・文化	どのような人材や組織文化をつくるか？
⑤	調達	どのように企業活動に必要なリソースを調達するか？
⑥	オペレーション	どのようにプロダクト・サービスに付加価値を乗せるか？
⑦	プロダクト・サービス	どのようなプロダクト・サービスを生み出すか？

　これらの問いに答えることで、先ほど整理した「戦略」を、具体的にどのようなプロセスや仕組み、仕掛けによって実現していくのか、カラクリを定義することができます。

　人的資本経営はある意味、「実現要素」の④人材・文化を取り扱っているといえます。だからといって、人的資本経営や開示でこの④だけを考えれば良いわけではありません。
　7つの「実現要素」は、基本的に「戦略要素」によってそのあり方が決まっていきます。例えば、徹底的な低価格をウリにする戦略だとすると、「⑤調達」では、仕入れ先やその方法の合理化を追求する必要があります。このように戦略→実現要素という関係性はもちろんあるのですが、「実現要素」同士も影響し合っています。

　例えば、実現要素の「①機能・組織」は、「④人材・文化」にどう影響しているでしょうか。
　防水素材のゴアテックスで有名なゴア社を用いて説明します。同社の従業員規

模は13,000名を超えるにもかかわらず、「マネージャー」が存在しない組織となっています。会社がマネージャーを指名するのではなく、チームから認められた人がリーダーとなり、各種の取り組みを牽引していくのです。

　また、組織階層も存在せず、個人間のコミュニケーションと協力によって仕事を進めています。個人同士が接点となってつながっていることから、こうした組織は「ラティス（格子）構造」と呼ばれています。このようなフラットな組織を指向する場合、④人材・文化においては、個人の主体性や自律性を促したり、行動指針の策定やその浸透を進めることが重要になってきます。

　ここまで説明してきた７つの戦略要素と７つの実現要素を整理しておくことで、経営戦略を起点とした人的資本の開示ストーリーがつくりやすくなります。整理した戦略要素・実現要素をどのように人事戦略とつなぎ込んでいくか、次の［問い29］で解説します。

経営戦略と人事戦略はどのように連動しているか(連動させるか)?

7×7の要素から人事戦略の要件定義を行う

「いろんなデータを管理して、いろいろ分析できる人事システムが欲しい」

　人事システムの導入を考えている会社にヒアリングを行うと、こうした話をよくいただきます。しかし、実現したいことや狙いが曖昧な状態ではシステム構築はできません。仮にできたとしても、思い描いたものが出来上がることはないでしょう。実際、システム導入プロジェクトの最大の失敗原因は「要件定義の不十分さ」[16]です。

　また、システム導入は通常、投資対効果を確認したうえで判断をします。
　例えば、業務の効率化が狙いなのであれば、どの程度業務時間が削減されるのかを金額換算し、導入・運用コストと見比べて判断します。しかし、システム導入で得たい効果(狙い)自体が曖昧だと、それも難しいでしょう。それは、「いろんなデータを管理」「いろいろ分析」といっても、何をどこまでできれば合格なのか、投資に見合うのかといった判定ができないからです。

　「要望」(実現したい状態や狙い)と、それを実現するための「要件」をきちんとかみ砕いていかなければ、良い仕組みができないばかりか、投資対効果も判断できません。これは、人事戦略でも同じです。

　「当社では、人材が経営戦略の実現の要です。ゆえに人の力が最大限発揮される

環境を整えます」

　このような曖昧な表現で「経営戦略と人事戦略の紐づけ」が済まされているケースを見かけます。こうした説明に留まっていては、人事戦略や取り組みに対して株主・投資家からの理解を得られないだけでなく、取り組みに関して事業や経営陣から賛同を得ることもできないでしょう。経営戦略に貢献する人事戦略をつくるとともに、その狙いや成果を説明可能な状態にしていきましょう。

　ここでまず行うべきは「経営戦略と人事戦略の紐づけ」です。先の［問い28］で紹介した7×7の要素それぞれに対して、人事戦略の要件定義を行っていきます。もちろん7×7ではなく自社のフレームワークがあればそれを活用いただいても問題ありません。

　7×7の例として、セブン-イレブン社の国内コンビニエンス事業における戦略要素を簡単に整理してみました[17]（図3-14）。こちらの内容に基づき、どのように人事戦略の要件定義をしていくかを説明します。

　戦略要素の整理を行ったうえで、要素ごとに、次の3つの観点から人事戦略の要件定義をしていきます。

人事戦略の要件定義を行う3つの観点

（ア）経営戦略を実現するためには、どのような意識や力を持つ人が必要か？

（イ）どのような行動が促進されると、実現されやすくなるか？

（ウ）人の調達・育成・活躍・維持（人材マネジメント）において押さえておくべき点があるか？

　（ア）が第2章の［問い01（戦略実現には、どのような人材が必要か？）］、（イ）が［問い02（どのような行動を体現してもらいたいか？）］、（ウ）が［問い03（ありたい人・組織（文化）を生み出すために何を重視するか？）］に、それぞれつながっていきます（図3-15）。

図 3-14　セブン - イレブン社の 7 つの戦略要素（イメージ）

	要素	「セブン - イレブン」社での簡易整理
①	顧客	COVID-19感染拡大に伴う小商圏化・消費行動変化を踏まえた商品構成・売り場レイアウトの見直しを進める等、外部環境変化を踏まえた顧客ニーズ捕捉に注力する。ネットコンビニでは、リアルタイム在庫連携で配送時間を短縮して利便性を向上させていく
②	株主・投資家	1株あたり配当金を安定的・継続的に向上させることを目標に据えたうえで、フリー CF・株価の状況を勘案した機動的な株主還元を目指す。KPIとして、EPS成長率15％以上が目標
③	社会／環境	事業と関連性の深い5つの重点課題を設定／具体的な施策・アクションに落し込んだうえで、中長期KPIを設定してモニタリングを行うとともに、対外的な公表を通じてコミットしていく。戦略投資を除く総投資額の5％以上を環境投資に回す
④	事業ドメイン／事業ポートフォリオ	成長性（成長余地）×効率性（資本効率）の2軸から各事業を位置づけ、各象限に該当する事業の目指す方向性・アクションや経営資源のメリハリについて明確なルールを設けて運用を行う
⑤	経営管理／ガバナンス	2025年度の財務目標として「EBITDA」「ROE」「EPS成長率」の3点を主軸に掲げる等、特にCF創出・株主目線に重点を置いた目標設定及び管理を行う。またコーポレートガバナンス・グループガバナンスのさらなる強化のため各施策を実行していく
⑥	資本政策マネジメント	2021～25年は、創出したフリーCFを主に戦略投資＋株主還元に充てていく。戦略投資では、日米CSV事業（主力事業）に積極投資を行うなど事業間のメリハリを十分につけたうえで、環境投資にも約1,250億円（全体の約5％）を回す
⑦	リスクマネジメント	「ガバナンスリスク」「業務リスク」「B/Sリスク」「事業リスク」の4分類に分けて管理。HDにリスクマネジメント委員会等の会議体（半期に1回開催）を設置。グループ各社に配置したリスク管理統括部署より定期的に報告を受け、各種リスクの管理・分析・対策協議を行うことでPDCAを回す

図 3-15　人と組織の要件定義に向けた 3 つの観点

人と組織の要件定義に向けた 3 つの観点

（ア）	経営戦略を実現するためには、どのような意識や力を持つ人が必要か →[問い 01（戦略実現にはどのような人材が必要か？）]
（イ）	どのような行動が促進されると、実現されやすくなるか →[問い 02（どのような行動を体現してもらいたいか？）]
（ウ）	人の調達・育成・活躍・維持（人材マネジメント）において押さえておくべき点があるか →[問い 03（ありたい人・組織（文化）を生み出すために何を重視するか？）]

例えば、セブン‐イレブン社の7つの戦略要素のうち、①顧客の要素で考えてみましょう。「小商圏化・消費行動変化」や「リアルタイム在庫連携」「利便性の向上」などがキーワードでした。こうしたことを実現していくためには、（ア）～（ウ）の観点では、図3-16のような要件が必要になるでしょう。

図 3-16　セブン‐イレブン社の「顧客の要素」で考える

戦略要素	人・組織の要件観点	具備すべき要件
①顧客	（ア）意識・能力	デジタルスキルや分析スキル、変革マネジメント力
	（イ）行動	データ・ドリブン／顧客中心の組織文化、アジャイルな組織文化
	（ウ）人材マネジメント	外部のアイデアや技術を取り込むオープンな人材調達、多様性の促進、デジタル技術習得のリスキリング実現

こうした洗い出し作業によって、より精緻にビジョン・人事戦略で具備しなければならない要件が具体化されていくのです。

また、可能であれば実現要素も整理したうえで同じ作業を進めると良いでしょう。このような落とし込みをする効果は、人事戦略の精度を高めていくだけではありません。人事戦略の各要素が、最終的にどう経営戦略に貢献しているかの説明がしやすくなるのです。この点は次の［問い30］で詳しく解説します。

人的資本を「経営の議題」とする仕組みをつくる

経営戦略と人事戦略の紐づけは、ともすれば開示に向けた作業にばかり目が向きがちです。IRや人事などの部門内で閉じた議論が行われ、「これとこれが紐づきそう」という連想ゲームのような作業に終始しているケースも見かけます。

「人的資本可視化指針」でも触れられていますが、「**人的資本が取締役会やCEO・CxOレベルで議論され、コミットされているか**」も、開示に向けた重要なポイントとなります。トップマネジメントで、経営戦略と人事制度がどう連動しているか認識をすり合わせておくことは、人事戦略への協力や賛同を得ていくうえでも重要です。

また、人的資本の開示には「ガバナンス」「戦略」「リスク管理」「指標と目標」というカテゴリーを活用することが推奨されており、この内容は「ガバナンス」に関する内容に該当します。「人的資本は取締役会や経営会議のアジェンダのひとつとされている」という開示に留まる会社もありますが、できればもう一歩踏み込みたいところです。

医薬品メーカーのツムラでは、2022年に「組織・人的資本政策委員会」を設立[18]しました。取締役会の諮問委員会として、全社グループにおける新たな施策や制度改革などの進捗管理や、適切な開示をミッションとする会議体です。

この委員会は四半期に一度開催され、CEOやCHROも含むCxOが人的資本を議論する場となっています。こうした常設の会議体を設けて、人的資本というテーマにきちんと時間を投じる姿勢を示すことも良いでしょう。

もちろん、ただ会議体を設ければ良いということではありません。建設的な議論がなされる仕組みが必要です。例えば医薬品メーカーのアステラスでは、人・組織に関する重要なデータを分かりやすく可視化した「HR Leadership Dashboard」というシステムを構築しています。

このシステムでは、組織階層や、スパン・オブ・コントロール（管理職1人が管掌している部下の数）、人員構成、採用・退職トレンドなどを確認することが可能です（資料3-5）。このように重要な指標をモニタリングしたり、分かりやすく視認できるシステムの導入も望ましいでしょう。

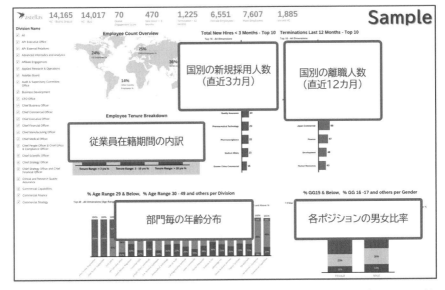

アステラス製薬社 「サステナビリティ　ミーティング」2023.2.17　より

　また、「トップマネジメントのコミットメント」を促すという意味では、役員報酬（賞与や株式報酬）に人的指標を反映する会社も存在し、TOPIX100の企業のうち、30.9％にのぼります。[19] 主な反映指標と企業例としては以下のようなものが[20]あります。

・従業員エンゲージメント：オムロン、富士通、味の素　など
・女性比率等：資生堂、積水ハウス、大和証券　など
・健康面・メンタルヘルス不調による休業者率：キリンHD、旭化成　など

　ここまで説明してきた「人的資本の議題は企業としてどのように取り扱われているか」は投資家・株主にとっての大きな関心事項となっています。また、人材

（採用候補）に対して「企業としての取り組みの本気度」を伝えるうえでも重要です。ゆえに、トップマネジメントで人的資本について議論される仕組みを整えるとともに、積極的にその姿勢を開示していくことが望ましいでしょう。

　ここまでの［問い27〜29］に答えることで、「会社のパーパス」「それを実現する戦略」「戦略を実現するための人事戦略の要素」までのストーリーが出来上がります。

　次の［問い30］以降で「取り組みの結果」、つまり「人的資本は戦略実現にどう貢献したか」や「その実現度を確認するための指標」へのつなぎ込み方について確認していきましょう。

人的資本は戦略実現に
どう貢献したか？

投資に対するリターンを３つのレベルで考える

「人への投資によってどんなリターンがあったのか」

　これは、株主・投資家だけでなく、経営者としても最も知りたい問いであり、人的資本の可視化・開示における本丸といえます。農家にとって最大の関心事が収穫量であるのと同じように、経営者や投資家も人への投資がどのような収穫につながったのかを知りたいのです。

　こうした経営者や投資家の関心事に対して納得感のある説明を行うためには、「良い収穫量でした」といった曖昧な表現に終始するのではなく、数値化や具体化が必要です。**人への投資に対するリターンを適切に示す方法には、３つのレベルがあります。**どのレベルを目指すのかをまず考えることが良いでしょう。順を追って説明します。

レベル１：「投じた人件費に対してどの程度の利益を生んだか」を測る

　まず、レベル１として人に対する投資対効果の基礎を押さえましょう。国際的な人的資本開示ガイドラインであるISO30414に基づくと、「人的資本ROI（投資対効果）」は以下の定義となっています。

$$人的資本ROI = \frac{収益-（経費-（給与＋福利厚生費））}{給与＋福利厚生費} -1$$

「収益」は売上、「経費」は売上原価、販管費です。また、給与は、基本給、変動給、インセンティブなどが含まれると定義されています。枝葉を無視すると、この式は「投じた人件費に対してどの程度の利益を生んだか」を示しています。

例えば、売上（収益）100億円、経費（売上原価・販管費）80億円、給与＋福利厚生費10億円の会社であれば、［100億円−（80億円−10億円）］÷10億円−1＝2となります。

ISO30414に明記はありませんが、分子で「経費から人件費を除いている」のは、「人件費を削れば ROI が高まる」という状態を避けることもひとつの狙いと想定されます。単に、ROI ＝営業利益÷人件費という計算式だと、分母の人件費を小さくすれば、数字上、ROI が高まってしまいます。

こうした人的資本 ROI は「利益」という視点における投資対効果です。まずは可視化・開示の入門として押さえつつ、できればさらに上のレベルも目指したいところです。

レベル２：リターン（分子）と投資（分母）を拡張して測る

上記計算式の「利益」は、経営者や株主にとってのリターンです。しかし、人への投資によるリターンは、それだけなのでしょうか？ そうではありません。

第１章を振り返ると、人への投資（人的資本経営）は、**人材・顧客・経営者・株主にとっての「４方良しサイクル」を回す**ものであり、社会に対するインパクトにもつながるものです。

つまり「人への投資による効果」を広く捉えると、人材や社会にとってのインパクトまでを測定していくことが考えられます。こうした広義のリターンまで捉えて、数値化しているのが医薬品メーカーのエーザイです。同社では、人への投資による「従業員へのインパクト」と「労働者のコミュニティへのインパクト」を数値で示しています（図3-17）。

図 3-17　エーザイが開示している「人への投資による効果」

区分	項目	定義
従業員への インパクト	賃金の質	年収に合わせた限界効用や男女の賃金格差
	従業員の機会	昇格昇給における男女差
労働者の コミュニティへの インパクト	ダイバーシティ	日本とエーザイの労働人口の男女比
	地域社会への貢献	地域失業率・生活保護水準などを加味

　同社の「Human Capital Report 2023」によると、2019年度には、269億円の価値を創出したと算出されています。このように、従業員・顧客・環境・社会などに対する企業活動のインパクトを貨幣価値に換算して、財務諸表などに算入することを「インパクト加重会計[21]」と呼びます。

　例えば、不当に低額で、公正ではない賃金によって従業員を酷使し、公害をまき散らして高い利益を上げているA社があったとします。一方、公正で高水準な賃金を支払い、利益につながらないような社会貢献活動を積極的に行っている低利益のB社があったとします。これまでの財務諸表では、数値上に現れる「利益」しか捉えられなかったため、A社は「優良企業」、B社は「劣等企業」と見なされてしまうでしょう。

　しかし、こうしたインパクト加重会計を用いることで、従業員や社会などにとって本当に良い影響を生み出す企業が明らかになるのです（図3-18）。

　なお、人への投資対効果の分母である「人への投資額」も、直接的な人件費だけでなく、採用費や研修費などまで含めて考えている企業もあります。このように、分子と分母の範囲を拡張して捉えていくのがレベル2です。

図 3-18　インパクト加重会計による効果

A社

B社

不当に低額で、公正ではない賃金によって従業員を酷使し、公害をまき散らして高い利益を上げている

公正で高水準な賃金を支払い、利益につながらないような社会貢献活動を積極的に行っている

これまでの財務諸表	数値上に現れる「利益」などしか見ないため、A社は「優良企業」、B社は「劣等企業」と見なされてしまう

インパクト加重会計	従業員や社会などにとって本当に良い影響を生み出す企業が明らかになる

レベル3：「経営戦略実現の確からしさがどの程度高まるか」を説明できる状態をつくる

　合理的な範囲で拡張していくことは問題ありませんが、数値で捉えられるものにはどうしても限界があります。また、「測りすぎ問題」で述べたように、数値化に固執しすぎるあまり、間違った目標設定や誤った行動を促してしまう可能性があります。

　ですから、レベル2である程度の数値化ができた先には、異なった切り口で考えていきましょう。実は、投資家が人的資本の開示で求めているのは、「人事戦略の実現によって、経営戦略実現の確からしさがどの程度高まるか[22]」です。つまり、人への投資がいかに戦略実現につながるのか、合理的で納得感のある説明が問われるのです。この「確からしさ」への問いに答えられる状態をつくることが

レベル3です。

　その実現に向けては、[問い29]で説明した「経営戦略と人事戦略の紐づけ（要件定義）」を丁寧に行っていくことです。

　日立製作所では、「経営目標・KPI」「経営戦略」「人材戦略」「KPI」が体系的に整理されています[23]（図3-6）。経営目標のひとつを取り上げると「（3）顧客・マーケット志向による売上げ拡大（グローバル拡大）」が設定されており、そこに紐づく人材戦略としては「インクルーシブな組織」「カルチャー醸成」などが挙げられています。それを測る指標としては「DEI推進状況」や「エンゲージメント・サーベイ」が設定されています。

資料 3-6

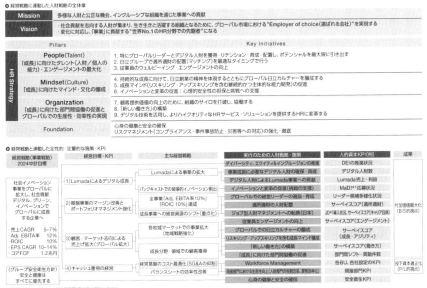

（日立製作所「サステナビリティレポート」（2023））

こうした定性情報も交えたストーリーをつくることで、ステークホルダーが本当に知りたい内容が開示できるのです。

ここまでの内容を整理しましょう。人への投資によるリターンには３つのレベルがありました。

人への投資によるリターンの捉え方

レベル１：「投じた人件費に対してどの程度の利益を生んだか」を測る
レベル２：リターン（分子）と投資（分母）を可能な範囲で拡張して測る
レベル３：「経営戦略実現の確からしさがどの程度高まるか」を説明できる状態をつくる

まずは、レベル１から段階的にレベルを高めていくと良いでしょう。ただし、人への投資対効果が可視化されただけで満足してはいけません。企業として人的資本のどこが強みとなっており、どこが課題になっているかを知る必要があります。

アウトカムの手前にあるアウトプット指標や、企業としてコントロール可能なインプット指標がどういう状態になっているかを確認していくことで、人事戦略のPDCAサイクルを回していくことができるのです。

ここからは、第２章で描いた人・組織のビジョンや人事戦略が「どの程度実現できているか」を確認していくための指標や、その改善方法などを解説していきます。まずは［領域❶］の問いに答えていきましょう。

	問い27 あなたの会社の 存在意義は 何か？	問い28 価値を 提供するための 戦略があるか？	問い29 経営戦略と人事戦略は どのように連動して いるか（連動させるか）？	問い30 人的資本は 戦略実現に どう貢献したか？
レベル5	魅力的なパーパスや経営理念が策定されているだけでなく、経営戦略ともつながっており、あらゆる判断の基軸としても活用されている	ビジネスモデル・経営戦略は包括的・体系的に策定されているだけでなく、外部環境と内部のケイパビリティの状況に応じて迅速に変化させている	経営戦略の要素が包括的に人事戦略に反映されており、そのつながりがストーリーとして理解できる	経営戦略の要素ごとへの貢献に加えて、業績やパーパス実現にどう貢献したかのストーリーが説明できる
レベル4	パーパスや経営理念には、公共性・独自性があり、社内外のさまざまなステークホルダーからも共感を得られるものとなっている	ビジネスモデル・経営戦略はあらゆるステークホルダーに対する価値提供・価値創造の方法と、その実現方法が描かれている	経営戦略実現に必要な人材像だけでなく、組織のあり方や、人材マネジメントで重視すべき方針まで明確化されている	経営戦略全体の実現にどう貢献したかのストーリーが説明できる
レベル3	パーパスや経営理念は明文化されており、ストーリーが明確となっている	ビジネスモデル・経営戦略はパーパス・経営理念と紐づいており、ステークホルダーから理解されるストーリーとなっている	経営戦略実現に必要な人材像の定義と、それに基づく人事戦略の策定が行われている	経営戦略の部分部分に関しては、人への投資がどう戦略に後継したか説明ができる
レベル2	パーパスや経営理念などは明文化されているが、内容は精査されておらず、形骸化している	経営戦略は策定されているが、短期的あるいは部分的なものとなっている	経営側・事業側の課題を人事施策に反映する形で連動を図っている	人への投資は、十分に経営戦略の実現に貢献していない（または貢献が明確ではない）
レベル1	パーパスや経営理念などが明文化されていない	ビジネスモデル・経営戦略が策定されていない	人事戦略というものが存在しない、またはまったく連動していない	測定・把握していない

領域 **1**

「ありたい人と組織の姿が実現されているか?」
指標一覧と分析・対策

> **問い 31** どのような人材が社内に揃っているか？

> **問い 32** 望ましい組織文化は定着しているか？

　第2章の［領域**1**］では、「ありたい人」「ありたい組織」といった人・組織のビジョンを策定しました。本章の［領域**1**］では、その実現度について確認していくことで、人的資本の可視化や開示の準備をします。

「どのような人材が社内に揃っているか？」を測定する指標

	指標	計算式・備考	掲載	開示等
①	フルタイム従業員数（または比率）	—	ISO	●
②	パートタイム従業員数（または比率）	—	ISO	●
③	平均年齢（または年齢別構成比）	—	ISO	●
④	役員の人数（または比率）	—	—	●
⑤	管理職の人数	—	—	—
⑥	スパン・オブ・コントロール (SoC)	管理職一人あたりの部下数	ISO	—
⑦	外部労働力の数（または比率）	派遣社員や外部委託などを行っている労働力の数	ISO	—
⑧	職種別構成比（または機能・組織別人員数）	—	—	—

これらの情報は、企業における人材の基本情報として可視化が望まれます。上場企業においては、①や②の従業員数や③平均年齢は、有価証券報告書の「従業員の状況」において開示が必要です。④役員の人数は、「役員の報酬等」に係る情報として開示が必要です。

　⑥スパン・オブ・コントロール（SoC）は、組織設計が適切かを確認するための重要な指標となります。例えば、アステラス製薬ではこのSoCを非常に重視しています。SoCが狭い（一人の管理職が見る人数が少ない）と、どうしても組織階層が増えてしまいます。そうなると、意思決定が遅くなったり、組織で挙がってくるアイデアの拾い上げが難しくなります。同社では、適切なSoCを6人、組織階層は6階層以下とすることを目指しており、その指標を開示しています（資料3-7）。

資料 3-7

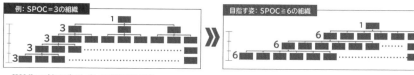

SPOC (Span of Control): マネージャー1人が管理する部下の人数

（アステラス製薬 コーポレートガバナンスレポート 2023 年 7 月 7 日版より）

　また、⑧職種別構成比については、「経営戦略上重要となる人材の数」を可視化・開示することも考えられます。
　精密機器メーカーのコニカミノルタでは、「画像IoT人財数」を現状の800人から1,000人増加させる計画やその手段を発表しています。[24]ただ単に総従業員数だけを示すよりも、より経営戦略と人事戦略が紐づいていることが感じ取れるのではないでしょうか。

分析と対策

　人数そのものは、何らかの判断に直接活用することはできません。そのため、**経年で並べたり、その比率を確認したり、また他の指標と一緒に分析する**ことで、示唆を得ることができます。例えば、数年間で管理職比率が増減しているとすれば、業界他社と比較してみると良いでしょう。

　なお、企業規模ごとの一般的な管理職比率[25]は図3-19をご覧ください。

　管理職比率が悪化（増大）している場合、分子である「管理職の数」が増えすぎているか、分母である「全従業員数」が減っている（管理職の増加に追いついていない）ことが考えられます。

　ゆえに、この分析の結果にもよりますが、対策法は分子（管理職の数）の問題であれば、**人事評価や昇格ルール**（問い17）、**新陳代謝の仕組み**（問い20）**などを改善する**ことが考えられます。一方、分母（全従業員数）の問題であれば、**採用の方法**（問い04〜06）**や人材維持の仕方**（問い16）**などの改善**が選択肢となるでしょう。

図 3-19　管理職比率

		部長比率	課長比率
全体		2.9%	7.2%
従業員規模	1,000人〜	2.6%	7.7%
	500〜999人	3.1%	7.2%
	100〜499人	3.2%	6.6%

「望ましい組織文化は定着しているか？」を測定する指標

	指標	計算式・備考	掲載	開示等
①	エンゲージメント・サーベイでの組織文化の浸透度スコア	組織文化や望ましい行動の体現度に関して測定しているスコア	ISO/指針	—
②	バリュー評価などのスコア	人事評価などで、バリュー（行動規範）について評価を行っている場合のスコア	—	—
③	リーダーシップスタイルの評価情報	経営陣やマネジメントがどのようなリーダーシップスタイルを採っているかのアセスメント結果	—	—
④	不正・コンプライアンス違反の件数	望ましくない組織文化が蔓延していないかの確認	ISO	—

　次に［問い32］に関する指標です。組織文化の定着は、①自己採点によるエンゲージメント・サーベイなどのスコア、②上司による従業員評価、③外部機関によるリーダー層の評価結果などによって測定することが考えられます。ポイントとしては、「組織文化」の浸透度のうち、特に**自社として重要と考えている部分に焦点を当てる**ことです。

　積水化学工業では、中期経営計画において「革新や創造」をキーワードに掲げています。ゆえにエンゲージメント・サーベイの中でも「具体的な挑戦行動を起こしている」という設問のスコアを重視しており、主要KPIとして掲げられています[26]（資料3-8）。

　このように、**自社の価値創造のストーリーや戦略を踏まえたとき**

資料 3-8

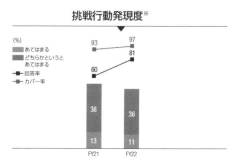

挑戦行動発現度※

長期ビジョン実現には、従業員一人ひとりが、従来のやり方にとらわれず、挑戦し続けることが重要です。2022年度の結果からは挑戦行動をとるために一体何をしたら良いのか戸惑っている従業員が多いことがわかりました。

※ 「私は「Vision2030」の実現に向けた具体的な挑戦行動を起こしている」という質問に、「あてはまる」と回答した割合。2023年度から「あてはまる」または「どちらかというとあてはまる」と答えた割合

（積水化学工業 統合報告書 2023 より）

に、重要となる組織文化や行動に焦点を当てて、その指標をモニタリングし、開示していくことが望ましいでしょう。こうした取り組みを継続することで投資家や入社希望者から「理念が浸透した会社」「新しい挑戦に社員一丸となって取り組んでいる会社」などの評価を受けることにつながります。

分析と対策

「エンゲージメント・サーベイのスコア（点数）はどのように解釈すれば良いか」というお悩み相談をよくいただきます。例えば、「熱量を持って仕事ができているか」という設問があったとします。そのスコアが仮に「10点満点中5.5点だった」場合、それが良いのか悪いのかの判断は難しい問題です。

他社のスコアと比較してくれるサービスも存在しますが、あくまで参考情報にしかなりません。なぜなら、こうしたスコアは「その企業に存在するハードルや期待値」に大きく左右されるからです。X社（旧Twitter社）[27]のように、イーロン・マスクから「週80時間働くべき」というような時間的ハードルを課されている企業と、生産性や効率性を重視するトヨタ自動車のような会社では「熱量を持っているか」の捉え方も異なるでしょう。

では、どうすれば良いでしょうか？
他社の情報を参考としながらも、最後は**会社としての意志を示すこと**だと考えています。つまり、**価値創造のストーリーや経営戦略を踏まえたときに「ありたい組織の姿」はどんなものか。これを目標として数値化し、目標とのギャップを埋められるようにしていくことです。**

先ほどの積水化学工業では、2025年度に「挑戦行動の体現度」を60%にすることを目標にしているといいます。これは大まかにいえば、「5人に3人が何らかの挑戦を実行している姿」です。この「ありたい姿」に絶対的な正解はありませ

ん。100%を目標にするのも良いでしょう。重要なのは、会社としての意志を固め、その実現に向けたPDCAサイクルを回していくことです。

　なお、組織文化のスコアが目標と大きく乖離していたり、改善が見られなかったりする場合はどうすれば良いでしょうか？
　まずは第2章の領域**1**の［問い02（どのような組織文化をつくるか？）］で解説したどの領域に課題があるかを特定しましょう。振り返りになりますが、組織文化をつくる要素は4つの領域に整理ができました。

　［個人・内面］個々人の価値観・性格・経験など
　［個人・外面］他者（特にリーダー）の言動・フィードバックなど
　［集団・内面］集団の価値観・空気感・暗黙のルールなど
　［集団・外面］経営理念・戦略・組織体制・制度・（明示された）ルールなど

　こうした俯瞰的視点から改善策を検討していくことが良策でしょう。エンゲージメント・サーベイの個別項目の分析から、どの領域から着手すべきかを判断するのも有効です。

　ここまで［領域**1**］では、「ありたい人」「ありたい組織」の実現度を確認してきました。次は［領域**2**］で「適切に人を調達できているか」の確認方法を考えていきましょう。

	問い31 どのような人材が 揃っているか？	問い32 望ましい組織文化は 定着しているか？
レベル 5	あるべき人材ポートフォリオに対して、現状の充足度やそのギャップが常に分かる状態にある	全社としてのあるべき組織文化が定着しているだけでなく、それぞれの組織・部門の特性に合った行動が促されている
レベル 4	階層や属性別などの人数だけでなく、経営者候補やDX人材などキーとなる人材の数も常に分かる状態にある	従業員の言動やエンゲージメント・サーベイの結果に鑑みると、全社としてあるべき組織文化が一定程度定着しているといえる
レベル 3	階層別や属性別といった基本的な観点やセグメントごとの人数は常に把握できる状態にある	あるべき組織文化を体現するような言動が従業員に散見されるが、浸透度や体現度にはばらつきが存在する
レベル 2	従業員の数や男女の属性など最低限の情報は把握できている	あるべき組織文化が十分に浸透していない（掲げられているものの、意識されていない）
レベル 1	測定・把握していない	測定・把握していない

領域2

「適切に人を調達できているか？」
指標一覧と分析・対策

> | 問い 33 | 自社の魅力づけができているか？ |

> | 問い 34 | 必要な人材（量・質）を迅速に確保できているか？ |

> | 問い 35 | 適切な人材獲得コストをかけているか？ |

　第2章の［領域2］では、自社の魅力の見つけ方・メッセージのつむぎ方、発信の仕方と人材調達の手段を考えてきました。本章の［領域2］では、その実現度について、上記3つの問いを通じて確認していきましょう。

「自社の魅力づけができているか？」を測定する指標

　まず、［問い33］に関する指標をご覧ください。魅力が伝わっているかどうかを測る指標の代表例が、①第三者機関による自社の魅力度評価です。その魅力が実際の効果を生んでいるかどうかを②〜④で測定していくことになります。また、［問い06］で解説したように、自社の魅力を高めることで、社員の友人紹介にもつながりやすくなります。ゆえにリファラル採用数や採用割合を測ることも有効な手段です。

指標	計算式・備考	掲載	開示等
① 第三者機関による自社の魅力度評価 （就職・転職ランキングなど）	—	—	—
② 採用ページへのアクセス数	—	—	—
③ 応募者数	—	ISO	—
④ 採用オファー受諾率（または内定辞退率）	受諾者÷採用オファー者	—	—
⑤ 従業員による紹介者数 （リファラル採用者数または率）	（紹介による入社者÷全入社者）	—	—
⑥ 採用者のオンボード時の評価 （やエンゲージメント・サーベイのスコア）	入社オリエンテーション時などに 評価を回収している場合	—	—

メルカリ社では、メンバーのうち何パーセントが社員の紹介で入社したかを開示しています。2023年度は、26.4%の人材が社員の紹介で入社したという結果となっており、同社が場所として魅力の高いことをうかがい知ることができます。

資料 3-9

（メルカリ社　Impact Report FY2023.6 より）

分析と対策

分析のひとつの手法としては、キャリア採用者における「内定辞退率」を、業界の平均値と比較することです。というのも、①就職・転職ランキングは外部環境に大きく影響を受ける部分が大きいこと、②採用ページのアクセス数や③応募者数は、プロモーションの打ち方で大きく変わるため、「自社の魅力づけができているか」そのものの判断がやや難しいからです。

こうした「自社の魅力」に関する指標が芳しくない場合は、**魅力の整理やメッセージ（問い04や05）を改善していく**こともそうですが、**魅力そのものを実現する仕組み**（［領域**3**～**5**]）**の改善も視野に入れるべきでしょう。**

　また⑥「採用者のオンボード時の評価」を確認することの目的は、魅力づけの実現度を検証することに留まりません。

　［問い04］で触れたように、入社前に抱いていた理想と現実のギャップによる「リアリティ・ショック」は、入社後のエンゲージメントを著しく低下させます。ゆえに、「何を魅力に感じてこの会社に入ったのか」「入ってみて実際どうだったか」を確認して、**リアリティ・ショックを取り除いていくことが大切**なのです。

「必要な人材（量・質）を迅速に確保できているか？」を測定する指標

	指標	計算式・備考	掲載	開示等
①	採用人数（全体または職種や新卒／中途のセグメント別）	例えば、高度専門職などの重要なセグメントにおける採用数を示すなども考えられる	指針	●
②	求人ポジションの充足に必要な期間	求人募集開始日から充足日までの所要日数の平均	ISO/指針	―
③	重要な求人ポジションの充足に必要な期間	重要ポジションの求人募集開始日から充足日までの所要日数の平均	ISO	―
④	重要ポストの空席率	―	ISO	―
⑤	入社後一定期間の離職率	例えば、入社1年後の離職率。採用する人材のフィット度（質的合致度）を測る	ISO/指針	―
⑥	入社後一定期間のパフォーマンス（評価）	配属先上司の評価や満足度の測定結果	―	―

　次に、［問い34］に関する指標をご覧ください。まず①採用人数について。あまり知られていませんが、「正社員の中途（キャリア）採用比率」については、常用雇用する労働者が301人以上の企業では公表義務があります。2021年4月から

開始となった制度で、公表方法は求職者が容易に閲覧できれば何でも良く、ホームページ上などでの公表で問題ありません。罰則はありませんが、直近３年分の比率を年度ごとに公表すること、少なくとも年１回は公表することが求められています。[29]

　なお、仮に十分な数が採用できていたとしても、空きポジションを埋めるまでに時間を要していると、業務運営に影響を及ぼします。つまり「適時性」も大切です。これを②〜④で測定していきます。さらに、適時、適量の人材が採用できていたとしても、人材の質が期待どおりでなければ意味がありません。それを測るものが⑤⑥です。この後に説明しますが、採用チャネルごとに離職率やパフォーマンスを分析することも有効でしょう。

分析と対策

　例えば「入社後一定期間の離職率」が高い状態にある場合はどうすれば良いでしょう。

　改善策のひとつとしては、先ほど触れたようなリアリティ・ショックの解消の他に、**採用時の見極め精度を高めること**も有効な手段です。というのも、自社の求める能力・特性と合致していない、または組織文化にフィットしていない人材を採用していることが早期離職の原因かもしれないからです。

　見極めの方法で最も精度が高いとされているのが、**「構造化面接」**です。これはGoogle社などでも採用されており、「同じ職務に応募している候補者に対して、同じ質問をして、同じ尺度で評価する」やり方です。[30][31]

　例えば、「最近直面した大きな課題に対してどのように対処しましたか？」という質問を設定したとします。その質問に対して「自律的に、周囲を巻き込んで動けていたら５点」「チームでの役割遂行に協力した場合は４点」といったように基

準を設定していくのです。もちろん、もう少し具体的な基準で、4点はどういう状態、3点はどういう状態と、あらかじめ定義をしておきます。

こうした構造化面接によるメリットは、次の4つが挙げられます。

①職務のパフォーマンス予見性が高い
②時間の短縮になる（1回平均40分の短縮）
③ダイバーシティの観点から公平な評価がされやすい
④応募者の満足度が高い

④は、特に不採用となった応募者で顕著に表れています。構造化面接を受けて不採用となった応募者は、そうでない不採用者より満足度が35％高かったことが分かっています。構造化面談は、候補者に質問が知れ渡るリスクがあるため、定期的に質問を変える労力がかかることも事実です。しかし、「不適切な人材の採用」によるネガティブな影響に鑑みると、費用対効果に見合う取り組みです。

「適切な人材コストをかけているか？」を測定する指標

	指標	計算式・備考	掲載	開示等
①	総採用コスト（または一人あたり）	ISO30414 および ISO TS 304 07 参照。なお階層や職種別などで算出することも考えられる	ISO/指針	―
②	採用活動に投じている時間	インターンシップや面接、各種活動に投じている時間数	―	―
③	採用チャネル別コスト（または一人あたり）	採用チャネルそれぞれにおいて、一人あたりの獲得に必要なコスト	―	―
④	採用広告単価	採用広告費÷採用人数（採用広告により流入した人数）	―	―

ここまで紹介した指標は、人の調達に関して、適切な量、適切なタイミング、適切な質が実現できているかを確認するものといえます。ともすれば、採用した

人材の量だけに焦点を当てがちですが、タイミングや質といった視点からも、人の調達がうまくいっているかを確認していきましょう。［問い35］に関する上記の指標をご覧ください。

　必要な人材（量・質）を迅速に確保できていたとしても、多大なコストや時間がかかっている場合には、是正を図る必要があります。①総採用コストは、採用担当者・面接者の人件費や、リファラル採用のインセンティブ、人材紹介会社への費用、求人広告費、イベント費など、あらゆる支出を含めることが一般的です。

　②の「どの程度の時間を採用活動に投じているか」も重要な指標となります。「採用コスト」はある程度低いに越したことはないでしょう。しかし、「採用に投じる時間」を極端に削ると、人材の見極めや入社者の企業理解が不十分となりやすいためそれぞれ把握すべきなのです。

分析と対策

　まず①「総採用コスト」の分析です。正社員のキャリア採用において、一人あたりの平均コストは図3-20のとおりです。[33]皆さんの会社の採用コストと見比べてみると良いでしょう。

図 3-20　総採用コストの分析

		有効ケース数	平均（円）	中央値（円）
	全体	323	450,817	200,000
従業員規模	～29人	56	417,874	150,000
	30～99人	85	348,083	214,286
	100～299人	84	714,369	250,000
	300～999人	53	351,053	166,667
	1,000人～	45	311,406	184,615

　③においては、まず採用チャネルについて解説します。一般的には以下の6種類があるため、それぞれにおいて、トータルコストや一人あたりの単価を算出していきましょう。

採用チャネル
・オウンドメディア（ブログや自社サイト）
・求人広告
・人材紹介（エージェント）
・ダイレクトリクルーティング（企業が直接人材にアプローチ）
・リファラル

・ソーシャル・リクルーティング（SNSの活用）

　それぞれのチャネルにおいて、入社後の離職率やパフォーマンスの分析を行うことでも有効な示唆が得られます。［問い04］で触れたように、一般的に、リファラル採用の採用単価や定着率などは他のチャネルより優れているといわれています。しかし、**入社後のパフォーマンスなどを踏まえ、どのチャネルに時間と資金を投資するかを定量的に判断することが望ましいでしょう。**

　ここまで［領域**2**］では、「自社の魅力づけ」と「適時・適切（量・質）な人材調達」の実現度と、「投じるコストの適切性」を確認してきました。次は［領域**3**］で「適切に人を育成できているか」の確認方法を考えていきましょう。

	問い33 自社の 魅力づけが できているか？	問い34 必要な人材（量・質）を 迅速に確保 できているか？	問い35 適切な 人材獲得コストを かけているか？
レベル5	他社との魅力の差別化や独自の雇用ブランドが構築されており、なおかつ多くの人材から認知され高い評価を受けている	人材ポートフォリオや要員計画で必要とされる人材の量・質ともに充足されており、今後も充足される見通しである	採用施策や採用チャネルごとの費用対効果の検証・コントロールが行われており、ドラスティックな改善を定期的に実施している
レベル4	ターゲット人材に対して魅力が伝わっており、欲しい人材の応募数や高いオファー応諾率につながっている	人材ポートフォリオや要員計画で必要とされる人材は量・質ともに充足されており、欠員時もすぐに充足されている	採用施策や採用チャネルごとの費用対効果の検証が行われており、人材獲得コストがコントロールされている
レベル3	理想とする、または理想に近い人材からの応募が一定程度ある	人材ポートフォリオや要員計画で必要とされる人材量はほぼ充足されているが、期待どおりの質（スキル・経験）は充足されていない	一人あたりの人材獲得コストは想定どおりまたは想定を下回る水準にコントロールされているが、採用施策や採用チャネルごとの費用対効果の検証等は実施されていない
レベル2	魅力づけの取り組みは行われているものの、効果が不明瞭・または実感できていない	人材ポートフォリオや要員計画で必要とされる人材の量は充足されていない	一人あたりの人材獲得コストを確認／管理をしているが、想定以上にコストがかかっている状態である
レベル1	測定・把握していない	測定・把握していない	測定・把握していない

領域 3

「適切に人を育成できているか?」
指標一覧と分析・対策

| 問い 36 | 戦略実現に必要な能力・特性を持つ人材が充足されているか？ |

| 問い 37 | 戦略上の重要ポストを担う人材を適切に育成しているか？ |

| 問い 38 | 適切な育成コスト・労力をかけているか？ |

　第2章の［領域3］では、人材スペックの定義、人の情報の可視化、学び方、学びほぐし方を考えてきました。本章の［領域3］ではその実現度について、上記3つの問いを通じて確認していきましょう。

　川から流れる水と、海の水が混じり合うポイントを汽水域（きすいいき）といいます。［問い36］はある意味、［領域2］と［領域3］が混じり合う汽水域です。必要な人材を準備する方法は、外から調達してくる方法と、内部から育成・準備していく方法がどちらもあるからです。ゆえに、［問い34］で紹介した指標も活用することが可能です。

「戦略実現に必要な能力・特性を持つ人材が充足されているか？」を測定する指標

	指標	計算式・備考	掲載	開示等
①	従業員の要員計画の充足率	要員計画をどの程度満たせているか	—	—
②	後継者候補準備率	重要ポジションにおいて、必要な後継者数が充足している割合	ISO/指針	—
③	取締役のスキルマトリクス	取締役会に必要なスキルを分野ごとにまとめ、どの取締役がどの分野について知見や専門性を備えているかを示した表	—	—
④	公募・FAなどの活用状況	応募数や適用数、社内異動の比率	ISO	—
⑤	社内人材で埋められるポジションの比率	空きポジションのうち、社内異動で充足された率（重要ポジションとの識別も考えられる）	ISO	—

　[問い36] に関する指標をご覧ください。人の育成や準備状況は、従業員レベルと、重要ポジションレベル（役員や幹部レベル）それぞれで確認すると良いでしょう。①従業員の要員計画の充足率を測定するためには、そもそも要員計画がつくられていることが前提となります。要員計画に対して必要な人材が十分揃っていない場合、事業計画の達成自体も危ぶまれるため、非常に重要な指標です。

　また役員や幹部クラスにおいては、「今人材が揃っているか」だけでなく、「今後不足する心配がないか」ということも重要な情報となります。後継者育成計画（サクセッション・プラン）では、ひとつの重要ポジションに対して、「いつでも担うことができる人材」が2～3人程度いることが理想的です。

　総合化学メーカーの三井化学では、戦略重要ポジションにおける後継者準備率をホームページや統合報告書に開示しています（資料3-10）。このレポートによると、重要ポジションでは、おおよそ2人程度の後継者が準備されています。つまり、人の面において、企業の継続性が担保されていることが分かるのです。

資料 3-10

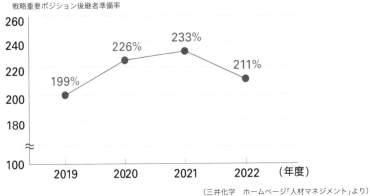

戦略重要ポジション後継者準備率

(三井化学　ホームページ「人材マネジメント」より)

分析と対策

　人が十分育成されていない、または準備がされてない場合に、考えられる原因は第2章でも論じたとおり、多岐の領域にわたります。

　［領域 2 ］人の調達（魅力づけ、調達方法）の問題：問い04〜07
　［領域 3 ］人の育成（人材の要件定義や学ばせ方）の問題：問い08〜11
　［領域 5 ］人の維持（エンゲージメントの高め方）の問題：問い16〜19

　人がいないときは、人の調達（採用）にばかり目が行きがちですが、そもそも人の維持が十分できておらず、大量出血中かもしれません。また、内部の育成が十分でなく、適切に昇格・昇進させることができていないのかもしれません。多くは、こうした複合的な原因が絡んでいます。**それぞれの領域における指標の推移や分析を通じて、どこに働きかけるべきかを慎重に見極めましょう。**

「戦略上の重要ポストを担う人材は適切に育成されているか？」を測定する指標

指標	計算式・備考	掲載	開示等
① 研修時間数 （または一人あたり）	研修やプログラムへの総提供時間	ISO/ 指針	―
② 研修参加率	研修やプログラムの参加率や参加数 （主要な研修ごとに算出することも考えられる）	ISO/ 指針	―
③ リーダーシップの育成状況	リーダーシッププログラムなどに参加した リーダーの割合（詳細は ISO30414 参照）	ISO/ 指針	―
④ メンタリング時間数 （または一人あたり）	コーチングやメンタリング、1on1 などの総時間 （または一人あたりの時間）	―	―
⑤ 育成に関するエンゲージメント・ サーベイのスコア	社内の OJT や研修の充実度に関する回答スコア	ISO/ 指針	―
⑥ コンピテンシー （能力・行動）比率	設定されたコンピテンシーをどの程度 充足しているか（詳細は ISO30414 参照）	ISO	―
⑦ 昇格・昇進率	一定期間内で昇格・昇進した人数の割合 （階層ごとに示すことも考えられる）	―	―
⑧ 重要ポストの内部育成率	重要ポストにおいて、 内部で育成（登用）された割合	ISO	―
⑨ 信頼される リーダーシップの育成	エンゲージメント・サーベイによる「リーダーシップに対する信頼」があるかのスコア	―	―

　［問い37］も、前の［問い36］と混ざり合う部分があります。［問い36］は「育成の結果としての人の準備度」（アウトカム）に焦点を当てているのに対し、［問い37］はその過程としての「育成への投資」（主にインプット）や「育成そのものの成果」（主にアウトプット）に焦点を当てています。

　［問い37］に関する指標をご覧ください。

　①〜④が「育成への投資」（インプット）です。
　⑥〜⑦が「育成そのものの成果」（アウトプット）です。従業員の能力向上につ

ながっているのか、その先の重要ポストの人材輩出やリーダーレベルの向上につながっているのかを確認していきます。

リンクアンドモチベーション社では、「子会社も含めたグループの取締役・執行役員（社外は除く）」を重要ポストと定義しています。そのうえで、内部登用率や、空席率、重要ポストが埋まるまでの平均日数などを事細かに開示しています（資料3-11）。

資料 3-11

ポスト・登用

	単位	2020年	2021年	2022年
内部登用率※1	%	68.7	73.1	78.3
重要ポストの割合※2	%	1.5	1.6	1.7
重要ポストの内部登用率※3	%	100.0	100.0	100.0
内部継承率※4	%	100.0	100.0	100.0
全空席ポスト中の重要ポストの空席率	%	0.0	0.0	0.0
重要ポストが埋まるまでの平均日数	日	0.0	0.0	0.0

当社グループでは、重要ポストを「子会社も含めた当社グループの取締役・執行役員（社外は除く）」と定義していますが、ポストに空きが生じる場合、同時に代わりの人材の登用、もしくは対象ポストの消滅のいずれかを行っているため、空席ポストが発生しません。そのため、「重要ポストの空席率」および「重要ポストが埋まるまでの平均日数」は0となっています。

また、重要ポストの登用に関しては、すべて内部の人材が登用されています。当社グループにおいて、計画的な後継者育成が実現できている結果であると考えています。

※1 空席ポストに対する内部登用者数÷空席ポストに対する（内部登用者数＋外部登用者数）として算出。
※2 重要ポスト数を総ポスト数で割って算出。
※3 1年間の間に発生した重要ポストに対する登用における内部比率。
※4 年末時点の重要ポストに対する登用における内部比率。

（リンクアンドモチベーション　Human Capital Report 2022 より）

分析と対策

分析においては、⑥〜⑨「**育成そのものの成果**」から行っていく**方法**が考えられます。例えば、⑧重要ポストの内部育成率から遡っていく方法です。

仮にこの数値が芳しくない場合、つまり役員や幹部層を外から採用せざるを得ない状況になっている場合、どういった原因が考えられるでしょう？

まず、「重要ポストへ昇格・昇進させるに足る人材がいない」という⑦昇格・昇進率の問題が考えられます。

しかし、昇格・昇進率も結果でしかなく、さらなる原因があるはずです。昇格率が芳しくないのは、**評価の仕組み（問い17）や育成の仕方（問い10）が原因**になり得ます。また、視点を変えると、優秀な人材が昇格する前に辞めてしまっているという**［領域5（人の維持）］に問題がある可能性**もあります。さらにその先

には、優秀な人材を十分に採用できていないという［**領域2**］**の問題**や、**採用の見極め方・基準などの問題**に行き着く可能性もあります。

　他の問いや指標でも同様のことがいえますが、基本的に領域2〜5は相互に関連しています。ゆえに他の領域も含めて原因をたどっていき、包括的な打ち手を考えることが有効です。

「適切な育成コスト・労力をかけているか？」を測定する指標

	指標	計算式・備考	掲載	開示等
①	総研修費用 （または一人あたり）	研修にかかった総コスト÷全従業員数	ISO/ 指針	ー
②	総育成費用 （または一人あたり）	メンタリング（OJT）の人件費や自己啓発支援を含めて計算	ー	ー
③	育成に投じている時間	研修やOJTに投じた時間数	ISO/ 指針	ー
④	人材育成機能の人員数	人材育成に関与している人員数	ー	ー

　［問い38］に関する指標をご覧ください。採用と同様、理想どおりの育成ができていたとしても、コストや時間に見合っていなければ是正の検討が必要です。一般的に内部育成は、外部採用に比べて、採用・育成コストが33%程度低いとされています。[34] しかし育成コストがあまりに高ければ、外部採用に切り替えたほうが良いという判断もあり得ます。[35]

資料 3-12

各研修の受講者数・研修時間（本店人事部主催研修のうち一部を抜粋、2022年度）

（三菱商事 ホームページ「人材育成・エンゲージメント強化」より）

三菱商事では、具体的な研修メニューの一覧と、その対象者、受講者数、研修時間を事細かに開示しています（資料3-12）。こうした情報を公開することが、充実した教育制度が整っていることの採用候補者へのアピールにもつながるのです。

分析と対策

　教育研修費用については、産労総合研究所が公表しているデータ[36]（図3-21）が参考になります。

　企業規模にもよりますが、おおよそ一人あたり年間3万〜4万円程度を投じていることが分かります。また、非製造業では製造業に比べ、より高い傾向にあります。こちらのデータでは、以下の項目が含まれているため、企業として集計する際にも同様にすると比較がしやすくなるでしょう。

一般的に教育研修費に含めるもの

・正規従業員を対象とした自社主催研修の会場費・宿泊費・飲食費

・外部講師費

・教材費

・外部教育機関への研修委託費およびセミナー・講座参加費

・eラーニング・通信教育費

・公的資格取得援助費

・研修受講者・社内講師の日当・手当・交通費

・事務局費

・その他これら以外の教育研修に必要な費用

　ここまで［領域３］では、「人の充足」に関する実現度と、「投じるコストの適切性」を確認してきました。次は［領域４］で「適切に人の活躍促進ができているか」の確認方法を考えていきましょう。

図 3-21　教育研修費用

区分	集計社数(社)	総額平均(万円)	従業員一人あたりの額(円)
調査計	115	7,083	43,261
1,000人以上	62	11,447	40,048
200〜999人	31	2,866	49,452
199人以下	22	724	43,591
製造業	44	9,201	36,818
非製造業	71	5,770	47,254

産労総合研究所 2022年度教育研修費用の実態調査より

	問い36 戦略実現に必要な能力を持つ人材が充足されているか？	問い37 戦略上の重要ポストを担う人材を適切に育成しているか？	問い38 適切な育成コスト・労力をかけているか？
レベル5	現状必要な質が揃っているだけでなく、経営陣やキーポストを含めて将来の人材プールも十分出来上がっている	人材育成の手法やプログラムが他社でも取り入れられたり、業界のベストプラクティスとして認められている	個別研修や育成プログラムの費用対効果の検証・コントロールが行われており、ドラスティックな改善を定期的に行っている
レベル4	経営層や事業リーダーだけでなく、経営戦略上のキーポストなどについて人材の量・質ともに十分に揃っている	自社で育成した人材が業界を牽引するリーダーとなるなど、他社でも必要とされる人材となっている	個別研修や育成プログラムの費用対効果の検証が行われており、育成コストがコントロールされている
レベル3	経営陣や事業リーダーは、一定程度の量と質が揃っている	重要なポストを担う人材の多くは社内から輩出されている	一人あたりの育成コストは想定どおりまたは想定を下回る水準にコントロールされているが、個別研修や育成プログラムにおける費用対効果の検証等は実施していない
レベル2	経営陣や事業リーダーは、十分な量または質が充足されていない	重要なポストを担う人材が社内から輩出されておらず、採用などに頼っている	一人あたりの育成コストを確認／管理しているが、想定以上にコストがかかっている状態である
レベル1	測定・把握していない	測定・把握していない	測定・把握していない

領域 4

「適切に人の活躍を促進できているか？」
指標一覧と分析・対策

活躍社員は高い割合で存在するか？

多様性（DEI）は確保されているか？

一人ひとりが生み出している
価値の大きさはどの程度か？

　第2章の［領域4］では、パフォーマンスの高め方、人と仕事のマッチング、チームづくり、多様性について考えてきました。本章の［領域4］ではその実現度について、上記3つの問いを通じて確認していきましょう。

「活躍社員は高い割合で存在するか？」を測定する指標

　［問い39］に関する指標をご覧ください。測り方としてまず考えられるのが、①エンゲージメント・サーベイを通じた自己評価による測定です。サーベイで「活躍できていますか？」「積極的な挑戦を行うことができていますか？」などの設問を設けている場合には、そのスコアによって測定することができます。

　自己評価ではなく他者評価や客観的な評価によって活躍度を測定する方法もあります。②がそれに該当し、社内でコンピテンシー（能力や行動など）を評価す

	指標	計算式・備考	掲載	開示等
①	エンゲージメント・サーベイでの活躍度や挑戦度に関するスコア	—	ISO/指針	—
②	コンピテンシー（能力・行動）比率	設定されたコンピテンシーをどの程度充足しているか	ISO	—
③	KPI達成率やプロジェクト成功率	組織または個人のKPI達成率や、プロジェクト目標を達成した割合	—	—
④	社員からの提案件数	—	—	—

る制度があれば、「充足されている」という基準に達している人材がどの程度いるかを測定する方法があります。ただし、こうした方法は評価分布による調整（例えば、Ｓ評価は10%以内など）を行っている場合には活用が難しくなります。

　行動や能力の先にある成果、つまり、③KPI達成率やプロジェクトの成功率を測定する方法も考えられます。もちろん、KPIや目標の水準によって、結果の捉え方は変わります。「全員KPI達成率100%」という組織があったとしても、目標が甘い可能性もあります。ゆえに、参考程度の扱いになるでしょう。

　総合商社の双日では、「風通しの良さ」「起業家精神」「10年ふた回り成長」という人と組織の姿を目指しています。ゆえにエンゲージメント・サーベイにおいても、多様性を活かす・挑戦を促す・成長を実感できるという３つの指標に注視しています。サーベイでは、「新たな発想の実現に取り組みたい」「この１年で成長したと思う」と答えている社員が８～９割存在しており、活躍や成長が十分促されていることが分かります（資料3-13）。

資料 3-13

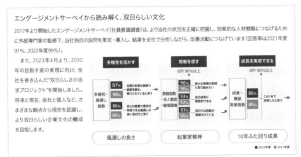

エンゲージメントサーベイから読み解く、双日らしい文化

2017年より開始したエンゲージメントサーベイ（社員意識調査）は、より当社の状況を正確に把握し、効果的な人材戦略につなげるために外部専門家の監修下、当社独自の設問を策定・導入し、結果を全社で分析しながら、改善活動につなげています（回答率は2021年度91%、2022年度99%）。

また、2023年4月より、2030年の目指す姿の実現に向け、全社を巻き込んだ"双日らしさの追求プロジェクト"を開始しました。将来と現在、会社と個人など、さまざまな観点から現状を認識し、より双日らしい企業文化の醸成を目指します。

（双日　統合報告書　2023より）

分析と対策

　エンゲージメント・サーベイで「活躍できていますか？」「積極的な挑戦を行うことができていますか？」というスコアが低い場合は、まず［領域4］**人の活躍に関する［問い12〜15］を確認する**のが良いでしょう。

　振り返りになりますが、人の活躍には、個、仕事、同僚（チーム）、組織という4つの要素が関係していました。どこに問題があるかによって、打ち手が異なります。例えば、次のように分解されます。

個：育成の仕組み（問い10）やカルチャーマッチの問題
仕事：人と仕事のマッチング（問い13）の問題
同僚（チーム）：上司の問題や心理的安全性（問い14・15）の問題
組織：人を維持する仕組み（問い16〜19）の問題

　エンゲージメント・サーベイでは、こうした要素や項目別の充足度を測定していることも多いので、どこに課題があるかが特定しやすいでしょう。

「多様性（DEI）は確保されているか？」を測定する指標

	指標	計算式・備考	掲載	開示等
①	女性管理職比率（や女性役員比率）	全管理職の中の女性の割合	ISO/指針	●
②	従業員の女性比率	全従業員中の女性の割合	ISO/指針	●
③	障がい者雇用率	全従業員中の障がい者の割合	ISO/指針	●
④	外国籍雇用率（や国籍比率）	全従業員中の外国籍の割合（国別の割合）	ISO/指針	—
⑤	平均年齢や勤続年数の構成比（男女別平均勤続年数）	20代、30代、1〜5年勤続、6〜10年勤続などの構成比率など	ISO/指針	●
⑥	採用者の多様性	採用者の男女、国籍、年齢等の比率	—	●
⑦	取締役会の多様性・スキルマトリクス	取締役会のメンバーのバックグラウンドやスキルの多様性について示す	ISO/指針	●
⑧	従業員のスキルマトリクス（スキルマップ）	上記スキルマトリクスの従業員版	—	—
⑨	エンゲージメント・サーベイの多様性に関するスコア	—	ISO/指針	—
⑩	DEIに関するプログラムや取り組みの参加者	—	—	—

　次は、ダイバーシティの実現度について確認していきます。［問い15］で説明した「ダイバーシティ」の定義を改めて振り返ると、以下の2つがありました。

・**表層レベル：性別、年齢、国籍、人種などの属性面（デモグラフィック面）**
・**深層レベル：価値観、ものの見方や考え方など認知面[37]（コグニティブ面）**

　これらをふまえて、［問い40］に関する指標をご覧ください。①〜⑥が表層レベル、⑦〜⑧が深層レベルに焦点を当てて、ダイバーシティの実現度を測定する

ものです。深層レベルが重要ではあるものの、測定しにくいことや、表層レベルの指標は開示や公表、報告の義務があるものが多いことから、どちらも押さえておきましょう。

　例えば、①女性管理職比率は、女性活躍推進法等に基づく公表を行っている上場会社において、有価証券報告書に開示が義務づけられています。上場企業以外においても、女性活躍推進法に基づき、常時雇用する労働者が一定数以上の事業主は、①②⑤（男女別の平均勤続年数）、⑥の公表が求められる場合があります。

　公表先は、企業のホームページ等のWEBサイトや、厚生労働省の専用サイト「女性の活躍推進企業データベース」などが挙げられています。また、43.5人以上の企業は③の障がい者雇用率を公共職業安定所へ提出することが義務化されています。⑤のうち「平均年齢」は上場企業において、「従業員の状況」として有価証券報告書での開示が必要です。⑦は、上場企業において、「役員の状況」として有価証券報告書での開示が必要です。

分析と対策

　①～⑥の表層レベルにおけるダイバーシティの状態が芳しくない（例：女性比率が低い）場合は、以下のいずれかに問題があると考えられます。

・人材の獲得（採用）に関する問題……いずれかの属性に偏っている
・人材の育成に関する問題……人材育成の機会（研修や成長できる機会へのアサインメントなど）に偏りがある
・人材の活躍・維持に関する問題……評価基準や運用に偏りがないか・マイノリティにとって働きづらい環境となっている

　しかし、課題はより根深いところにある可能性があります。それは、人が無意

識のうちに持っている偏見や先入観、いわゆる「アンコンシャス・バイアス」です。例えば次のような無意識の思い込みがアンコンシャス・バイアスです。

・「親が単身赴任をしている」と聞くと、男性（父親）を想像する
・「日傘をプレゼントする」と聞くと、女性を想像する

　研究[38]によると、男性は「競争環境では男性のほうが女性よりも高いパフォーマンスを上げる」という思い込みを持つ傾向があることが分かっています。こうしたバイアスは、採用や評価、昇進の判断に影響を及ぼしている可能性があります。

　近年だと、こうしたバイアスを研修で排除しようと取り組む企業が増えています。しかし米国で700社以上を対象に行われた調査[39]によると、研修によっては逆にバイアスを強めて、黒人と女性の昇進率が低下しまうケースがあることが分かっています。「象のことを考えるな」と言われると、逆に象を思い浮かべてしまうことと同じです。
　効果的なアンコンシャス・バイアス研修の進め方は以下のとおりです。

効果的なアンコンシャス・バイアス研修の進め方[40]
①アンコンシャス・バイアスとはどのようなものか、どのような影響があるのかをマネージャー層や従業員に理解してもらう
②自身のバイアスを認知するテストを受ける（IATテストなど）
③そのバイアスが表出した場面を洗い出し、克服する方法をディスカッションする
④実際の生活にどのように活かすことができるか具体的に考えてもらう

　IATテストは、1998年に開発され、高い信頼性と妥当性を持つことが研究により示されている手法です。無料で行うことができるサイトも公開されています。こうした根本的な領域にアプローチすることも検討していくと良いでしょう。

「一人ひとりが生み出している価値の大きさはどの程度か？」を
測定する指標

	指標	計算式・備考	掲載	開示等
①	従業員一人あたりの売上高	売上高÷従業員数	ISO	—
②	従業員一人あたりの利益	営業利益÷従業員数	ISO	—
③	従業員一人あたりの付加価値（労働生産性）	付加価値額÷従業員数	—	—
④	従業員一人あたりのEBIT	（収益－コスト）÷従業員数	ISO	—
⑤	従業員一人あたりの株式時価総額	株式時価総額÷従業員数	—	—
⑥	従業員一人あたりのアウトプット	例：製品販売個数÷従業員数	—	—

　［問い41］に関する指標をご覧ください。「生み出す価値」として最も分かりやすいのが「売上」や「利益」でしょう。こうした数値を「従業員数」で割ることで、一人あたりの生み出す価値を算出します。なお、この「従業員数」は、パートタイム従業員などを含めることが一般的です。計算方法については、パートタイム従業員の労働時間に応じた計算が望まれます。例えば、フルタイム従業員が8時間勤務、パートタイムが6時間勤務であれば、パートタイム1人は6/8人分と見なします。

　③労働生産性については、経済センサスの業界平均データ[41]などと比較してみると良いでしょう。

分析と対策

　労働生産性といった一人あたりが生み出している価値が業界平均より低い場合、考えられる原因はいくつかあります。

　まずは、「売上」や「利益」といった分子が業界平均より低いことです。こちら

の対応方法は本書で取り扱いませんが、［問い28（価値を提供するための戦略があるか？）］で経営戦略やその実現要素を整理することが、解決への第一歩となるでしょう。

　一方、分母である「従業員数」については、量の問題と質の問題に分解できます。量の問題とは、数として多すぎる可能性があるということです。**数が多すぎる場合の対応策のひとつは、［問い07］で解説した「直接雇用に限らない労働力の活用」**です。

　例えば、外部委託やスキルシェアといった方法を活用することで、従業員数が増えすぎないようにコントロールします。もちろん、外部委託費が増えすぎては意味がありませんので、トータルの労働力コストの管理も大切です。

　また、**「そもそも人が担うべき仕事なのか」を検討する**ことも有効でしょう。「日本の労働人口の49％はAIに代替可能」[42]という予測もありましたが、こうしたAIやシステムなどによる省人化も有効な打ち手となります。質の問題については、［領域４（人の活躍）］の［問い12〜15］をご確認いただき、**一人ひとりの活躍度や貢献度をより大きくする方法を検討する**ことが良いでしょう。

　「一人あたりが生み出している価値」は、高いに超したことはないものの、「社員に過剰な負担をかけている」可能性もあります。ゆえに、**労働時間や健康といった側面（問い21）も併せて確認する**ことが望ましいでしょう。

　ここまで［領域４］では、「活躍社員の輩出」や「多様性」に関する実現度と、「一人ひとりの生み出す価値」を確認してきました。次は［領域５］で「適切に人の維持ができているか」の確認方法を考えていきましょう。

問い39 活躍社員は 高い割合で存在するか？	問い40 多様性（DEI）は 確保されているか？	問い41 一人ひとりが 生み出している価値の 大きさはどの程度か？
レベル5 ほとんどの人材が期待値以上の高いパフォーマンスを上げているだけでなく、新たな提案や挑戦が多く行われている	多様性（属性・深層両方）の目標を達成しているだけでなく、企業として設定した目的（イノベーションなど）にもつながっている	一人ひとりが生み出している価値の大きさは業界トップレベルであり、なおかつ過度な負担が生じておらず継続性がある
レベル4 ほとんどの人材が期待値以上の高いパフォーマンスを安定的に上げている	意識・考え方（深層）まで踏み込んだ多様性のあり方・目標を掲げており、一定程度達成している	一人ひとりが生み出している価値の大きさは業界上位レベルであり、なおかつ過度な負担が生じていない
レベル3 人材のパフォーマンスは概ね期待どおりで、安定的に成果を出してくれている	属性に関する多様性（女性比率や外国人比率など）の目標は一定程度達成している	一人ひとりが生み出している価値の大きさは目標の水準に達している
レベル2 人材のパフォーマンスは期待値に届いていない、またはパフォーマンスが安定していない	属性に関する多様性（女性比率や外国人比率など）の目標を十分達成できていない	一人ひとりが生み出している価値の大きさ（例：一人あたり売上）は低い水準となっている
レベル1 測定・把握していない	測定・把握していない	測定・把握していない

領域 5

「適切に人の維持ができているか？」
指標一覧と分析・対策

> 問い
> 42　エンゲージメントは高い状態か？

> 問い
> 43　人材は定着しているか？

> 問い
> 44　適切な働き方を実現できているか？

> 問い
> 45　適切な人件費となっているか？

　第2章の［領域5］では、エンゲージメントの高め方、評価や対価の与え方、働き方、新陳代謝の促し方について考えてきました。本章の［領域5］その実現度について、上記4つの問いを通じて確認していきましょう。

「エンゲージメントは高い状態か？」を測定する指標

　［問い42］に関する指標をご覧ください。最初に②eNPSについて解説します。これは、「自分の職場を他者に勧めたい」と思う度合いです。エンゲージメント

	指標	計算式・備考	掲載	開示等
①	エンゲージメント・サーベイの総合スコア	―	ISO/指針	―
②	eNPS（職場の推奨度）	（下記詳細）	―	―
③	エンゲージメント・ドライバー指標のスコア	エンゲージメント・サーベイの重要結果指標を向上させる要素の点数	―	―

と同様、eNPSが高い企業は、業績や生産性、人材の定着に優れていることが分かっています。[43]

　eNPSは、もともと大手コンサルティング会社のベイン・アンド・カンパニーが「顧客が製品やサービスにどの程度、愛着を感じているか」を測定するために開発した「NPS（Net Promoter Score）」という指標が起源です。これをApple社が従業員向けに転用したことが始まりといわれています。

　測定方法はシンプルにひとつの質問で行われます。「現在の職場を親しい友人や知人にどの程度勧めたいと思うか」を0〜10点の11段階で尋ねます。その回答結果から、推奨者（10点・9点）、中立者（8点・7点）、批判者（6〜0点）を設定します。そして「推奨者の割合」から「批判者の割合」を引いた値がeNPSのスコアとなります。推奨者が60%、批判者が20%だとすると、eNPSは40%となります。

　石川県に拠点を置く北國フィナンシャルホールディングスは、このeNPSを活用しており、その数値を統合報告書で開示しています。2022年度は、eNPSが-52.4%という結果でした。推奨者よりも批判者が多かったという数値であり、普通に考えると「芳しくない」と見られるリスクから隠したくなるかもしれません。しかし、同社ではあえてその数値を開示することで、改善への積極的な意志と姿勢を示すことができています。

分析と対策

　社内エンゲージメントを高める要素は、EVP（従業員への提供価値）として紹介した以下の６つがありました。

①仕事……仕事の内容や目的、裁量や権限、やりがいや達成感など
②キャリア……キャリア形成の機会や成長、教育・研修、サポートの仕組みなど
③報酬……給与、賞与、福利厚生、インセンティブなど
④人……上司のサポート、適切な評価、同僚との協力関係など
⑤環境……働き方の柔軟性、ワークライフバランス、人員・リソースの拡充、多様性の尊重、組織文化など
⑥会社……会社のビジョン、社会への貢献や影響度、会社の安定性、リーダーの魅力　など

　こうした要素の中で、企業ごとにエンゲージメント向上に効くツボが存在しました。これをエンゲージメント・ドライバー指標と呼びます。エンゲージメントの分析は「総合スコア」だけでなく、こうした**「ドライバー指標」**や**「項目（要素）別スコア」**など、より細かい単位で行っていくべきです。[問い16]で紹介したような統計的な手法（回帰分析）を用いるのも良いでしょう。

　こうしたサーベイは通常、年１〜２回行われ、設問も多い「センサス・サーベイ」と呼ばれる手法です。しかし、「調査して回収し、分析をしていたら数ヶ月は経過していた」ということがよく起こります。そうなると、どれだけ精緻な分析によって対応策を練り上げても、従業員のマインドや環境が変わっており、既に的外れな打ち手になっている可能性があります。また、詳しい分析結果が現場まで落ちていかず、本来重要な「職場ごとでの改善」につなげられていないということもよく起こります。

そこで、より設問数を絞り、高頻度で調査と改善を行う**「パルス・サーベイ」**と呼ばれる手法が着目を浴びています。脈拍（パルス）をチェックするように組織の健全度合いを迅速に測ることを目的とする調査です。

アディダス社では、毎月7〜8の質問をモバイル上で従業員に回答してもらっています。[44]具体的には「この会社を他の人に薦める可能性はどのくらいですか？」といった短時間で回答可能な質問を定期的に出すのです。

これはまさに先ほど紹介したeNPSに関する質問です。回答の結果は、すぐにマネージャーが知ることができ、職場の迅速な改善につなげることができる仕組みになっています。こうしたパルス・サーベイなども活用すると、エンゲージメントを素早く効果的に改善していくことが可能になるでしょう。

「人材は定着しているか？」を測定する指標

	指標	計算式・備考	掲載	開示等
①	従業員の離職率	一定期間内の離職者率	ISO/指針	－
②	自主的な離職率（定年離職を除く）	一定期間内の自主的な離職率	ISO	－
③	平均在籍期間	社員の勤続年数の合計÷社員の総人数	－	－
④	重要な離職者の割合	一定期間内の自主的な離職のうち、この離職が組織にとって重要なものの割合	ISO	－
⑤	理由ごとの離職者数（率）	転職、上司や報酬への不満、定年、家庭的理由、組織改編など	ISO	－

［問い43］に関する指標をご覧ください。①の「離職率」は、言葉としてはなじみ深いですが、実はさまざまな定義が存在しており、少しややこしい概念です。

一般的な離職率の計算は、次のいずれかの計算方法が用いられます。

A：{年度内の離職者数÷〔（年度始めの従業員数＋年度終わりの従業員数）÷２〕}
　　×100
B：（年度内の離職者数÷期初の従業員数）×100
C：（1/1〜12/31の離職者数÷1/1の従業員数）×100

　特にどれが正解ということはありません。東洋経済新報社が出版している「就職四季報」では、Bが用いられています。厚生労働省の雇用動向調査ではCが用いられています。
　一方で、新卒社員の離職率などを計算する場合は、次のような式を使うことがあります。

D：（総離職人数÷採用人数）×100

　新卒を100人採用して、３年経って20人辞めていたら、離職率は（20÷100）×100＝20%となるわけです。世の中の数値と比較する際に、その調査がどの式を用いているかを確認したうえで活用すると良いでしょう。

分析と対策

　まずは先ほど触れた雇用労働調査などで、業界平均の離職率と比較してみましょう。

　業界平均より離職率が高い場合には、［領域5（人の維持）］に関する［問い16〜19］を参考にすると良いでしょう。一方で、離職率がそれほど高くなくても、優秀な人材ばかりが辞めていれば非常に問題ですから、④重要な離職者の割合も押さえておくことが肝心です。具体的には、高評価を得ている人材や幹部候補者などがどの程度離職しているかをモニタリングしていきます。

逆に業界平均より離職率が低い場合はどうでしょう？人の維持が高いレベルで実現されていることは素晴らしいことです。しかし、そういった会社でも悩みの声をいただくことがあります。それは、「給与水準がなまじ高いので、くすぶっている人も全然辞めない会社なんです……」という状況です。

そういった場合には、［問い11］で解説したリスキリングの手法や［問い20］で解説した新陳代謝の手法を用いてみるのが良いでしょう。

「適切な働き方を実現できているか？」を測定する指標

	指標	計算式・備考	掲載	開示等
①	月間の平均残業時間	従業員の総残業時間÷総従業員数（所定外・法定外）	—	●
②	年間の平均労働時間	従業員の総労働時間÷総従業員数	—	—
③	欠勤率	突発的な欠勤の発生率	ISO	—
④	休暇取得率	年次有給休暇や育児や介護休暇などの取得率	—	—
⑤	男性の育児休業取得率	—	指針	●
⑥	育児休業等からの復職率	育児や介護休業からの復職率	指針	—
⑦	リモートワーク実施率	リモートワークを活用している従業員の割合	—	—
⑧	副業実施割合	副業を実施している従業員の割合	—	●
⑨	離職理由のうち、働き方に関する項目の占める割合	離職理由として「働き方」が原因となっている件数÷離職数	ISO	—
⑩	エンゲージメント・サーベイの「働き方」に関するスコア	—	ISO/指針	—

［問い44］に関する指標をご覧ください。①各月ごとの平均残業時間については、女性活躍推進法に基づき、常時雇用する労働者が一定数以上の事業主は、公表が求められる場合があります。またハローワークに求人申し込みを行う場合には、

表記が必要です。⑤男性の育児休業取得率は、女性活躍推進法等に基づく公表を行っている上場企業において有価証券報告書への記載が義務づけられています。

こうした情報を開示している企業のひとつをご紹介します。トヨタ自動車では、男女別の育児休業取得率や取得後の復職率、男性の配偶者の出産直後の特休・有給平均取得日数などを事細かに開示しています。復職率はほぼ100％近く、職場復帰に向けた支援や働きやすい（休みやすい）環境整備がなされていることがうかがえます。

なお、残業や欠勤がほとんど発生していない企業でも、従業員が働き方に満足しているかというと、必ずしもそうとはいえません。

例えば「自分に合った柔軟な場所や時間で働くことができていない」という感情を持っていれば、それはポジティブな状態とはいえないでしょう。ゆえに⑨〜⑩で実際の従業員の意識や声を確認することも重要です。

また近年は、転職をする際、企業の残業時間や有給取得率を重要視する傾向にあります。調査[45]によると84％の社会人が「残業の有無や平均時間」を重視して転職活動をするようです。また、20代の若手社員で「企業の有給消化率を重視する」と回答した男性は77％、女性は85％にのぼります。就職四季報[46]などにも掲載される情報であるため、採用力強化に向けては注視すべき指標でしょう。

分析と対策

まずは、残業時間や有給取得率について、厚生労働省から発表されている業界平均データと比較してみることが良いでしょう。

労働時間（残業時間）が長い、または、休暇取得率が低い場合は、どのような原因が考えられるでしょうか？　一般的には、次のような原因が挙げられます。

・人手不足（人の調達・維持の問題）
・業務過多・非効率性（業務プロセス・進め方やツールの問題）
・業務繁閑（繁閑の差が激しい・突発対応が多い）
・組織文化（長時間労働をよしとする文化・マネジメントの問題）

　こうしたものは対策が分かりやすく、多くの企業で既に取り組みをされているかと思います。しかしさまざまな企業で働き方改革を推進してきた経験に基づくと、より根本的な原因が存在していることがほとんどです。それは、この2点です。

①事業計画に人員面が加味されていない
　（一人ひとりに無理を強いる事業計画となっている）
②人材の活躍を促すような仕組みが整っていない

　①は例えば、「売上目標は100億円！」と掲げたのは良いものの、要員計画がそれに伴っていない（または作られていない）ケースです。そうなると、結局は今いる社員に大きな負担をかけざるを得なくなります。［問い41］でも触れたとおり、「一人あたり売上」が、過度な背伸びによって成り立った数字なのであれば、継続性はありません。ですから、［問い01］で解説した**人材ポートフォリオや、要員計画を作成し、事業計画の実現可能性を担保する**ことが必要です。

　②については、まず**人と仕事のマッチング（問い13）の仕組みを整えることが健全な働き方の実現につながり**ます。例えば、本人の能力にも特性にもマッチしない仕事を与えるとどうなるでしょう？　おそらく、慣れない仕事に戸惑って長時間働く可能性が高まるでしょう。

　もちろんこうした機会も、成長のために必要となる場合はあります。しかし、少なくとも**必要なスキルを習得させる育成の仕組み（問い10・11）**が併せて整備されていないと、本人にとっても会社にとっても不幸な状態となります。

　こうした人材ポートフォリオ・要員計画や、マッチングの仕組み、育成の仕組

みまで踏み込むことが、働きやすい環境整備のうえでは重要です。

「適切な人件費となっているか？」を測定する指標

	指標	計算式・備考	掲載	開示等
①	総雇用コスト（総労働コスト）	外部人材を含めたすべての労働にかかる労務費（報酬）	ISO	―
②	外部の労働力にかかるコスト	外部人材に支払われる報酬	ISO	―
③	労働力あたりのコスト	外部人材を含めたすべての労働者にかかる労務費÷全従業員数	ISO	―
④	平均年収	―	―	●
⑤	売上高人件費率	総人件費÷売上	―	
⑥	労働分配率	総人件費÷付加価値	―	
⑦	人件費効率	売上÷総人件費	―	
⑧	男女間の賃金格差（比率）	男性の平均賃金と女性の平均賃金の差（比率）役職・職務ごとに算出することが望ましい	指針	●
⑨	マーケット報酬水準との乖離	特に専門人材やエンジニアなどに関するマーケット水準との比較	―	
⑩	正社員・非正規社員等の福利厚生や賃金の差	―	指針	―
⑪	エンゲージメント・サーベイの「報酬・処遇」に関するスコア	―	ISO/指針	―

　［問い45］に関する指標をご覧ください。④平均年収は、上場企業において有価証券報告書での開示義務項目となっています。⑤⑥は、売上や付加価値のうち、どの程度の割合を人件費に投じているかです。この割合が高い場合は、人件費が利益を圧迫している可能性があります。

　ここまでは、人件費を支払う「企業側」の目線から適切性を確認する指標です。

人件費を適切に投じていても、受け取る従業員側が「適切な報酬を受け取っている」と感じるかは別問題です。

［問い18］で触れたように、高い金銭報酬を提供していたとしても、受け取る側の期待値が高ければ、あまり効果がありません。ゆえに⑪**エンゲージメント・サーベイなどで、従業員が報酬や処遇をどのように受け止めているかも確認することが望ましいでしょう。**

なお、⑧男女間の賃金格差（比率）は、多様性の観点から国際的にも重視されている指標です。女性活躍推進法等に基づく公表を行っている上場企業において有価証券報告書での開示義務項目となっています。仮に格差がある場合には、どのような背景・原因があり、どのような対応策を講じるかまで開示していくことが望ましいでしょう。

分析と対策

人件費関連の情報は、他社から公表されている財務諸表などから拾えるものも多く、また政府からの統計情報も広く公表されているため、こうしたデータを活用しましょう。

まず、⑤売上高人件費率は、中小企業庁の「中小企業実態基本調査」で確認が可能です。

次の⑥労働分配率は、総人件費÷付加価値で計算される指標です。要は生み出している付加価値をどの程度人件費に投じているかということです。
労働分配率も企業においてよく使用される数値で、賞与の支給水準を決定する際に参考とされる数値です。付加価値の算出方法は、控除法（中小企業庁方式）と加算法（日銀方式）の２通りがあります。

［控除法の計算式］

付加価値 ＝ 売上高 － 外部購入価値（材料費、購入部品費、運送費など）

［加算法の計算式］

付加価値 ＝ 経常利益 ＋ 人件費 ＋ 賃借料 ＋ 減価償却費 ＋ 金融費用 ＋ 租税公課

　経済産業省の「企業活動基本調査確報」で業界別データなどを拾うことができるため、分析で活用してみましょう。仮に人件費の水準や報酬水準が業界や他社と比べて適切ではなかったとしましょう。しかし、その結果をもって直ちに報酬制度を変えていく必要はありません。報酬水準の適切性を検証する際には「5つのC」から確認することが大切です。

報酬制度・水準において考慮すべき5つのC

Competitiveness：業界・他社と比して競争力のある水準か

Consistency：仕事や能力のレベルに照らして整合性のある水準か

Contribution：貢献度に応じた適切な処遇となっているか

Clarity：分かりやすく透明性のあるルールか

Culture Alignment：組織文化や価値観と整合しているか

　例えば、外部水準よりも自社の報酬水準が低かったとしましょう。そういった場合でも社内での納得感が十分担保されており、エンゲージメント・サーベイや離職率などでも問題がない場合には、対応が不要な可能性もあります。人件費は数字として分かりやすいからこそ、数字で見えない「感覚・感情」の領域まで踏み込んで検討を行っていくと良いでしょう。

　ここまで［領域5］では、「エンゲージメントや定着の状況」「適切な働き方の実現度」および「適切な人件費となっているか」を確認してきました。次は［領域6］で「適切に人が抱えるリスクを低減できているか」の確認方法を考えていきましょう。

	問い42 エンゲージメントは高い状態か？	問い43 人材は定着しているか？	問い44 適切な働き方を実現できているか？	問い45 適切な人件費となっているか？
レベル5	ほとんどの従業員が会社への帰属意識も高く、活躍意欲も高い状態であり、会社の魅力として昇華されている	離職率がコントロールされているだけでなく、特にキーとなる人材層の離職率は十分抑制されている	柔軟な働き方が十分に実現・活用されており、エンゲージメント向上に貢献するだけでなく、業界のベストプラクティスとして認知されている	人件費に関する各種指標が適切にコントロールされているだけでなく、人材からも「適切な水準」と認知されている
レベル4	過半数以上の従業員が会社への帰属意識・活躍意欲どちらも高い状態である	離職率は一定以下に抑制されているが、組織とアンマッチとなった人材の離脱は適切なレベルで発生している	柔軟な働き方が十分に実現・活用されており、採用競争力や人材の定着に一定の効果を上げている	人件費や労働分配率は適切な水準にコントロールされているだけでなく、賃金格差が公平なものとなっている
レベル3	会社への帰属意識または活躍意欲については高い状態である	従業員の離職率は、一定以下に抑制されている（業界平均並みまたはそれ以下）	柔軟な働き方は一定程度実現されており、効果がある程度見える	人件費や労働分配率などの指標は目標の水準に達している
レベル2	多くの従業員においてエンゲージメントは（会社への帰属意識も活躍意欲も）高いとは言えない	従業員の離職率は高い状態である（特に業界平均などと比べて）	柔軟な働き方は実現できていない	人件費や労働分配率などの指標は設定されているが、芳しい水準ではない（特に業界平均などと比べて）
レベル1	測定・把握していない	測定・把握していない	測定・把握していない	測定・把握していない

領域 6

「適切に人が抱えるリスクを低減できているか？」
指標一覧と分析・対策

問い46 健康・安全な職場がつくられているか？

 問い47 コンプライアンス違反の数は
抑えられているか？

問い48 人に関する問題の数は
抑えられているか？

　第2章の［領域**6**］では、人の健康と職場の安全面の確保の方法、人に関するトラブルをなくす方法について考えてきました。本章の［領域**6**］ではその実現度について、上記3つの問いを通じて確認していきましょう。

「健康・安全な職場がつくられているか？」を測定する指標

　問い46に関する指標をご覧ください。①〜④は人材が健康に働けているかどうかを確認する指標となります。

　その中の④プレゼンティーイズム損失割合については、算出方法がいくつかあります。最もシンプルなのがSPQ（東大1項目版）と呼ばれるもので、「病気やけががないときに発揮できる仕事の出来（パフォーマンス）を100%として過去4週間の自身の仕事を評価してください」という質問を行います。その回答を本来の仕事の出来（パフォーマンス）から差し引いた値が業務効率の落ちた割合で

す。

	指標	計算式・備考	掲載	開示等
①	病欠率	私傷病で休業している従業員の割合	—	—
②	過重労働の発生件数 (や率)	36協定の上限や月80時間(や100時間)を超える時間外労働の発生件数	—	—
③	メンタルヘルスチェックで高ストレスと判断された従業員の数 (や率)	—	—	—
④	プレゼンティーイズム損失割合	(本文参照)	—	—
⑤	労働災害発生件数・種類 (や度数率)	(100万時間あたりの労働災害、災害死傷者数)	ISO/指針	—
⑥	労働災害による損失時間数	100万時間あたりの労働災害によって働けなかった時間数	ISO/指針	—
⑦	労働災害による死亡者数	—	ISO/指針	—
⑧	業務上の健康および安全に関する研修に参加した従業員の割合	—	ISO/指針	—
⑨	健康診断 (や二次検診、メンタルヘルスチェックなど) の受診率	—	—	—

つまり、次のように計算されます。

プレゼンティーイズム損失割合＝100%－回答値

なお、日本人の測定値平均は15.1とされています[47]。つまり、全従業員が健康的に仕事に従事すれば15%以上生産性が高まる可能性があるのです。

こうした情報を開示している企業としては、西松建設が挙げられます。同社では、ストレス度合い別のプレゼンティーイズム損失割合を開示しています（資料3-14）。ここまで踏み込んだ可視化・開示をすることで、健康に関する真摯な姿勢をステークホルダーに伝えることが可能となります。

資料 3-14

また、メンタル不調者が一定数発生しているともに、ストレス度合いの高い社員ほどプレゼンティーズム・アブセンティーズム ※2 の損失が大きいことから、メンタルヘルス対策の更なる強化が必要と考えています（④）。

ストレス状況別の
プレゼンティーズム損失割合

非高ストレス　10.35

高ストレス　16.33

（図4：高ストレスとプレゼンティーズムの関係性）

ストレス状況別の
アブセンティーズム損失日数

非高ストレス　3.12

高ストレス　6.16

（図5：高ストレスとアブセンティーズムの関係性）

※2　プレゼンティーズムとは、出勤しているにも関わらず、心身の健康上の問題が作用してパフォーマンスが上がらない状態のこと。
　　　アブセンティーズムとは、心身の体調不良が原因による遅刻や早退、就労が困難な欠勤や休職など、業務自体が行えない状態のこと。
　　　プレゼンティーズム損失割合は、WHO-HPQを用いて相対的プレゼンティーズムを算出。
　　　アブセンティーズム損失日数は、3ヶ月間における風邪や体調不良による休職日数を取得し、年間換算して算出。

さらには、労働力の損失及び生産性の低下を防止するため、がんや女性特有の疾病については早期発見・対応を継続していくことが重要と考えています（②/③）。

（西松建設　ホームページ「当社の健康経営について」より）

分析と対策

　まず、社員の健康面に関する指標が芳しくない場合、どのような原因が考えられるでしょうか。もちろん本人の生活習慣や持病が原因の場合もありますが、企業としてできることとしては、［問い21］で解説した次の3つの取り組みが考えられます。

健康増進のための代表的な取り組み

A：健康状態をチェックする（健康診断やストレスチェックの実施など）
B：健康の促進と啓発をする（健康増進のプログラムの提供など）
C：健康を害する行為を禁止する（長時間労働防止や禁煙推進など）

　これらに加えて、精神的・社会的に健康となる職場づくりまで踏み込むことが重要でした。こちらも復習を兼ねて確認しておきましょう。

精神的・社会的に健康となる職場づくり（と関連する問い）

・仕事の進め方について裁量を与える（問い13）
・働く時間と場所の柔軟性を高める（問い19）
・職場の問題や個人的ニーズについて話し合い、解決する場を設ける（問い13）
・人員を適切に配置して、仕事量を適正にする（問い04〜07、問い13）
・同僚同士で協力的な関係を築けるようにする（問い14）

では、安全面に関する状況が芳しくない場合、どのような原因が考えられるでしょうか。まずは［問い22］で解説した「ミス・エラーが生じる5つのM（原因）」をたどっていくことが考えられます。

単発的な事象に対する原因を探り、対応策を練ることももちろん必要ですが、ほとんどの場合「Management（仕組み）」を整備する必要性に行き着くでしょう。それは、こうした事故には「バードの法則」というものがあるからです。これは175万件もの事故報告の調査に基づき1969年にFrank E.Bird Jr.氏が提唱した法則です。[48]

1件の重大事故の背後には、10件の軽傷を伴う事故、30件の物損のみの事故がある。さらにその背後には事故寸前だった600件の異常事態（ヒヤリとしたりハッとする危険な状態）が隠されている、というものです。

つまり、モグラたたきのように、顕在化した事故に対応するだけでは堂々巡りになるため、潜在的な問題も含めて抑制する仕組みが必要になるのです。**対策の基本となるのは「労働安全衛生マネジメントシステム（OSHMS）」を構築することでしょう。**これはILO（国際労働機関）や厚生労働省からも指針が策定されています。

労働安全衛生マネジメントシステムの構築にあたっては、まず事業者が安全衛生方針を表明し、その上で危険や健康障害を防止する措置を決めます。そして安

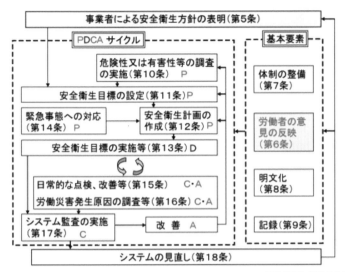

（厚生労働省　職場のあんぜんサイト）

全衛生の目標を設定して、その計画を作成し、実施するという手順を踏みます。

　中でも重要なのが、定期的に仕組み自体もチェックや見直しを行い、全体として PDCA サイクルを回していくことです。こうした仕組みを導入することで、労働災害発生率が 3 割程度低くなるという結果も出ています。[49]

　ビジネスに携わる人にとって「PDCA サイクルをつくる」というのは「当たり前のことじゃないか」と思われるかもしれません。しかし、安全衛生の仕組みだけにかかわらず、計画や実行はされているものの、意外と C（チェック）や A（改善）ができていないものです。「いつ、誰が、どんな基準で、どのように、何をチェックするのか」「それをどのようなアクションにつなげるのか」というルールが整備されているかを改めて確認してみると良いでしょう。

「コンプライアンス違反の数は抑えられているか？」を測定する指標

	指標	計算式・備考	掲載	開示等
①	コンプライアンスに関する苦情の件数及び種類	ー	ISO/指針	ー
②	内部通報（従業員ホットライン）の件数	ー	ー	ー
③	懲戒処分（やコンプライアンス違反）の件数と種類	ー	ISO	
④	人権等に関する苦情の件数及び種類	ー	ISO/指針	
⑤	内部監査による指摘数	ー	ー	ー
⑥	外部監査による指摘数	労働基準監督署や関係省庁からの監査による指摘数	ISO	
⑦	人権問題の件数	ー	指針	
⑧	業務停止件数	ー	指針	
⑨	コンプライアンス研修を修了した従業員の割合	ー	ISO/指針	ー

　［問い47］に関する指標をご覧ください。①②は、主に内部の従業員の声です。これは先ほどご紹介したバードの法則の「600件のヒヤリとしたりハッとする危険な状態」に相当するものといえます。そこから進展すると③以降の顕在化した問題に発展していきます。それがさらに進展すると、⑦人権問題や、⑧業務停止といったより深刻な事故につながっていきます。ゆえに、①②の段階でどこまでリスクを検知して、先行した対応をできるかが肝となります。

　②内部通報が多い企業は、経済誌などで毎年発表されています。例えば、2021年度で最も内部通報件数が多かった5社は図3-22のとおりです。

図 3-22　内部通報件数

順位	指標	内部通報件数		内部通報窓口		権利保護に関する規定
		2021年度	2020年度	社内	社外	
1	日産自動車	1,764	1,166	他	他	●
2	スギホールディングス	1,254	832	●		●
3	アイシン	1,038	850	●	●	●
4	セブン&アイ・ホールディングス	1,024	1,144	●	●	●
5	日立製作所	1,023	639	●	●	●

出所：東洋経済オンライン（2023.5.28）

　こうした件数の多さは、決してネガティブではなく、オープンで健全な文化が醸成されていると見ることもできます。企業における不正発生の経路の58.8%が内部通報によるものであり、大事故を防ぐためにはこうした内部通報を有効に活用する必要があるからです。[50]

　日本の調査では、従業員100人あたり1.3件程度の通報が平均値となっています。[51]海外の調査でも、100人あたり1.4人というデータもあり、自社の通報数が多いか少ないかの判断基準として活用できるでしょう。[52]逆に内部通報件数が異常に低い値となっている場合、組織としての隠ぺい体質が疑われ、不祥事などが一気に噴出する可能性もあります。

分析と対策

　②内部通報は「鉱山のカナリア」のように危険を知らせる重要なバロメーターになっています。しかし、実際には通報件数が年間５件以下という企業は47.4%と世の中に半数程度を占めており、０件だった企業も２割程度存在します。[53]もちろん、コンプライアンス違反がまったく起こっていないことも考えられますが、

そうでないとすると、いつかは堤防が決壊して大事故に至る可能性もあります。

　では、どうすれば良いのでしょう？　内部通報を妨げる大きな要因として挙げられるもの[54]は、主に以下の3点です。

・**匿名でも、自分が通報したことが分かってしまうから**
・**通報したら逆に不利益な扱いを受けそうだから**
・**通報しても、きちんと対応してくれなさそうだから**

　もちろん、公益通報者保護法（2022年6月改正）により、秘密保持の徹底や通報者の保護などは既に企業の義務となっています[55]。しかし、こうした対応をしても、なお健全な通報がされない場合は、**組織文化そのもの（問い02）や、エンゲージメント（問い16）に問題**がある可能性もあります。

　例えば、経営陣やマネジメントが絶対的な権限を持ち、メンバーが異議を唱えられない文化や同調圧力が強い文化、犯人捜しをしようとする文化が根づいてしまっている場合、どれだけ内部通報の仕組みを整えても、活用されることはないでしょう。

　また、従業員が通報するには、相当なエネルギーや覚悟が必要です。会社や職場に対する愛着がなければ、不正があったとしても「自分には関係ないや」「どうせすぐ辞めるからいいや」と思って見過ごしてしまうことでしょう。ゆえに**組織文化やエンゲージメントの領域まで踏み込んだ改善が必要**なのです。

「人に関する問題の数は抑えられているか？」を測定する指標

	指標	計算式・備考	掲載	開示等
①	労務問題に関する人事への相談件数	—	—	—
②	内部通報（従業員ホットライン）の件数 （特に労務問題・ハラスメントについて）	—	—	—
③	懲戒処分の件数及び種類（特に労務問題）	—	ISO/ 指針	—
④	労働者との紛争発生数	—	ISO	—
⑤	ストライキの発生頻度	ストライキの発生頻度を経年 で可視化する	—	—
⑥	労務問題対応やコミュニケーション 研修を修了した従業員の割合	—	—	—

　［問い48］に関する指標をご覧ください。基本的な構造は先ほどの［問い47］と同じです。まず①②の数で潜在的な問題がどの程度あるかが判断できます。問題が顕在化すると、③懲戒や④紛争、⑤ストライキといった重大な影響を及ぼす事件・事故へとつながっていきます。

　人に関する問題もさまざまなものがあります。厚生労働省の「令和3年度個別労働紛争解決制度の実施状況」によると、総合労働相談コーナーに寄せられる相談事項の件数は資料3-16のとおりとなっています。

（2）民事上の個別労働紛争｜相談内容別の件数

ほか　計138,063

雇い止め	14,346	（4.1%）
出向・配置転換	10,749	（3.0%）
雇用管理等	8,913	（2.5%）
募集・採用	2,537	（0.7%）
採用内定取り消し	1,924	（0.5%）
その他の労働条件	57,847	（16.4%）
その他	41,747	（11.8%）

令和３年度
民事上の個別労働紛争

相談件数
（※内訳延べ合計件数）
計352,914件

いじめ・嫌がらせ
86,034
（24.4%）

自己都合退職
40,501
（11.5%）

解雇
33,189
（9.4%）

労働条件の引き下げ
30,524
（8.6%）

退職勧奨
24,603
（7.0%）

（厚生労働省　令和３年度個別労働紛争解決制度の実施状況　より）

　特に、「いじめ・嫌がらせ」が全体のほぼ４分の１を占めており、近年顕著に増加傾向にあります（前年比8.6%の増加）。

分析と対策

　こうした問題は［問い23］で解説したとおり、大きくは「ルールがない・不適切」なことか、「（主にマネージャーの）知識・意識が足りない」のいずれかが原因で生じます。特に、後者のマネージャーの意識面に関してはどのように対応していけば良いでしょう。組織開発コンサルタントのウィリアム・R・ノーナンが提唱している「認知と行動のブラインド・ループ図」（図3-23）がその理解と解決に役立ちます。

図 3-23　認知と行動のブラインド・ループ図

　これは、人と人の間でコミュニケーションが行われる際の相互作用を示しています。例えば、マネージャー（自分）と部下（相手）の間のやり取りを例に挙げてみましょう。

・相手の行動：部下が遅刻をしてきた
・自分の認知：部下の怠慢な意識が問題だと思った
・自分の行動：部下を呼び出して叱った
・相手の認知：部下は「昨日、事前に相談していたのにな・・・。こんな嫌みな言
　　　　　　　われ方はないし、やってられないな」と感じた

　部下（相手）の認知は、次の行動につながり、これがループしていきます。では、この４つの領域の中で、自分では把握できない（完全な情報を得ることができない）項目はどれでしょう？

　まず「相手の認知」です。相手がどう思っているかは正確な情報を得ることは難しいでしょう。
　もうひとつは「自分の行動」です。大切なプレゼンテーションで、ガチガチに緊張して「あ〜、全然うまくできなかったな」と思っていても、実は他者からは

「そう見えていなかった」と言われたことはありませんか？ このように、自身の行動や表情は、十分認識できていないのです。つまり先ほどのループ図の半分は自分に「見えていない」のです。

これに加えて「自分の認知」も怪しいものです。本書でも何度か触れたように、人間には心のフィルター（バイアス）がたくさんあります。こう考えると、「コミュニケーション」は、半分の領域で目隠しがされており、残りの一部も歪んでいるという恐ろしい状況下で行われているのです。こうしたことをマネージャー側が認知していないと、先ほど挙げた例ではすぐに「パワハラだ」という訴えにつながる可能性もあります。ゆえに、[問い23] で紹介したような**マネージャーの自己認知やコミュニケーションのトレーニング**が重要になるのです。

ここまで［領域**6**］では、「健康・安全な状態の実現度」「コンプライアンスや人の問題の抑制状況」を確認してきました。最後の［領域**7**］では「適切に人事体制を整備できているか」の確認方法を考えていきましょう。

	問い46 健康・安全な職場がつくられているか？	問い47 コンプライアンス違反の数は抑えられているか？	問い48 人に関する問題の数は抑えられているか？
レベル5	従業員の健康・安全に関する事故は発生しておらず、かつ潜在的リスクも含めて統制が効いている状態である	コンプライアンス違反やそれに準じる事案は発生しておらず、かつ潜在的なリスクも含めて統制が効いている状態である	人事労務に関するトラブルは発生しておらず、かつ潜在的なリスクも含めて統制が効いている状態である
レベル4	従業員の健康・安全に関する事故は直近1年以上ほぼ発生しておらず、健康・安全は維持されている状態である	コンプライアンス違反やそれに準じる事案は直近1年以上ほぼ発生していない	人事労務に関するトラブルは直近1年以上ほぼ発生していない
レベル3	従業員の健康・安全に関する事故は発生することもあるが、一定程度制御が効いている状態である	コンプライアンス違反やそれに準じる事案は発生することもあるが、一定程度制御が効いている状態である	人事労務に関するトラブルは発生することもあるが、一定程度制御が効いている状態である
レベル2	従業員の健康・安全に関する事故は多く発生している（統制が効いていない）	コンプライアンス違反やそれに準じる事案は多く発生している（統制が効いていない）	人事労務に関するトラブルは多く発生している（統制が効いていない）
レベル1	測定・把握していない	測定・把握していない	測定・把握していない

領域 7

「適切に人事体制を整備できているか？」
指標一覧と分析・対策

人事として高い貢献ができているか？

人事組織としての
人員数（生産性）は適切か？

　第2章の［領域**7**］では、人事としての体制をつくり、能力を高め、データとしての武器を手に入れる方法について考えてきました。本章の［領域**7**］ではその実現度について、上記2つの問いを通じて確認していきましょう。

「人事として高い貢献ができているか？」を測定する指標

	指標	計算式・備考	掲載	開示等
①	人事からの経営・事業への提案件数	―	―	―
②	事業戦略や人材戦略、マネジメントに関する方法論などの相談件数	経年で可視化し、人事組織の重要性（信頼度）の向上を示す	―	―
③	人事に対するステークホルダーからの評価結果（満足度）	経営陣や事業リーダーに対するアンケート等による調査	―	―
④	人事関連の取り組みに関する第三者機関による評価（受賞実績）	各種表彰の受賞実績	―	―
⑤	［問い30］や［問い31〜48］の中で重要な指標			

　［問い49］に関する指標をご覧ください。人事としての貢献度を最も示しているのは［問い30］で解説した人的資本ROIや、従業員・社会へのインパクト、経

営戦略実現への貢献でしょう。そして、これまでの問いで解説してきたあらゆる指標が、「人事の通信簿」といえます。

　こうした定量的な指標以外でも、①～③といった定性的側面から貢献度を測定することが考えられます。人事部門を含めた間接部門では、関係者からフィードバックをもらう機会は稀ですが、人的資本の開示と同様、「他者の目に晒される」ことで、健全な緊張感と改善意識が生まれます。

分析と対策

　③ステークホルダーからの評価結果（満足度）を調査している場合には、そこからどういった点に課題があるかを分析してみましょう。また、「**人的資本経営 実践度診断**」を経営陣や事業リーダーに渡して採点してもらっても良いでしょう。人事側で自己診断した結果と、経営・事業サイドの認識ギャップが明らかとなります。

　例えば、人事としては、人の調達や、人の育成に関してよくできていると認識しているとします。しかし、経営や事業目線からすると、人材の質の面で満足していない、または事業の本質的な課題を解決するような教育機会が提供できていないといった認識を持っているかもしれません。「人的資本経営 実践度診断」はこのような使い方もできます。

「人事組織としての人員数（生産性）は適切か？」を測定する指標

	指標	計算式・備考	掲載	開示等
①	人事部員一人あたりの従業員カバー人数	従業員数÷人事部員数	—	—
②	従業員一人あたりの人事機能コスト	（人事部員の人件費＋人事システム費＋外注費）÷従業員数	—	—
③	業務の内製化比率	—	—	—

　人事組織としても、費用対効果（生産性）を意識することが大切です。人事として人が多すぎたり、コストが必要以上にかかっていれば、改善していく必要性があります。

　それをふまえて、［問い50］に関する指標をご覧ください。①「人事部員一人あたりの従業員カバー人数」は、従業員数÷人事部員数で計算されます。例えば、従業員が1,000人、人事部員が20人であれば、1,000÷20＝50人という数字になりま

資料 3-17

(パーソル総合研究所「人事部大研究」(2021)より)

す。要は、人事部員1人で、何人の従業員のお世話をしているかということです。

　パーソル総合研究所の「人事部大研究」という調査[56]では、企業規模ごとに、どの程度の人事部員がいるかのデータが示されています（資料3-17）。こうした情報を活用しながら、人事部員数の多寡を判断しても良いでしょう。

分析と対策

　人事部員が多すぎる、またはランニングコストがかかりすぎている場合は、どのような原因や対応が考えられるでしょうか？

　まずは、定型・定常業務に人員が割かれすぎていることが考えられます。
　大手コンサルティングファームのEY社によると、人事組織が担う業務の72％はAIやシステム化の余地があるとされています[57]。
　業務の複雑性・独自性が高くないものや新しい物事を生み出す必要がないものは今後、AIやシステムによってどんどん代替されていく可能性があります。また、あえて社内の人間がやらなくても良い業務は外部委託を行う余地もあります。このように考えると、中長期的な目線で、人事組織内に残る業務は極めて限定的になることが考えられます。

　人事の中に残る業務領域のひとつは「人の心を動かす」仕事です。人や組織の変革を行ったり、人の育成やコーチングを行う。こうしたことはAIやシステム、外部委託先にはできません。確かに、組織変革やコーチングで、外部のコンサルタントやエグゼクティブ・コーチなどに一部の業務を委託することはあり得ます。しかし、人の心を動かす仕事は継続的な働きかけや、相手に対する理解が重要であり、内製化が望ましいでしょう。

　人事の中に残る業務領域のもうひとつは、企業独自のストーリーに基づき、戦

図 3-24　人事の役割変化

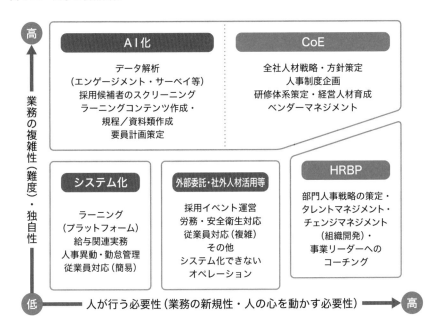

略や方針を考える仕事です。これは、人事企画（CoE）が担うことになりますが、こうした業務は年から年中発生するものではないため、常設組織である必要はありません。ゆえに人事企画（CoE）は、必要なときにメンバーを集めて組成する「プロジェクト型組織」になっていくことが想定されます。このような考え方に基づき、将来的な人事業務がどのようになっていくかを整理したものが図3-24です。

　こうした人事の未来像と、自社の人事を見比べてみると、より効率化や高度化を行える余地が見つかるかもしれません。人事の変革を通じて、会社全体として人と組織の進化を加速させていきましょう。

ここまで［領域7］では、「人事としての高い貢献の実現度」や「人事組織としての生産性」を確認してきました。最後にここまでの［領域0］〜［領域7］で整理してきた問いに対する答えや指標を整理していきましょう。

	問い49 人事として 高い貢献ができているか？	問い50 人事組織としての 人員数（生産性）は適切か？
レベル5	経営や事業から特に高い信頼を得ており、組織設計や人材マネジメントなど、あらゆる事項の相談が寄せられる	人事として必要機能が研ぎ澄まされており、最低限の人員で、高い貢献度を実現できている
レベル4	経営や事業からパートナーと認められており、人事からの提案に関して建設的な議論ができる関係性を構築している	人事組織として適切な人員数（量）が配置されているだけでなく、高い質を持った人材が充足されている
レベル3	人事として、従業員・事業側・経営陣との意思疎通を適時行っており、一定の信頼が得られている	人事組織として適切な人員数が配置されている
レベル2	人事として、従業員や経営・事業側の信頼を十分得られていない（ミス・エラーが多発・適切な提案ができていない）	人事組織として人員数が少なすぎる・または多すぎる
レベル1	測定・把握していない	測定・把握していない

答えを整理して、可視化・開示の指標と仕組みをつくる

　ここまで領域 **0** から **7** において、どのような問いに答え、どのような指標を活用していくべきかを確認してきました。

　本章の冒頭で説明したとおり、すべての指標を使用する必要はありません。まずはパーパス→経営戦略→ビジョン・人事戦略というストーリーの中で、実現度や進捗を把握すべき重要ポイントを「指標」にして、可視化することが重要です。

　選んだ指標を本書の特典「人的資本可視化・開示フォーマット」に落とし込んでみましょう。まずは領域 **0** として、「人的資本の貢献」を測る定量的な指標を入れ込みます。併せて、「人事戦略は経営戦略にどう貢献したか」を定性的に文章化して整理していきましょう。

　その次に領域 **1** として、「ありたい人と組織が実現されているか」を測るための指標とその状況（前年比や業界平均比較、他社比較）整理を行います。そして、定量的な分析に留まらず、そこから導き出される示唆や、今後の対応方針についても言語化していくことが望ましいでしょう。領域 **2** 〜 **7** でも同じような作業をしていくと、フォーマットが完成します。

　ここで落とし込んだ情報は、経営会議などで人的資本の状況を確認し、議論するために使用するのも良いでしょう。また、情報を絞り込んだうえで、人的資本の開示資料のたたき台として活用することも考えられます。

　特に開示においては、第2章の「人事戦略フォーマット」で整理した情報と併せて示すことをお勧めします。指標や数値はあくまで結果しか示しておらず、「ど

ういう方針でどういう取り組みをして、このような結果になったのか」を示すことが、受け手のさらなる理解につながるからです。

　この第2章と第3章はある意味、人間の「脳」と「五感」の関係に近いものがあります。人間は目隠し、耳栓などで感覚器に刺激が入らない状態に置かれると、2〜3日で精神（脳）に異常を来したり、幻覚を見たりすることが実験で分かっています。[59]

　人事戦略と可視化・開示の関係性も同様です。人事戦略はある意味、各種取り組みの司令塔となりますが、フィードバックがなければ、描く人事戦略が幻覚に近いものになってくる可能性があります。反対に、五感（可視化・開示）で得た情報を、脳（人事戦略）に正しくフィードバックすれば、脳（人事戦略）自体の精度も高まっていきます。

　そのため、第2章の人事戦略を描くことと同様に、第3章の可視化・開示も併せて取り組んでいくことが重要なのです。「50の問い」に答えていくことは大変な作業ですが、健全な人・組織をつくり、人材・顧客・経営者・株主にとって素晴らしい会社にするために、できることから取り組んでいただければと思います。

エピローグ　50の問いの先にあるもの

　人的資本経営・開示の実現に向けた、「問いをくぐり抜ける旅」はここで終わりを迎えます。長い道のりだったかと思いますが、ここまで一緒に歩んでいただき、ありがとうございます。

　この旅路を通じて「自分なりの答え」が見つかった問いもあれば、そうでないものもあるでしょう。例えば、第2章では、問いに答えを出すための「答え方」を解説しました。しかし、答えに行き着く道筋は無限に存在します。

　本書では私の経験や知識から「答え方（解決アプローチ）」を紡ぎ出していますが、皆さんがお持ちの経験や知識から新たな考え方や手法を生み出していただくことも可能です。本書のアイデアを踏み台にしてイノベーションを生み出していただくことも、知的刺激に満ちたアクティビティとなるでしょう。

　さらにいえば、「問い」自体を皆さんで生み出していただくことも可能です。人の健康と同様に、人・組織において考えるべき点は無数存在しています。
　例えば、領域❷で論じた「人の育成」の対象をより絞り込むと、「経営者（後継者）育成をどのように行うのか」という問いが生まれます。このように問いを絞り込んだりずらしたりするだけで、考えるべきテーマは無限に生まれてきます。

　本書では、人と組織を健康なものにするために、「どの会社でも重要となる問い」を紹介してきました。しかし、**あなた自身の会社が答えるべき問い**は、おそらくこの50個以外にも存在するはずです。

　早稲田大学ビジネススクール教授である内田和成氏は、著書『論点思考』（東洋経済新報社）で、問いに関して次のように述べています。

> あなたがいま解いている問題、これから解こうとしている問題は正しいのだろうか。（中略）問いの設定を間違えていたら、その問いを解いても成果は得られない。

つまり、「解いていくべき問い自体は何か」を問うことも必要なのです。

第2章で紹介した「人・組織のビジョンと人事戦略をつくる26の問い」は、元をたどると7つの大きな問い（例えば、領域**2**の「人の調達をどのように行うか？」など）に行き着きます。では、この7つの問いをさらに遡ると、どのような「根源的な問い」にたどり着くでしょうか？

それは「**人や組織のことを真剣に考えているか？**」です。本書の問いはすべて、この根源的な問いに対して、「もちろん、真剣に考えています。なぜなら……」と自信を持って答えるためのプログラムでもあります。

経営者や人事の方々として、人や組織のことを、決して真剣に考えてこなかったわけではないでしょう。しかしこれまでは、人づくりや組織づくりについて「何をどう考えれば良いのか」「どこまでできれば良いのか」という疑問に対して、判断の拠りどころがありませんでした。

また、人・組織の領域は関連性のある事項が多すぎて、何から手をつければ効果的なのかも分かりにくいテーマです。例えば、「退職率が高い」という問題が発生しても、何からどう考えていくべきかのセオリーはありませんでした。

本書の問いや答え方（解決アプローチ）がこうした悩みを解消する一助になることができれば、非常に光栄に思います。

人的資本経営は日本を変える取り組み

人的資本経営が「人と組織のことをより真剣に考えていく」ことだとしましょ

う。では、なぜこうした取り組みが必要なのでしょうか？

　もちろん、企業としての競争力や価値を高めていくことも目的のひとつです。しかしその先は、日本という国自体の競争力や価値の向上にもつながっています。

　日本人には「人を宝として大切にしてきた」という強い自負があるように感じます。しかし、実際のデータを眺めてみると、そうもいえない状況となっています。

　例えば、各国の人材の優秀さなどを評価したIMD（国際経営開発研究所）の「世界人材ランキング」。2023年の結果として、日本は64カ国中43位でした。しかも順位は年々下がってきています。

　これは、「人材に対する投資育成の手厚さ」「内外の人材を惹きつけられる国としての魅力」「自国人材の能力の高さ」の３点に基づいて順位づけがされています。

　人材に対する育成の手厚さを詳しく見ていくと、日本はGDP比の0.1%程度が投資されています。一方アメリカはGDP比の2%程度の投資となっており、20倍以上の開きがあります[1]（図4-1）。

　こうしたデータは、ともすれば「日本はOJTで育成している。その教育投資が含まれていないからだ」という反論が聞こえてきそうです。

　では、OECD諸国におけるOJTも含めた教育投資額（GVA：総付加価値額との比較）のデータ[2]を見てみましょう（図4-2）。確かにOJTへの投資は諸外国に負けているわけではありませんが、トータルとしての教育投資額は大きく劣ってい

図 4-1　人材投資（OJT 以外）の GDP 比

国	人材投資(OJT以外)のGDP比
米国	2.08%
フランス	1.78%
ドイツ	1.20%
イタリア	1.09%
英国	1.06%
日本	0.10%

学習院大学 宮川努教授による推計（厚生労働省「平成 30 年版 労働経済の分析」に掲載）2010-2014 年のデータを活用

るという結果となっています。なお、インフォーマル学習とはOff-JT（企業内研修）、フォーマル訓練は教育機関での学習です。

図 4-2　OECD 諸国における企業内訓練への投資額

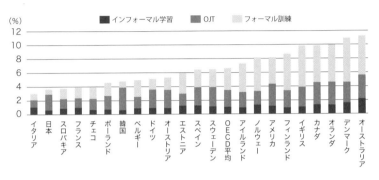

「企業側からの教育投資」が十分でないとすると、「人材側の自主的な学び」はどうでしょう。社外学習や自己啓発を行っている人の割合を確認してみましょう。残念ながらこちらも悲観せざるを得ない結果となっています。パーソル総合研究所の調査によれば、日本において、「現在は自己投資しておらず、今後も投資する予定はない」と回答した人は42%にのぼります。[3] これは諸外国の数倍となっており、圧倒的に多い数字です。

では、なぜ自己学習をしない人が多いのでしょう。実は「学ばない理由は特にない」のです。リクルートワークス研究所が「仕事に関連した学び行動をとらなかった理由」[4]を調査した結果、51.2%の人が「あてはまるものはない」と回答しています。

この結果をもって「人材側の意識の低さ」ばかりを責めることはできません。

［問い10（人材にどのように学んで成長してもらうか？）］で触れたように、大人の学びには、「目的や動機の醸成」が必要です。

「学ぶ必要がない」と考えているということは、職場において学ぶことに対する目的意識や課題意識を持ってもらう仕組みやきっかけが不足しているのです。つまり「学ばなくてもなんとかなる」職場環境なのです。

少し脱線した振り返りになりますが、第2章では26の問いに対する「答え方（解決アプローチ）」を解説してきました。実はこれらの「答え方」には軸となる思想が存在しています。それは**「一歩踏み込んで、今までの"当たり前"から抜け出す」**ということです。

ともすれば人間は、これまでの慣れ親しんだやり方や環境を維持しよう、現在の快適な領域（コンフォートゾーン）に居続けようという選択をしがちです。しかしそうすると、先ほど述べたように、人も組織も「学ばなくてもなんとかなる」状況に陥ってしまいます。

そうした状況から抜け出して、一歩外に出る（または外に出す）仕組みやきっかけをつくる。これが、人的資本経営で実践すべきことなのではないでしょうか。

「ちょっとした一歩」の積み重ねが、人や組織を、そして企業を進化させていく。そして最終的には、国としての力や魅力を高めていく。こうしたことを実現させていくのが、人的資本経営に取り組む真の意義なのかもしれません。

謝辞

本書を執筆するにあたって最も迷った点のひとつは、冒頭の書き出しを何から始めるかということでした。自己紹介から始めるべきか、突飛なことを書いて目を留めてもらおうか、いろいろと書いては消し、書いては消し……の繰り返しをしていました。

そんな中で、クライアント企業であるツムラ様とのミーティングに参加した際に、ひとつ気づきがありました。それは、ミーティングの場で同社社員の方に発言を求めて指名させていただくと、まず最初に必ず「ありがとうございます」とおっしゃってから話しはじめられるのです。これは、社長、役員、管理職を含むすべての方がそうでした。

　感謝から始まり、感謝で終わる。そんな書籍にしようと、そのとき決めました。

　まず感謝を申し上げたいのは、人的資本経営という概念を生み出し、その普及と推進に身を捧げておられる伊藤邦雄先生。先生のご提言があったからこそ、人に対する向き合い方に大きな変化が生じているのではないでしょうか。また、神戸大学時代に、人と組織に関する考え方の基礎をたたき込んでいただいた金井壽宏先生。濃厚な知識のシャワーが今でも活かされています。次に、本書出版のきっかけをつくっていただき、執筆に際しても貴重なフィードバックをいただいたHRストラテジーの松本利明さん。松本さんなしに本書はこの世に生まれてきませんでした。そして、多面的な物事の見方を教えてくださった株式会社イワ・クリエイティブの松田創さん。本書には、松田さんに教えていただいたエッセンスが至るところに表れていることに、書き上げてみて気づかされました。そして最後に、7ヶ月間一緒に伴走いただき、私の拙い原稿を素晴らしいものに磨き上げていただいた編集者の千葉正幸さん。本当にありがとうございます。

　「この人のおかげで本書を書き上げることができた」。それはある意味、私が今まで出会ってきたすべての人かもしれません。

　家族や友人、知人、これまで私が所属してきた会社の上司・同僚・ビジネスパートナーの皆さん、すべての方に感謝いたします。そして、最後までお読みいただいた読者の皆様にも、あらためて感謝を申し上げます。ありがとうございました。

2024年1月吉日

【執筆サポート（原稿確認・リサーチ・図表作成など）】

中川 裕貴	小川 知哉
清水 駿	芳田 幸奈
齋藤 友哉	廣田 晃平
花谷 幹継	白石 朋
岡松 翔太	石井 葵
山口 貴一	中尾 円香
鏡畑 美乃里	川島 菖
矢島 貫	

脚 注 一 覧

プロローグ

1　ハル・グレガーセン『問いこそが答えだ！』（2020）

第1章

1　OCEAN TOMO. A PART OF J.S HELD, INTANGIBLE ASSET MARKET VALUE STUDY .2020

2　世界経済フォーラム『Human Capital as an Asset』（2020）レポート等

3　Crook, T. R., Todd, S. Y., Combs, J. G., Woehr, D. J., & Ketchen, D. J., Jr. (2011). Does human capital matter? A meta-analysis of the relationship between human capital and firm performance. The Journal of Applied Psychology, 96(3), 443–456.

4　2023年時点　日本経済新聞社調べ（2023.6.23記事）

5　西岡 杏『キーエンス解剖　最強企業のメカニズム』（2022）

6　具体的なターゲットとしては169個

7　PR Times（2022.7.4）株式会社エフェクチュアル「企業の役員や人事担当者による不適切発言が採用活動に与える影響」の調査より

8　株式会社日本総合研究所.【第1回】人的資本経営概論 〜従来の経営スタイルとの比較を通じた理解〜. 2022

9　労務行政研究所. 人事制度の実施・改定動向. 労政時報. 2022　52.6％は一般社員層の数字。管理職層においては40.3％

10　「人的資本」と「人的資産」は一般的に使い分けられていないが、無形資産として人を説明する場合や、投資先、または投資の結果生じる価値を表現する場合は「資産」と表記されているケースが多い。逆に人という元手を活用して企業価値などを生み出す場合には、「資本」という表現を用いる場合が多いと考えられる。本書においては、基本的に「資本」という表現を使っているが、先述したようなケースにおいて「資産」を使ったほうが良い場合には人的資産と表記している

11　Marx, K., Zur Kritik der Politischen Ökonomie(Manuskript 1861/63), Teil 4, MEGA., 2te Abt., Bd. 3, Berlin, 1979.

12　Taylor, F. W. The principles of scientific management. Harper and Brothers , 1911

13 国内フリーランス1,670万人 1年で57%増. 日本経済新聞. 2021-3-31

14 ワークポート「『経営理念（ミッション、パーパス)』についてのアンケート」（2022)

15 エデルマン・ジャパン「エルデマン・トラストバロメータースペシャルレポート：『ビリーフ・ドリブン』」（2021)

16 リクルートマネジメントソリューションズ『若手・中堅社員の自律的・主体的なキャリア形成に関する意識調査』（2021)

17 厚生労働省「令和2年転職者実態調査の概況」（2021)

18 転職動向調査2022年版（2021年実績）マイナビ

19 デロイト トーマツ グループ『Z・ミレニアル世代年次調査2022』（日本の結果)

第2章

1 経済産業省「人材版伊藤レポート」および「人材版伊藤レポート2.0」

2 McKinsey Quarterly「ING's agile transformation」（2017)

3 グロービス経営大学院『MBA組織と人材マネジメント』（2007）2章の内容から整理

4 PwC「グローバル組織文化調査2021」

5 Harvard Business Review『せっかちな組織では倫理が軽んじられやすい』（2020.03.19記事)

6 Jacquie Mcnish「Losing the Signal: The Untold Story Behind the Extraordinary Rise and Spectacular Fall of BlackBerry」（2016)

7 小松製作所ホームページ「コマツウェイ・人材の育成に関する方針」より

8 Six Seconds White Paper「The Komatsu Case」（2020)

9 株式会社みらいワークス「企業の業務委託利用に関する実態調査」（2022)

10 ヤマト運輸ホームページ「人材育成方針と育成制度」より

11 Recruit Works Institute Works誌「転勤のゆくえ」（2016.02-03)

12 日本経済新聞　2023.10.4記事

13 労政時報　第4030号（2022.2.25)

14 ダフ・マクドナルド『マッキンゼー』（2013)

15 Netflix JOBSホームページ「Netflixのカルチャー：更なる高みを求めて」より

16 内閣府. 管理職のマネジメント能力に関する アンケート調査 結果概要（最終報告). 2017

17 米テュレーン大学・地球科学教授スティーブン・A・ネルソン氏の確率計算

18 経済センサス令和3年

19 デアーネスト シャクルトン「エンデュアランス号 奇跡の生還」（2001）

20 Julian Watkins「The 100 Greatest Advertisements 1852-1958: Who Wrote Them and What They Did」（2012）

21 パーソル総合研究所「就職活動と入社後の実態に関する定量調査」（2019）

22 デービッド・アーカー『ブランド論』（2014）

23 キャリタスリサーチ「就活生の企業選びとSDGsに関する調査」

24 ソニーグループ「Sustainability Report 2023」

25 人間の欲求は下位から順に「生理的欲求」「安全の欲求」「所属と愛の欲求」「承認欲求」「自己実現欲求」という段階に分かれており、一般的な解釈としては、下位から満たされることを望むというもの。ただし、下位が満たされていなくても、上位の欲求を望む場合もあるともされている。

26 株式会社ヴァリューズ調査『2022年Webサイト訪問者数ランキング』（2022）

27 フィリップ・コトラー『コトラーのマーケティング4.0』（2017）

28 ONE GROUP『企業の採用サイトに関する意識調査』（2021）

29 ニールセン2015年調査

30 リファラル採用研究所「リファラル採用に関する海外学術研究 - 紹介行動における要因と課題とは - 」（2021）

31 リクルートワークス研究所「米国の社員リファラル採用のしくみ」（2012）

32 鈴木貴史著『人材獲得競争時代の戦わない採用「リファラル採用」のすべて』（2023）

33 マイナビ　中途採用状況調査 2021

34 リファラル採用研究所「リファラル採用に関する海外学術研究 - 紹介行動における要因と課題とは - 」（2021）

35 デロイトトーマツグループ「日本企業の海外M&Aに関する意識・実態調査」（2018）

36 日本経済新聞 2013.10.8記事

37 Dachner, Alison and Makarius, Erin. "Follow the trails: A path to systematically designing corporate alumni programs"（2022）. 2022 Faculty Bibliography. 11.（John Carroll University）

38 ITmedia ビジネスオンライン 2023.9.6記事

39 リクルート社ホームページより（2022年時点制度の理論値）

40 BCG発表「2019年までの5年間における企業価値創造に優れた大型企業ランキング」（2020）トップ10には、NVIDIA、Netflix、Amazonなどが並ぶ

41 アフラック生命保険 2022年統合報告書より

42 日立製作所ホームページより（2022年）

43 KDDIホームページより（2022年）

44 Bailey. E. D by ", Research Telework of Review A;" 2011, Michel. S. J and Kossek. E. E by ", schedules work Flexible" 2015. , Lautsch. B and, Thompson. R, Kossek. E. E by ", Flexibility Balanced;" 2002　より整理

45 IT Leaders 2021.6.28記事

46 加藤洋平『なぜ部下とうまくいかないのか「自他変革」の発達心理学』（2016）

47 全体を制御しているソフトウェアでiOSやAndroidなど

48 リクルートキャリア社「就職プロセス調査」において、新卒生が就職先を決める際、決め手となる項目の1位が「自らの成長が期待できる」（2023年卒）

49 マルカム・ノールズ（堀薫夫・三輪健二監訳）『成人教育の現代的実践 -ペダゴジーからアンドラゴジーへ-』（2002）

50 加藤俊徳『一生頭が良くなり続ける　すごい脳の使い方』（2022）

51 ローミンガーの法則　人の学びは「職務上の経験」から7割、「他者」から2割、「トレーニング」から1割もたらされると言われている

52 モーガン・マッコール『ハイフライヤー』（1998）

53 日経ビジネス 2023.3.28記事

54 日立製作所リリース資料「経営戦略に連動した人材戦略の実行」（2022）

55 ITmedia ビジネスオンライン「何を学べばいいか分からない　社員3万人に『気づかせる』日立の大規模リスキリング」2023.3.30記事

56 日本経済新聞「リスキリング、掛け声の先に成長は描けるか」2023.7.23記事

57 経済産業省『IT人材の供給動向の予測』(2016)

58 野村総合研究所「日本の労働人口の49％が人工知能やロボット等で代替可能に」(2015)

59 一般社団法人ジャパン・リスキリング・イニシアチブ資料

60 世界経済フォーラムから発表された「The Future of Jobs Report 2020」においても、「従業員の2人に1人はリスキリングが必要」「それ以外の従業員も、自分が持つ40％のスキルを変化させることが必要」と予測されている

61 パーソル総合研究所「リスキリングとアンラーニングについての定量調査」(2022)

62 松尾睦『仕事のアンラーニング』(2021)および上記パーソル総合研究所の調査

63 ジャグディシュ・N・シース『自滅する企業　エクセレントカンパニーを蝕む7つの習慣病』(2008)

64 羽生善治『直観力』(2012)

65 日本経済新聞『資生堂、幹部の指南役は20代　「逆メンタリング」で絆』(2023.9.14記事)

66 Matthew Callら "Stargazing: An Integrative Conceptual Review, Theoretical Reconciliation, and Extension for Star Employee Research" (2015) や B. Groysberg et al., "Can They Take It with Them? The Portability of Star Knowledge Workers' Performance," Management Science, 2008.

67 FNNプライムオンライン『「小さなことを積み重ねることが、とんでもないところへ行くただ一つの道」イチローがくれた未来』(2019.3.25記事)

68 アンジェラ・ダックワース『やり抜く力 GRIT（グリット）――人生のあらゆる成功を決める「究極の能力」を身につける』(2016)

69 アンジェラ・ダックワース『やり抜く力 GRIT（グリット）――人生のあらゆる成功を決める「究極の能力」を身につける』(2016)

70 野村総合研究所「日本人の生活に関するアンケート調査」(2023)

71 エン・ジャパン「転勤に関する調査」(2019)

72 デビッド・シロタら『熱狂する社員』(2006)、新居佳英『組織の未来はエンゲージメントで決まる』(2018)、鈴木祐『科学的な適職』(2019)、ギャラップ社のエンゲージメント定義等より整理

73 リクルート社ホームページ「人事制度・仕組み」より
https://www.recruit.co.jp/employment/mid-career/human-resources/

74 高尾義明ら『ジョブ・クラフティング』(2023)

75 Cort W. Rudolph et al.（2017）Job crafting: A meta-analysis of relationships with individual differences, job characteristics, and work outcomes

76 「心理的安全性」という言葉を生み出したハーバード・ビジネス・スクール教授のエイミー C. エドモンドソンの定義のひとつ。"What Is Psychological Safety?" HBR.org, February 15, 2023.

77 Edmondson, A.（1999）. Psychological Safety and Learning Behavior in Work Teams. Administrative Science Quarterly, 44(2), 350–383.やDuhigg, C.（2016）. What Google Learned From Its Quest to Build the Perfect Team. The New York Times Magazine.、"Research: To Excel, Diverse Teams Need Psychological Safety," HBR.org, March 17, 2022.より整理

78 上記に加えて、エイミー・C・エドモンドソン『恐れのない組織──「心理的安全性」が学習・イノベーション・成長をもたらす』（2021）、ピョートル・フェリクス・グジバチ『心理的安全性　最強の教科書』（2023）より整理

79 エイミー・C・エドモンドソン『恐れのない組織──「心理的安全性」が学習・イノベーション・成長をもたらす』（2021）、ピョートル・フェリクス・グジバチ『心理的安全性　最強の教科書』（2023）より整理

80 楽天グループホームページ「『1on1ミーティング』が生み出す、楽天流・コンピテンシー開発」

81 樺沢紫苑『精神科医が見つけた 3つの幸福』（2021）

82 高橋徳『オキシトシン健康法』（2016）

83 Diversity: 多様性、Equity: 公正性、Inclusion: 包括性、Belonging: 帰属意識

84 グループシンク（集団浅慮）とも呼ばれる。自分たちの集団に対して過大評価をしたり、「自分たちは正しい」と思い込む傾向が生じる。

85 Mariateresa Torchiaら「Board of Directors' Diversity, Creativity, and Cognitive Conflict: The Role of Board Members' Interaction」（2015）

86 能力や受けてきた教育、経験（職歴）などを含む場合もある。その場合にはスキル・ダイバーシティと呼ばれることもある。

87 Mariateresa Torchiaら「Board of Directors' Diversity, Creativity, and Cognitive Conflict: The Role of Board Members' Interaction」（2015）

88 Sujin K. Horwitzら「The Effects of Team Diversity on Team Outcomes: A Meta-Analytic Review of Team Demography」（2007）

89 Mumin Dayanら「The role of functional and demographic diversity on new product creativity and the moderating impact of project uncertainty」(2016)

90 Mariateresa Torchiaら「Board of Directors' Diversity, Creativity, and Cognitive Conflict: The Role of Board Members' Interaction」(2015)

91 Henrik Bresmanら「Exploring the Relationship between Team Diversity, Psychological Safety and Team Performance: Evidence from Pharmaceutical Drug Development」(2022)

92 Xiao-Hua（Frank）Wangら「Cognitive diversity and team creativity: Effects of team intrinsic motivation and transformational leadership」(2016)

93 ルーシー・L・ギルソン「Unpacking the cross-level effects of tenure diversity, explicit knowledge, and knowledge sharing on individual creativity」(2013)

94 Sarah Harvey「A different perspective: The multiple effects of deep level diversity on group creativity」(2013)や"Data From 3.5 Million Employees Shows How Innovation Really Works," HBR.org, October 09, 2017.

95 OECDの2022年調査結果。なお、1位はフランスの45.2%

96 山極清子「企業における女性活躍の阻害要因とその解決への道筋」(2021)

97 米国で最も権威がある調査会社ギャラップ社の定義

98 -1に近いものも重要と見なすこともできるが、EVPの要素の中で、マイナスに働くものは考えづらいこと（過去の経験上もマイナスが出る場合は、何らかのエラーが生じているケースが多い）、また仮にマイナスであったとしても、そこに打ち手を打つよりも、プラスに働く要素に打ち手を講じるほうが効率的であることからこういった表記としている。また、本来、統計的な制度を担保するには、質問としての信頼性があるか（クロンバックのα係数での検証）、サンプル数が十分か（属性が偏っていないか）、強い相関がある項目が多すぎないか（多重共線性の確認）、結果としての有意性があるか（P値での検証）など、さまざまな確認が必要。

99 高橋 潔『人事評価の総合科学』(2010)

100 評価の納得性や公平性は「分配的公平」「手続き的公平」「対人的公平」「情報的公平」があるとされている。Colquitt, J. A. (2001). On the dimensionality of organizational justice: A construct validation of a measure. Journal of Applied Psychology, 86(3), 386-400.　本書では「対人的公平」「情報的公平」の重要性を取り上げている。

101 BIGLOBE実施「承認欲求に関する意識調査」(2023)

102 Schultz, W., P. Dayan, and P.R. Montague: Science 275(5306): 1593-1599, 1997

103 労政時報 第4031号 (22.3.11)

104 労政時報 第3925号 (17.2.24)

105 マイナビ ライフキャリア実態調査2023年版

106 米企業Envoyにおいて、1,000人を対象に実施された調査 (2021)

107 "5 Challenges of Hybrid Work - and How to Overcome Them," HBR.org, February 15, 2022.

108 峰滝和典「テレワークの効果に関する実証研究」(2020)

109 Perez, M., Sanchez, A. de Luis Carnicer, P., & Jimenez, M. 2005. The differences of firm resources and the adoption of teleworking. Technovation, 25(12): 1476-1483.
Turetken, O., Jain, A., Quesenberry, B., & Ngwenyama, O. 2011. An Empirical Investigation of the Impact of Individual and Work Characteristics on Telecommuting Success. IEEE Transactions on Professional Communication, 54(1): 56-67.
Vlčková, M., Frantíková, Z., & Vrchota, J. 2019. Relationship between the Financial Indicators and the Implementation of Telework. Danube: Law and Economics Review, 10(1): 45-66.
Tripathi, P., & Burleson, W. 2012. Predicting creativity in the wild: Experience sample and sociometric modeling of teams. CSCW '12: Proceedings of the ACM 2012 conference on Computer Supported Cooperative Work.

110 労政時報 第4023号 (21.10.22)

111 パーソル総合研究所「第二回 副業の実態・意識に関する定量調査」(2021)

112 谷田千里『タニタの働き方革命』(2019)

113 東京商工リサーチ 2023年調べ

114 ボストン・コンサルティング・グループ「チェンジモンスター」(2002)

115 アメリカの脳進化学者ポール・マクリーン氏によって提唱された「三位一体脳理論」に基づく

116 ダニエル・カーネマン『ファスト＆スロー』(2012)

117 沼上幹ら『組織の＜重さ＞』(2007)

118 日経ビジネス「成功方程式の4つのキーワード」(2018.10.26記事)、ダイヤモンドオンライン「星野リゾート経営から読み解くドラッカー」(2017.3.3記事) より

119 明治安田生命「健康に関するアンケート調査」(2022)

120　東京大学政策ビジョン研究センター健康経営研究ユニット（2016）経済産業省平成27年度健康寿命延伸産業創出推進事業「健康経営評価指標の策定・活用事業」東大WG報告書

121　Lipton RB, Stewart WF, Diamond S, et al.（2001）「Prevalence and burden of migraine in the United States: data from the American Migraine Study II.」Headache. 41:646-657

122　ユナイテッド・ヘルスコミュニケーション社　2018.6.20プレスリリースより。抗ストレス者：厚生労働省業務性ストレス簡易調査票基準の上位10%に該当する者

123　経済産業省「企業による「健康投資」に関する情報開示について」（2014）

124　心幸ホールディングス「企業の健康経営に対するイメージ調査」（2022）

125　ジョンソン・エンド・ジョンソン社がグループ250社、11万４千人に健康教育プログラムを提供した結果のリターンを算出（2011）

126　ローソン「健康白書」より。なお2019年以降は記載がなく、制度としての継続性は不明。

127　日立流通のホームページ「疲労による事故リスクを生体データからリアルタイムで予測する技術を開発」のリリースより（2022.3.24）

128　WHO憲章における健康の定義より

129　"7 Strategies to Improve Your Employees' Health and Well-Being," HBR.org, October 12, 2021.

130　厚生労働省「職場のあんぜんサイト」より

131　パーソル総合研究所「企業の不正・不祥事に関する定量調査」（2023）

132　パーソル総合研究所「企業の不正・不祥事に関する定量調査」（2023）

133　Gremlin社主催「Chaos Conf 2019」でのDave Rensin氏（Google社）による講演より

134　厚生労働省「民事上の個別労働紛争相談件数」（2023）

135　KEIYAKU-WATCH 2023.5.9記事

136　八代尚宏『人事部はもういらない』（1998）

137　Danny Ferron「エクスペリエンスと価値をつなぐ意図になる組織・人事変革とは」（2020）

138　パーソル総合研究所「人事部大研究」（2018）

139　パーソル総合研究所「人事部大研究」（2018）

140　HRBPという概念を提唱したデイブ・ウルリッチ氏もCIPD「Are HR business partners

a dying breed?」のインタビュー記事で中央集権的な組織におけるHRBPの必要性について懐疑的な発言をしている（2015）

141　日本の人事部　HRアワード2022受賞者インタビュー記事（2022.12.20）

142　メディアパーク調べ「人事で働く20代100人の仕事の悩み、キャリアの不安」（2011）

143　矢野経済研究所「2023 人事・総務関連業務のアウトソーシングビジネス調査レポート」

144　Grand View Reseach「Human Resource Management Market Size, Share & Trends Analysis Report By Component, By Software, By Service, By Deployment, By Enterprise Size, By End-use, By Region, And Segment Forecasts, 2023 - 2030」

145　Gartner社のアナリティクスの段階に基づく整理

146　Reuters「Amazon scraps secret AI recruiting tool that showed bias against women.」（2018.10.10）

147　すべての応募者に同じ質問をして、同じ尺度で回答を採点し、事前に決められた要件に基づいて採用を決定する方法。応募者の入社後のパフォーマンスを測定する精度に優れているとされている

148　リクルートマネジメントソリューションズ「人事データ活用に関する実態」（2023）

149　ジョナサン・ローゼンバーグ『How Google Works（ハウ・グーグル・ワークス）―私たちの働き方とマネジメント』（2014）

150　ゲシュタルト原則

第3章

1　パーソル総合研究所「人的資本情報開示に関する実態調査」（2022）

2　Gov.UL「Statutory guidance Who needs to report」（2023）

3　テクニカルセンター「会計情報」Vol.560/2023.4

4　金融庁「企業の内容等の開示に関する内閣府令の一部を改正する内閣府令（案）に対するパブリックコメントの概要及びコメントに対する金融庁の考え方」（2022）

5　日経ビジネス 2023.9.22記事

6　文部科学省　科学技術・学術政策研究所「米国における研究開発動向 - 公開情報スキャニングからの抽出 -」（2016）

7　東洋経済ONLINE 2015.10.17記事

8　ジェリー・Z・ミュラー『測りすぎ　なぜパフォーマンス評価は失敗するのか?』(2019)

9　LinkedIn調査（2022年）

10　2023年6月末時点　ブラックロック社ホームページより

11　Harbard Business Review「組織の存在意義をデザインする」(2019.3月号) および佐宗邦威『経営理念2.0』(2023)

12　"Creating a Meaningful Corporate Purpose," HBR.org, October 28, 2021.

13　江上隆夫『The Vision あの企業が世界で成長を遂げる理由』(2019)

14　2023年時点　ゴア社ホームページより

15　ゴア社ホームページ 及びDIAMOND online「働きがいのある革新的企業のつくり方」(2017.9.29記事)

16　一般社団法人　日本情報システム・ユーザー協会「企業IT動向調査報告書2023」

17　株式会社セブン&アイ・ホールディングス「中期経営計画 2021-2025」発表資料、同社IR情報「事業等のリスク」より整理

18　ツムラ社 2023.6.29 コーポレートガバナンスに関するリリースより

19　パーソル総合研究所「役員報酬設計を通して示す人的資本経営へのコミットメント」(2023)

20　ウイリス・タワーズワトソン「役員報酬のKPIとしてESG指標を採用する企業の状況等の調査」(2022)

21　2019年にハーバード・ビジネス・スクール教授、ジョージ・セラフェイム教授らが提唱

22　投資家フォーラム「投資家フォーラム第27・28回会合報告書」(2021)

23　日立製作所公表資料「経営戦略に連動した人材戦略の実行」(2022)

24　コニカミノルタ 統合報告書2023「技術戦略」

25　厚生労働省「賃金構造基本統計調査」(2018) より

26　積水化学工業 統合報告書 2023

27　Bloomberg 2022.11.11記事

28　改正労働施策総合推進法

29　2023年10月時点

30　Willi H. Wiesner「A meta-analytic investigation of the impact of interview format and degree of structure on the validity of the employment interview」（1988）

31　Google re:Work「構造化面接を実施する」

32　Google re:Work「構造化面接を実施する」

33　アイデム「正社員の中途採用活動に関するアンケート調査」（2019）

34　DDI Global Leadership Forecast 2014-2015「Ready-Now Leaders: Meeting Tomorrow's Business Challenges」

35　スイスのチューリッヒ大学のトーマス・ケイル氏らの研究によると、内部昇格のトップマネジメントのほうが、外部招聘よりも、ROAの悪化リスクが5〜6％低いことが分かっており、単に採用・育成コストで比較できない面も存在している

36　産労総合研究所　2022年度 教育研修費用の実態調査

37　能力や受けてきた教育、経験（職歴）などを含む場合もある。その場合にはスキル・ダイバーシティと呼ばれることもある

38　Klarita Gërxhani「Status ranking and gender inequality: A cross-country experimental comparison」（2020）やArthur Schram「Social-status ranking: a hidden channel to gender inequality under competition」（2019）

39　テルアビブ大学教授のアレクサンドラ・カレフ、ハーバード大学教授のフランク・ドビン、マサチューセッツ工科大学教授のエリン・ケリーが700社以上を対象に行った2006年の調査

40　ウィスコンシン大学マジソン校教授のパトリシア・ディバインらが開発したアプローチ

41　総務省統計局「平成24年経済センサス － 活動調査の分析事例①」

42　野村総合研究所とオックスフォード大学の共同研究による2015年の発表

43　By Jon Kaufman, Rob Markey, Sarah Dey Burton and Domenico Azzarello「Who's responsible for employee engagement?」（2013）

44　Qualtrics社のホームページより

45　エン・ジャパン「残業に関する調査」（2023）

46　UZUZ「有給休暇についての意識調査」（2017）

47　東京大学未来ビジョンセンター「SPQの特徴」

48　一般的には、ハインリッヒの法則（1:29:300）が有名だが、分析の量や新しさの観点から「バードの法則」を採用

49 厚生労働省「大規模事業場における安全管理体制等に係る自主点検結果」(2004)

50 消費者庁「平成28年度　民間事業者における内部通報制度の実態調査 報告書」

51 マクロミル調査「内部通報制度の現状調査」(2021)

52 NAVEX GLOBAL「Regional Whistleblowing Hotline Benchmark Report」(2019)

53 マクロミル「内部通報制度についての現状調査」(2021)

54 株式会社エス・ピー・ネットワーク総合研究室「内部通報制度を機能させるために〜リスクホットラインの通報事例から〜」(2014)

55 従業員301人以上の法人

56 パーソル総合研究所「人事部大研究」(2021)

57 EY社「エクスペリエンスと価値を紡ぐ糸になる組織・人事変革とは？」(2020)

58 Center of Expertise（専門家集団）

59 Schults, D.P, 1965 Sensory restriction. Academic Press, New York

エピローグ

1 学習院大学 宮川努教授による推計（厚生労働省「平成30年版 労働経済の分析」に掲載）2010-2014年のデータを活用

2 Squicciarini M., L. Marcolin and P. Horvát（2015）"Estimating Cross-Country Investment in Training: An Experimental Methodology Using PIAAC Data," OECD Science, Technology and Industry Working Papers.

3 パーソル総合研究所「グローバル就業実態・成長意識調査」(2022)

4 リクルートワークス研究所「全国就業実態パネル調査」(2018)

図解 人的資本経営
50の問いに答えるだけで「理想の組織」が実現できる

発行日	2024 年 1 月 26 日　第 1 刷
	2024 年 12 月 5 日　第 5 刷
Author	岡田幸士
Book Designer	竹内雄二：装丁
	早川郁夫（Isshiki）：本文
Publication	株式会社ディスカヴァー・トゥエンティワン
	〒 102-0093 東京都千代田区平河町 2-16-1 平河町森タワー 11F
	TEL　03-3237-8321（代表）03-3237-8345（営業）
	FAX　03-3237-8323
	https://d21.co.jp/
Publisher	谷口奈緒美
Editor	千葉正幸
Store Sales Company	佐藤昌幸　蛯原昇　古矢薫　磯部隆　北野風生　松ノ下直輝　山田諭志　鈴木雄大
	小山怜那　町田加奈子
Online Store Company	飯田智樹　庄司知世　杉田彰子　森谷真一　青木翔平　阿知波淳平　井筒浩
	大﨑双葉　近江花渚　副島杏南　徳間凜太郎　廣内悠理　三輪真也　八木眸
	古川菜津子　斎藤悠人　高原未来子　千葉潤子　藤井多穂子　金野美穂　松浦麻恵
Publishing Company	大山聡子　大竹朝子　藤田浩芳　三谷祐一　千葉正幸　中島俊平　伊東佑真
	榎本明日香　大田原恵美　小石亜季　舘瑞恵　西川なつか　野﨑竜海　野中保奈美
	野村美空　橋本莉奈　林秀樹　原典宏　牧野類　村尾純司　元木優子　安永姫菜
	浅野目七重　厚見アレックス太郎　神日登美　小林亜由美　陳玟萱　波塚みなみ
	林佳菜
Digital Solution Company	小野航平　馮東平　宇賀神実　津野主揮　林秀規
Headquarters	川島理　小関勝則　大星多聞　田中亜紀　山中麻吏　井上竜之介　奥田千晶
	小田木もも　佐藤淳基　福永友紀　俵敬子　池田望　石橋佐知子　伊藤香　伊藤由美
	鈴木洋子　福田章平　藤井かおり　丸山香織
Proofreader	株式会社 T&K
DTP＋図版作成	さかがわまな＋外塚誠（Isshiki）
Printing	日経印刷株式会社